高绩效HR
必备图表范例

王胜会 ◎ 著

中国人民大学出版社
·北京·

前言

今天，企业的人力资源管理面对的是"4种新"——新环境、新理念、新技术和新员工；"4个创"——创新、创业、创意和创造；"4种角色定位"——战略伙伴、变革推动者、员工服务者和人力资源管理咨询顾问；"5张激励牌"——市场牌、匹配牌、精神牌、情感牌和平台牌；"5个化"——网络化、数据化、精细化、精益化和精准化。所以，企业人力资源管理需要更加专业化的规划、计划和实施落地。

考虑企业人力资源从业者（HR）面临的诸多问题，梳理线上线下资源，讲高深人力资源管理理论的书不少，入门级的不多；讲人力资源管理概念、定义的教材不少，能够实操落地的不多；讲故事心得的书不少，有图有表形式新颖的也不少，但包含从人力资源管理企业实践和咨询项目中提炼出来的图表，拿过来就能用或改改就能用的纯干货工具书不多。

专业的人做专业的事。我们既要解决有没有的问题，也要解决好不好用的问题。本书是笔者结合多年从事人力资源管理工作的实战经历和高校教学、人力资源管理咨询项目经验，再加上在"培训＋咨询＋写书"方面的沉淀而创作的。本书的逻辑是"理清HR问题与挑战、面对HR现状与短板、设计HR图表与解决全案"。

1. 人力资源管理面临诸多问题与挑战，专业HR必须梳理清楚。

人力资源的概念最先是由现代管理学之父彼得·德鲁克（Peter F. Drucker）在其1954年出版的《管理的实践》一书中提出的。他指出，人力资源和其他所有资源相比，唯一的区别就在于它是人，是具有"特殊资产"的资源，并且拥有其他资源所没有的素质，即"沟通能力、融合能力、分析判断力和想象创新力等"。

彼得·德鲁克还认为，企业只有一项真正的资源，那就是人。由此可见人力资源在经济发展和企业保持竞争优势中的特殊地位和重要作用，人的因素越来越成为企业实现自身战略和目标的关键因素。可以说，人力资源是第一资源，人力资源管理是所有工作的核心。

人力资源部作为企业人力资源管理工作的战略执行部门，其主要职能包括人力资源规划与计划、人员招聘、人才选拔与配置、绩效考评（核）与辅导改进、员工培训与人才梯队搭建，制定并实施企业各项薪酬福利激励政策及员工职业生涯发展规划，充分调动员工积极性、创造性和内驱力，激发员工潜能，满足企业发展对人力资源在数量、质量、层次和结构方面的需求。

然而，随着知识经济的到来、市场经济的迅速发展和科学技术的日新月异，人力资源管理不得不面对全球化竞争、海量信息和大数据的冲击，以及人工智能的颠覆，其传统理论、技术和方法的有效性正面临严峻的挑战。同时，受企业生命周期所处阶段、管理者与员工的职业化素质提升速度等诸多因素的影响，企业人力资源管理出现了一系列独特的问题，如图0-1所示。

2．人力资源管理与人事管理是有区别的，我们呼吁并实践了这么多年，但还是有些根深蒂固的观念和做法改不过来：现代人力资源管理再也不能按照传统人事管理那样来做了。

人事管理（personnel management，PM）主要偏重关于人事领域的管理。传统的人事工作涉及人员招聘、员工档案管理、合同管理、工资计算和实物福利的发放、考勤及休假统计等，然而这些工作仅仅是现代人力资源管理的基础性、事务性工作而已。

人力资源管理（human resources management，HRM）是指企业为了实现既定的战略目标，对人力资源的获取、利用与再开发等，关键词是选、用、育、留、激，突出的是计划、组织、协调、控制和激励等一系列以人为本的管理活动。

传统人事管理与现代人力资源管理的区别如表0-1所示。

问题	具体表现与挑战
人力资源与企业战略不匹配、相脱节	◎ 企业新的战略和业务面临人才严重短缺，供需严重不平衡等状况 ◎ 企业无法快速培养员工技能以适应当前及未来业务发展的需要，人力资源管理缺乏战略适应性，人力资源战略管理能力不足
人力资源总体规划缺失、不连续或存在断层	◎ 企业管理者对总体规划缺乏全面认识，重业务计划轻人力资源规划 ◎ 缺乏科学系统的技术手段和优秀的人力资源管理人才，不具备人力资源总体规划的能力，未形成"人才蓄水池""人才梯队""企业独特DNA"
人力资源管理框架体系、系统不健全	◎ 人力资源管理体系不能适应企业致力于结构优化（上市、产权改革、并购重组、集团化和软件系统升级等）的要求 ◎ 人力资源管理体系不能适应知识型员工的特点，领导方式单调，授权不到位，发展通道单一，人才的潜能不能有效地发挥出来
薪酬设计不合理导致人才流失	◎ 突出体现为企业对人才的薪酬激励模式单一，没有全面的薪酬理念，核心人才频繁跳槽，致使薪酬激励不具有留人的核心竞争优势
绩效评估随意性大，缺乏客观标准尺度	◎ 绩效评估目标单一，注重企业业绩提升，忽视员工发展等 ◎ 把绩效评估误认为是绩效管理，重绩效、轻考核过程，忽略对产生绩效行为的指标选取、业务辅导、控制和激励 ◎ 绩效评估的公开性、公正性、公平性不高，缺乏有效沟通
企业文化建设严重滞后难以助力形成核心竞争力	◎ 未能把核心文化纳入人力资源管理中来，企业文化所具有的导向、约束、激励和协调等功能没有很好地挖掘出来 ◎ 不能用企业文化形成竞争对手难以模仿和超越的竞争壁垒

图 0-1 人力资源管理面临的问题与挑战

表 0-1　传统人事管理与现代人力资源管理的区别

项目	传统人事管理	现代人力资源管理
管理主体	单纯的人事事务执行人员	企业内所有的管理者
管理对象	员工	劳资双方、股东、内外部客户、合作方
管理内容	以岗或事为中心	以人为中心
管理目的	着重保障组织短期目标的实现，忽视长期目标、整体利益、社会效益	满足员工自我发展的需要，保障组织的长远利益实现，承担企业的社会责任
管理策略	战术性的管理，计划性的执行	战略性与战术性相结合的管理和规划
管理形态	静态的管理（被动的）	动态的管理（主动开发的）
管理导向	注重结果	注重结果的同时更加关注过程
管理观念	将人力看作组织成本	将人力看作发展资本
主要职能	行政事务性工作，强调具体操作，比如招聘、录用手续、合同签订、档案管理等	以组织、股东、员工、客户多方共赢为目标，战略规划、开发潜能以形成内驱力
管理方式	多采用刚性、人治和物质激励的手段	更加注重法治和柔性、人性化结合的管理
管理技术	依照规章制度办事，固化、僵化、繁文缛节	科学性、工具性与艺术性相结合
与其他部门	职能割裂式，少沟通，存在"部门墙"	合作伙伴关系，分工与协作，互为内部客户
管理层次	人事部门仅仅居于执行层	人力资源管理部门直接参与组织决策和规划
劳资关系	从属与对立的劳资关系	平等与和谐的劳资关系

3．明确了人力资源管理面临的问题与挑战，知道了现代人力资源管理不能按照传统人事管理的方式来做，那么，专业 HR 要学会灵活、高效地运用书中的人力资源管理业务工具来实践、实操、实战，如图 0-2 所示。

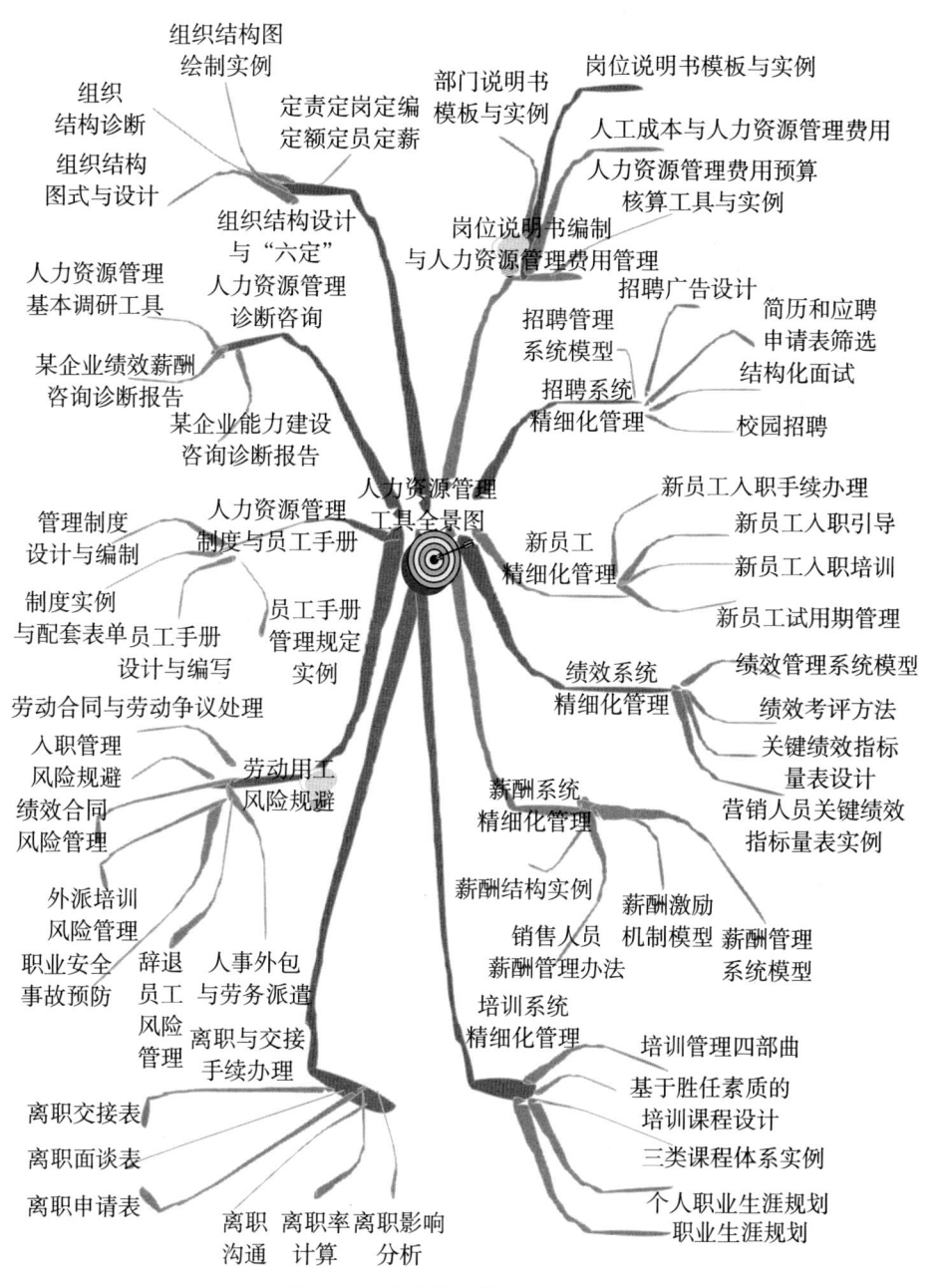

图 0-2 人力资源管理工具全景图

4. 作为一本全集合、好操作、能落地的实用人力资源管理工具书，本书具有以下特点：

（1）用图形说明人力资源管理业务的关键点：涉及维度、内容、原则、类型、方法、图式，以及影响因素、流程图、步骤、模型、模式等，共计121幅。

（2）用表单展示公司人力资源管理实践中应用到的各种表格：包括调查表、预算表、申请表、记录表、台账、检查表、评估表，以及关键绩效指标考核量表等，共计132张。

（3）用更多实例引出公司人力资源管理的实战干货：涵盖制度、方案、规定、办法，以及责任书、说明书、操作手册、问卷、题库、报告和工作标准等，共计31个。

本书真正建起供专业HR使用的人力资源管理工具箱，提供实际工作中经常用到的各种范例，其中几个比较重要和关键的工具，在这里诠释和界定如下：

● 图形库：图形是纯文字表述内容的一种逻辑、框架和形式上的转化形式，是可以帮助HR缩短阅读时间、降低解读难度、提高可视化的工具，图形库就是各种图形的集合。

● 表单库：表单是将纯文字表述内容用横向和纵向设计的二维或多维元素转化而成的表格，可以更直接地传达信息沟通中的复杂观点。表单在HR的日常工作中经常用到，可以提高工作效率和效果，表单库就是各种表单的集合。

● 流程图：主要用来说明人力资源管理业务的某一过程，过程可以是工艺流程，也可以是完成一项任务的职责划分与事前、事中和事后的管理过程。流程图属于图形库。

● 实例：是在人力资源管理实践或咨询项目过程中形成的成果文件，读者可以用作参考，主要包括制度范本、方案范本、合同范本、工作标准范本和诊断报告等。

● 模型：用以分析复杂问题，具有概念性、数学关系、逻辑思维等内在联系并可以外在表示出来的框架和体系。

● 模式：解决问题的方法论，是从工作实践经验和前沿理论系统中抽象、升华、提炼出来的核心操作体系。模式和模型均可以用图形或表单的形式呈现。

● 模板库：文字、图形、表单的整合，是包括流程图、实例和模型、模式等在内的同类载体的集合体，是企业信息管理的重要部分，在人力资源管理的面试、笔试、测评、绩效考评、薪酬福利管理、培训开发、劳动用工风险规避等环节经常使用，可以制作成手册，可以上墙。

感谢弈博明道工具书作家导师团、读书会会员和我的企业人力资源管理师学员、劳动关系协调师学员对本书的创作提出的意见和建议。

希望本书能对 HR 同行有所启发和帮助，也希望各位读者通过线上或线下多种渠道对本书提出中肯的意见或建议，敬请斧正！

目录

第 1 章　如何绘制组织结构图 / 001

1.1　组织结构诊断 / 003
1.2　组织结构设计的 3 个维度 / 006
1.3　组织结构的 4 种图式 / 009
1.4　组织结构图的 7 类设计 / 013

第 2 章　如何做好人力资源管理"六定" / 021

2.1　定责 / 022
2.2　定岗 / 027
2.3　定编 / 031
2.4　定额 / 034
2.5　定员 / 037
2.6　定薪 / 040

第 3 章　如何编制部门和岗位说明书 / 045

3.1　目标分解的实操步骤和模型 / 047
3.2　部门说明书的编制 / 050
3.3　岗位说明书的编制 / 055

第 4 章　如何做好人力资源费用预算与核算 / 061

4.1　人工成本与人力资源管理费用 / 063

4.2　人力资源管理费用预算与核算制度和表单设计 / 067

4.3　营销部门预算 / 070

第 5 章　如何设计招聘管理系统 / 073

5.1　招聘环境和因素分析 / 075

5.2　内部招聘与外部招聘 / 078

5.3　招聘管理规范化 / 079

5.4　招聘管理评估 / 082

第 6 章　如何设计招聘广告 / 085

6.1　招聘广告的设计与编写 / 086

6.2　招聘广告的规范与发布 / 089

6.3　招聘广告的撰写 / 091

第 7 章　如何筛选简历和应聘申请表 / 097

7.1　筛选简历和应聘申请表的规范 / 098

7.2　筛选简历和应聘申请表的工具 / 102

第 8 章　如何做好结构化面试 / 105

8.1　结构化面试的程序与提问 / 106

8.2　结构化面试的设计与实施 / 110

8.3　结构化面试题库设计 / 115

第 9 章　如何做好校园招聘 / 121

9.1　校园招聘准备与考题设计 / 122

9.2　校园招聘的注意事项 / 125

9.3　校园招聘表单设计与实施 / 127

第 10 章　如何办理新员工入职手续 / 131

10.1　新员工入职管理规范 / 132

10.2　新员工入职管理设计 / 134

第 11 章　如何做好新员工入职引导 / 141

11.1　入职引导的内容和事项 / 142
11.2　入职引导表单与手册设计 / 147

第 12 章　如何组织新员工入职培训 / 153

12.1　新员工培训调研 / 154
12.2　新员工培训机制设计 / 156
12.3　新员工培训课程设计 / 158

第 13 章　如何做好新员工试用期管理 / 165

13.1　试用期管理措施 / 166
13.2　试用期考核表单设计 / 169

第 14 章　如何设计绩效管理系统 / 173

14.1　绩效管理系统框架 / 175
14.2　绩效面谈与实效设计 / 177
14.3　营销人员管理表单设计 / 181

第 15 章　如何选择绩效考评方法 / 185

15.1　绩效考评方法的 3 种类型 / 187
15.2　常用的 7 种考评方法 / 189

第 16 章　如何设计 KPI 量表 / 197

16.1　KPI 的分类与对比 / 199
16.2　销售部门各岗位 KPI 量表设计 / 200

第 17 章　如何设计薪酬管理系统 / 205

17.1　薪酬管理模型与激励机制 / 207

17.2 薪酬调查与报告 / 209
17.3 物质激励与精神激励 / 212
17.4 福利管理台账设计 / 214

第 18 章 如何设计薪酬结构模式 / 217

18.1 全面薪酬管理 / 218
18.2 薪酬结构模式设计 / 220
18.3 薪酬结构对标与设计 / 224

第 19 章 如何设计培训管理系统 / 231

19.1 培训需求分析 / 233
19.2 培训计划制定与表单设计 / 236
19.3 培训组织实施与表单设计 / 241
19.4 培训效果评估与表单设计 / 244

第 20 章 如何开发培训课程 / 249

20.1 胜任素质及模型解读 / 250
20.2 基于胜任素质的培训课程设计 / 252
20.3 课程体系设计 / 256

第 21 章 如何做好职业生涯规划 / 261

21.1 企业和个人的晋升标准 / 263
21.2 技术与管理方向的规划 / 266
21.3 职业生涯规划管理表单设计 / 269

第 22 章 如何办理离职与交接手续 / 273

22.1 离职分析与对策 / 274
22.2 辞职管理与离职沟通 / 276
22.3 离职交接表单设计 / 278

第 23 章　如何规避劳动用工风险 / 283

23.1　劳动合同风险管理 / 284

23.2　其他人力资源管理业务风险管理 / 287

23.3　人事外包与劳务派遣风险管理 / 291

第 24 章　如何编制人力资源管理制度 / 295

24.1　人力资源管理制度的设计与编制规范 / 297

24.2　人力资源管理制度体系与配套表单设计 / 299

24.3　人力资源管理制度设计 / 302

第 25 章　如何设计员工手册 / 311

25.1　员工手册的内容设计与审核 / 312

25.2　员工手册编写的步骤与禁忌 / 315

25.3　员工手册管理制度 / 316

第 26 章　如何用好人力资源顾问工具 / 323

26.1　人力资源管理基本调研工具设计 / 325

26.2　如何撰写企业绩效薪酬咨询诊断报告 / 330

26.3　如何撰写企业能力建设咨询诊断报告 / 341

第 1 章

如何绘制组织结构图

HR"新官上任三把火",别先烧薪酬调整这一片地;刚刚毕业新入职一家公司做人事专员或助理,岗位级别再低也在人力资源序列里,也得先了解整个公司的产品业务、部门设置和层级关系;被猎头挖走跳槽到另一家公司,无论定岗是做招聘、培训、绩效、薪酬、员工关系管理工作,还是人事行政综合业务一手抓,都得先和人力资源总监(HRD)或总经理确认最新的组织结构,或者先修改调整好组织结构后再开展具体的业务工作,否则做了也可能是徒劳的。

组织结构的功能在于分工和协调,它是保证企业战略实施的必要手段。美国著名企业管理史学家、战略管理领域的奠基者之一艾尔弗雷德·D.钱德勒(Alfred D. Chandler),做过"基于战略的组织结构选择"的研究,得出的结论是"战略决定结构,结构追随战略"。也就是说,钱德勒认为组织结构要服从企业战略。

组织结构设计是对组织的结构和活动进行创造、构建、变革和再设计的过程。组织结构反映企业成员之间分工与协作的关系。设计组织结构的目的就是更有效、更合理地整合企业成员的力量并形成组织合力,为实现企业的战略目标而协同努力。

然而,今天的企业正处于一个创新与品质发展的时代,组织变革与组织结构设计趋向于去中介化、去边界化、去层级化、去铁律化、去中心化以及扁平化与网络化的调整。

所以,组织结构设计要掌握好3大关键,即"点""线""面"相结合。其中,针对组织专业功能进行的系统规划和组合,做的就是组织功能"面"的设置;工作(职位)是功能"面"上更小的专业功能单位,即"点";流程是"面与面"(主业务流程)、"点与点"(具体工作流程)之间发生功能互动的联系机制,即"线"。

组织结构图是基于企业战略的组织结构设计的载体,指一家企业岗位结构的图形化表示。组织结构图由一系列图框和连线组成,表示一家企业人员的等级和层次。绘制组织结构图有利于清楚地界定企业各部门及岗位员工的权责角色，并在此基础上进行恰当的协调和控制；有助于提高工作效率，增强企业的核心竞争力。

1.1 组织结构诊断

1.1.1 业务结构诊断

组织结构诊断涉及业务、职能、层次、职权等方方面面的盘点与梳理，牵一发而动全身，既需要熟悉企业的产品、服务，又需要具备专业知识和做出准确判断的能力。

对组织多元业务结构的诊断主要是分析企业各项业务的分工、比重、盈利点及组织资源配比情况。具体到单项业务，可以从业务流程切入，判断企业各部门的设置是否足以覆盖多业务流程且不重叠。

业务部门的划分主要有 4 种方式，各种方式有不同的优缺点，具体如图 1-1 所示。

按产品划分
1. 这种方式适用于规模大、产品多、产品之间差异大的企业
2. 优点是有利于产品改进和部门内部协调
3. 问题是容易导致部门化倾向和较高的管理费用

按地区划分
1. 把某一地区的业务集中于某一部门
2. 优点是针对性强，能对本地区环境变化迅速做出反应
3. 问题是由于地理分散可能导致与总部之间协调困难

业务部门划分的方式

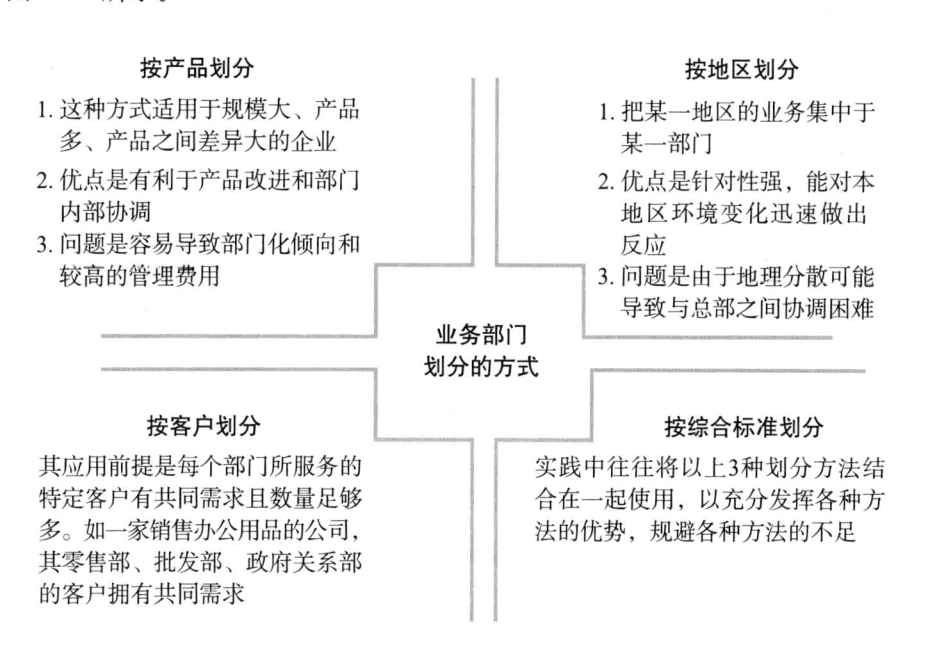

按客户划分
其应用前提是每个部门所服务的特定客户有共同需求且数量足够多。如一家销售办公用品的公司，其零售部、批发部、政府关系部的客户拥有共同需求

按综合标准划分
实践中往往将以上3种划分方法结合在一起使用，以充分发挥各种方法的优势，规避各种方法的不足

图 1-1 业务部门划分的 4 种方式

组织结构诊断人员可以按照这 4 种方式判断企业业务结构是否合理，并结合职能结构、层次结构和职权结构的诊断进行整体组织结构的分析。

1.1.2 职能结构诊断

职能结构是指实现组织目标所需各项业务的岗位内容、工作任务的分工与协作关系。职能结构的优点主要在于工作专门化形成的优势，即把同类专长归在一起可以产生规模化的经济性，减少人员和设备的重复配置，并使员工工作轻松、愉快。职能结构最明显的缺点是，常常会因为追求职能目标而忽视企业整体利益，其典型表现为没有一项职能对全局结果负责，各职能部门相互隔离，一个部门不了解其他部门的同事在干什么等。

职能结构诊断是对企业各部门在目前的组织系统中的分工、隶属、作用、合作关系是否明确等进行分析，判断企业现有组织结构中各部门的职能是否存在缺失、交叉、冗余、错位等情况。

企业职能结构诊断的具体 8 个维度如图 1-2 所示。

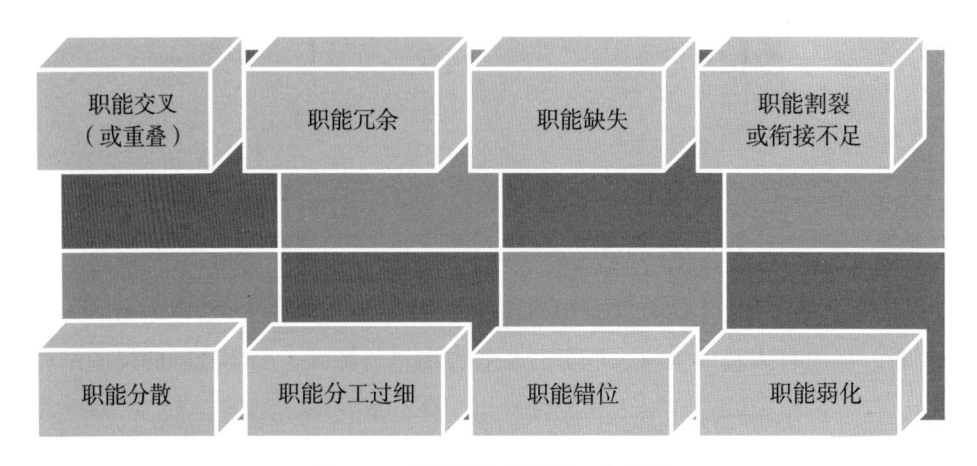

图 1-2 职能结构诊断的 8 个维度

对职能结构的诊断可以结合企业价值链进行，对价值链上各环节的职能进行逐个分析，这样就不会出现职能遗漏或重复的现象，确保思路清晰。经过具体、详尽和专业的诊断，就能确定主要职能改进领域与改进重点。

1.1.3 层次结构诊断

层次结构是指组织管理层级的构成及各层管理者管理的人数、幅度和占比。层次结构的最大特点就是将一个大型复杂的组织系统分解成若干个单向依赖的管理层级，即每一层都提供一组管理功能，并赋予相对应的责、权、利。其中，最高层是企业的核心层，向下依次为高管层、中层、基层。最高层一般为所有者或创始人、股东，掌握决策权，而基层的基数最大。

当然，目前的组织尤其是互联网公司的层次结构已经从传统的"金字塔式"转向"扁平式"。今天企业的组织结构层次已经越来越少，层次间沟通可能产生的信息失真越来越小，上下级的划分越来越模糊。

层次结构诊断的内容包括现有的组织结构设置状况，高层领导管理层级、管理幅度、管理分工是否明确和合理，管理岗位任务量及配备人员数量与素质的适应状况等。具体来讲，层次结构诊断包括6个维度，具体如图1-3所示。

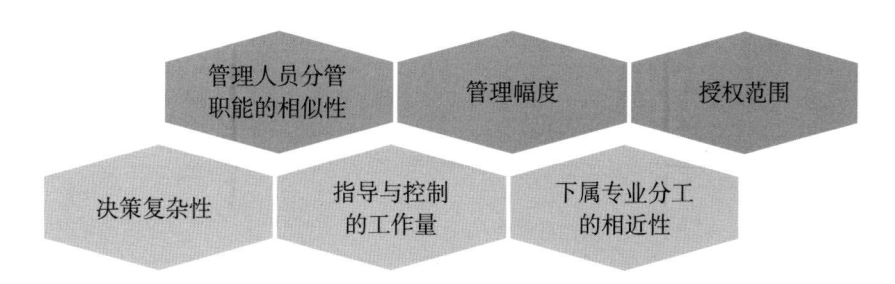

图1-3 层次结构诊断的6个维度

对组织层次结构的诊断首先应理清企业现有组织结构的设置状况，一些管理不到位的企业，往往没有现成的组织结构图，只能依靠管理人员的分析判断，从现有人员的安排、职务分工等方向进行梳理，画出企业的组织结构图。这会严重影响企业对人员的选、用、育、留管理。

1.1.4 职权结构诊断

职权结构是指各层级、各部门在权限和责任方面的分工及相互关系。职权结构诊断的维度主要是高层领导职务、职责、职权是否一致，部门职务、职责、职权是否一致以及管理岗位职务、职责、职权是否一致。一般而言，职权分 3 种类型，具体如图 1-4 所示。

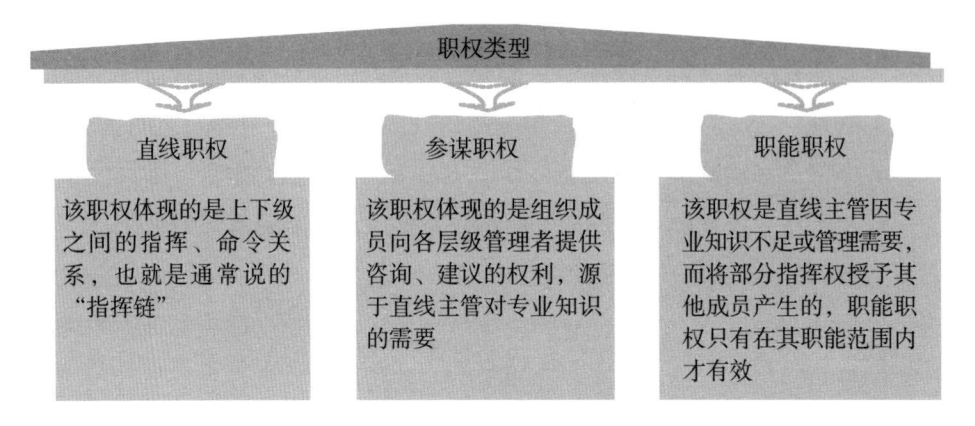

职权类型

直线职权
该职权体现的是上下级之间的指挥、命令关系，也就是通常说的"指挥链"

参谋职权
该职权体现的是组织成员向各层级管理者提供咨询、建议的权利，源于直线主管对专业知识的需要

职能职权
该职权是直线主管因专业知识不足或管理需要，而将部分指挥权授予其他成员产生的，职能职权只有在其职能范围内才有效

图 1-4 职权类型的划分

职权结构诊断还必须考虑一个重要因素，即工作驱动。通过考察工作驱动因素，可以判定职权结构是否完全以工作为中心设立，主要包括 3 个维度，具体如图 1-5 所示。

① 企业关键岗位、核心职位的人选应依据职位要求、能力和绩效确定，而非个人背景

② 工作的完成依靠职权结构下的程序实现，而非依靠个人关系和影响力

③ 各部门和员工之间的正式合作关系是完善的，沟通渠道是通畅的，信息传递是高效的

图 1-5 工作驱动诊断的 3 个维度

1.2 组织结构设计的 3 个维度

1.2.1 组织结构设计的 4 化

进行组织结构设计有利于使组织结构形成一个系统的整体，并科学合理

地使企业各层、各级、各种类型的员工分工与协作。组织结构设计需要遵循4项原则（4化），即管理统一化、权责明确化、组建管理机构优先化和职责分配清晰化，具体如图1-6所示。

1 管理统一化
- 管理人数的多少要根据下级的分散程度、工作内容、执行能力，以及上级的管理能力和项目任务性质、流程标准化程度、任务目标和完成时间等条件来确定
- 一般来说，从事日常简单事务的管理人员可以管辖15~30人，从事复杂多变工作的可以管辖3~7人

2 权责明确化
- 责任是指完成与职务相称的工作义务，是交付成果在数量上和质量上的有效程度；权限是指在完成职责时可以在一定限度内自由行使的权力，强调在完成工作职责时应采用何种方法、手段和途径去实现目标
- 责任和权限相互联系、相互制约，二者时刻并存
- 企业应建立灵活的组织分工与协作的机制，在委托责任给下属的同时赋予其相应的权力，以充分调动其积极性、主动性并引导其形成自驱力

3 组建管理机构优先化
- 设计组织结构时，为了达成组织目标，应优先明确管理人员的义务，确保能够促进其履行好各自的责任

4 职责分配清晰化
- 各级主管在分配工作、划分职责和权限时，须避免重复、遗漏、含糊不清等情况
- 将相同性质的工作归纳起来进行分析
- 分配工作要具体、明确并做到人岗匹配。注意所分配的每一项工作都不能过细，可使多个下属共同承担，增加他们的责任感
- 经常检查，及时纠偏，查漏补缺，确保工作的完整性

图1-6 组织结构设计的4化

1.2.2 组织结构的3种类型

组织结构的基本类型主要有3种：直线-职能制、矩阵制、事业部制，每种类型的含义、特点和适用范围如表1-1所示。

表 1-1 企业组织结构的 3 种基本类型

类型	含义	优点	缺点	适用范围
直线-职能制（直线参谋制）	把直线制与职能制相结合，在各级行政主管之下设置相应的职能部门，实行主管统一指挥与职能部门参谋、指导相结合的一种组织结构	既保证了集中统一指挥，又能发挥各类专家管理的作用	1. 各职能部门之间易忽略信息的横向沟通，导致低效率 2. 职能部门缺乏弹性，对环境变化反应速度慢 3. 可能引起高层决策的堆积，工作复杂程度增大	适用于规模中等且职能部门不多的企业
矩阵制（规划目标结构）	矩阵制组织形式是在直线职能制垂直形态组织系统的基础上再增加一种横向的领导系统，可称为"非长期固定性组织"	1. 加强了各职能部门的横向联系，具有较大的能动性和适应性 2. 组建方便，有效节约成本 3. 既保持组织结构相对稳定，又能及时应对多变的问题	1. 组织关系比较复杂，对项目负责人的位置不固定，导致临时观念。有时责任心不够强，人员受双重领导，有时不易分清责任	适用于临时性工作任务较多或突发事件频繁的企业，特别适用于开发和实验为主的组织
事业部制（分权制结构）	遵循"集中决策，分散经营"的总原则，按产品、地区或客户等因素将企业划分成若干个相对独立的经营单位，分别组成事业部。各事业部实行独立核算，自负盈亏。在事业部制的基础上演变而来的超事业部制是执行部制	1. 高层领导可以摆脱企业日常事务，集中精力考虑全局问题 2. 事业部独立核算，更能发挥经营管理的积极性，有利于组织专业化生产和内部协作 3. 各事业部间有竞争，有利于企业持续发展	1. 公司与事业部的职能机构重叠，造成管理人员的浪费 2. 事业部实行独立核算，各事业部只考虑自身利益，影响事业部之间的协作	适用于经营规模较大、生产经营业务多样化、市场环境差异大、要求较强适应性的企业，可根据经营需要设置相应的职能部门

1.2.3　组织结构图绘制的 5 种方法

在绘制组织结构图时应注意采用统一、标准的方法，在注重内容准确、形式美观的同时，还要做好细节的绘制，比如，框图的大小、高低位置、实线虚线与参谋功能的体现等，具体要求如图 1-7 所示。

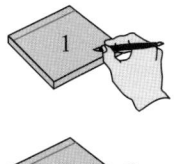

1. ◎ 一般来说，组织结构图要画四层，从中心一层画起，其上画一层，其下画两层，均用框图来表示（上层较小，中心层最大，下两层逐渐缩小）

2. ◎ 职责、权限和功能相同的机构（岗位或职务相同）的框图大小应保持一致，并要列在同一水平线上

3. ◎ 表示接受命令指挥的系统的线，从上一层垂下来与框图中间或左右两端横线引出的线相连接，其中高低位置表示所处的级别

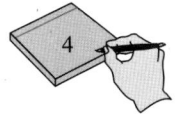

4. ◎ 具有参谋作用的机构、岗位的框图，用横线与上一层的垂线相连，并要画在垂线的左右两侧

5. ◎ 具有命令指挥系统功能的线用实线表示，彼此具有协作服务关系的线用虚线表示

图 1-7　组织结构图绘制的 5 种方法

1.3　组织结构的 4 种图式

组织结构图的基本图式主要有 4 种，分别是组织结构图式、组织职务图式、组织职能图式和组织功能图式。

1.3.1　组织结构图式

组织结构图是说明企业各个部门和职能科室、业务部门的设置，以及管理层级、相互关系的图，如图 1-8 所示。

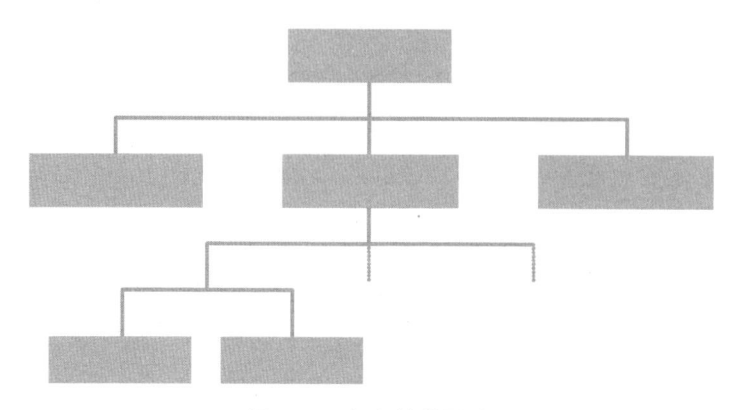

图 1-8　组织结构图式

图 1-8 中的框图代表某一工作岗位、职能和业务部门，横线表示机构之间的横向联系，垂线表示上下级之间的领导与被领导的监督关系，结构图的上下层次必须符合组织结构运营设计的要求。

1.3.2　组织职务图式

组织职务图是表示机构中设立的各种职务的名称和种类的图。组织职务图在说明人员编制情况时，也可以标注现任职务人员的相关情况，如姓名、年龄和学历等信息，如图 1-9 所示。

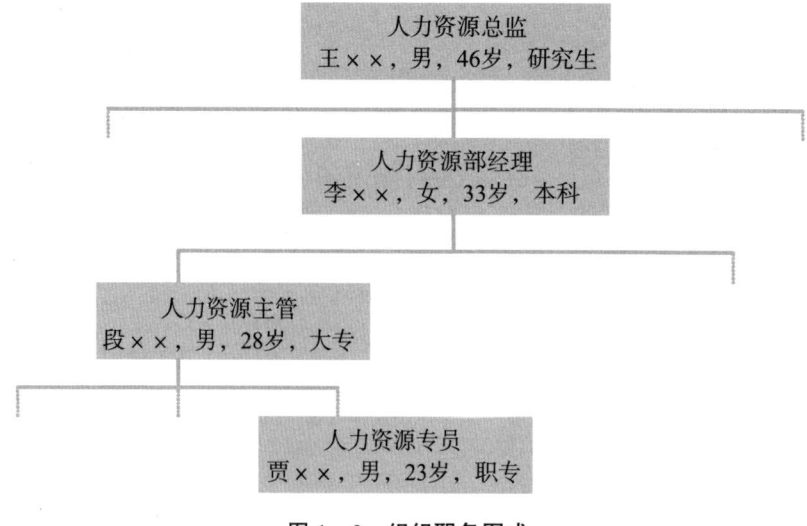

```
人力资源总监
王××，男，46岁，研究生
      │
人力资源部经理
李××，女，33岁，本科
      │
人力资源主管
段××，男，28岁，大专
      │
人力资源专员
贾××，男，23岁，职专
```

图 1-9　组织职务图式

1.3.3　组织职能图式

组织职能图是表示各级行政负责人或员工主要职责范围的图。组织职能图要呈现的是定位准确的岗位的下一层级岗位的职责。

比如，企业人力资源主管的基本任务是根据企业发展战略的要求，通过有计划地对人力资源进行合理配置，搞好企业员工的培训和人力资源开发，采取各种激励措施，调动员工的积极性，充分发挥其潜能，做到人尽其才、才尽其用，以确保企业战略目标的实现。那么，人力资源主管管辖的岗位可以是招聘专员、培训专员和人事助理3个岗位；再根据企业的发展阶段理论，顺利度过初创期的企业招聘量降低并开始注重绩效管理，人力资源主管管辖的岗位可以调整为绩效专员、薪酬专员和劳动关系专员，同时，每个岗位的相应职责也应该修订或者更新。

企业组织职能图式如图1-10所示。

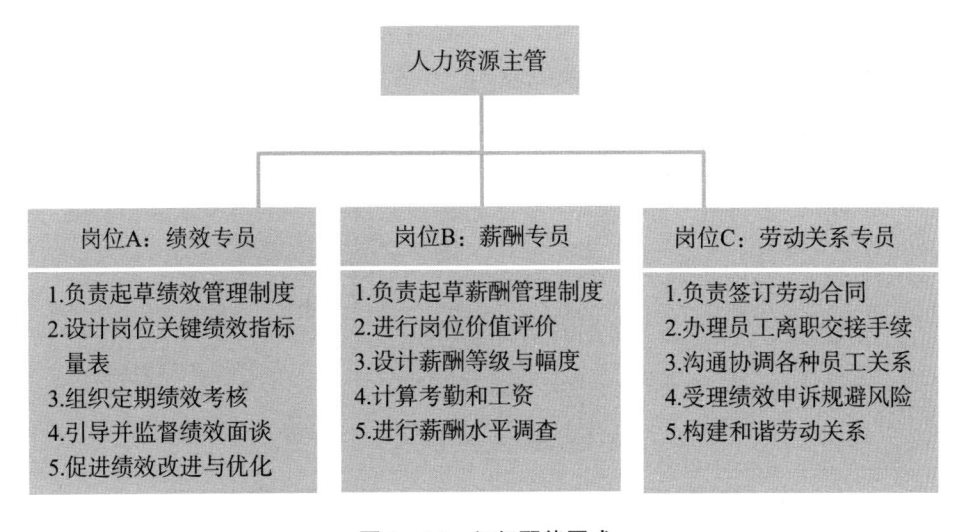

```
                    ┌─────────────┐
                    │  人力资源主管  │
                    └──────┬──────┘
        ┌──────────────────┼──────────────────┐
┌───────┴────────┐ ┌───────┴────────┐ ┌───────┴──────────┐
│ 岗位A：绩效专员 │ │ 岗位B：薪酬专员 │ │ 岗位C：劳动关系专员 │
├────────────────┤ ├────────────────┤ ├──────────────────┤
│1.负责起草绩效管 │ │1.负责起草薪酬管 │ │1.负责签订劳动合同 │
│  理制度         │ │  理制度         │ │2.办理员工离职交接 │
│2.设计岗位关键绩 │ │2.进行岗位价值评价│ │  手续            │
│  效指标量表     │ │3.设计薪酬等级与 │ │3.沟通协调各种员工 │
│3.组织定期绩效考 │ │  幅度           │ │  关系            │
│  核             │ │4.计算考勤和工资 │ │4.受理绩效申诉规避 │
│4.引导并监督绩效 │ │5.进行薪酬水平调查│ │  风险            │
│  面谈           │ │                 │ │5.构建和谐劳动关系 │
│5.促进绩效改进与 │ │                 │ │                  │
│  优化           │ │                 │ │                  │
└────────────────┘ └────────────────┘ └──────────────────┘
```

图1-10　组织职能图式

1.3.4　组织功能图式

组织功能图是表示某个机构或岗位主要功能的图，具体又可分为表1-2所示的几种图式。

表1-2 组织功能图式

序号	功能描述	图式示例
1	具有参谋作用或岗位主要功能的图	(参谋机构)
2	反映代理上级整个职能或一部分职能机构、岗位或人员的图	(代理机构)
3	表明不适合发展、应降格的机构岗位或人员的图	(A)
4	表明有两个或更多机构、岗位分担上级功能的图	(B、B)
5	表明现存脱离组织系统或没有任何责任和权限的机构,例如咨询顾问机构	(咨询顾问机构)

1.4 组织结构图的 7 类设计

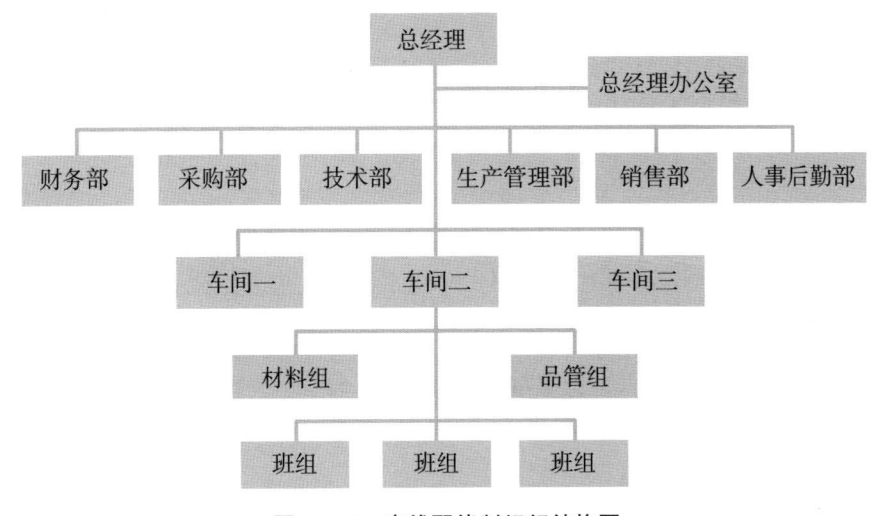

1.4.1 直线职能制组织结构图

直线职能制组织结构是一种以直线制结构为基础，在经理（厂长）的领导下设置相应的职能部门，实行经理（厂长）统一指挥与职能部门参谋、指导相结合的组织结构形式。

直线职能制组织结构范本如图 1-11 所示。

图 1-11 直线职能制组织结构图

1.4.2 事业部制组织结构图

企业由总裁统一领导和集中决策，按产品、地区和客户的不同分别设立 3 个事业部：事业部 A、事业部 B 和事业部 C，各事业部在经营管理方面拥有较大的自主权，实行独立核算，自负盈亏，并根据经营需要设置相应的研发、生产和财务部门。

总公司主要负责研究和制定重大方针和政策，掌握投资、重要人员任免、价格调整幅度和经营监督等方面的大权，并通过指标对事业部 A、事业部 B 和事业部 C 实施控制。

事业部制组织结构范本如图 1-12 所示。

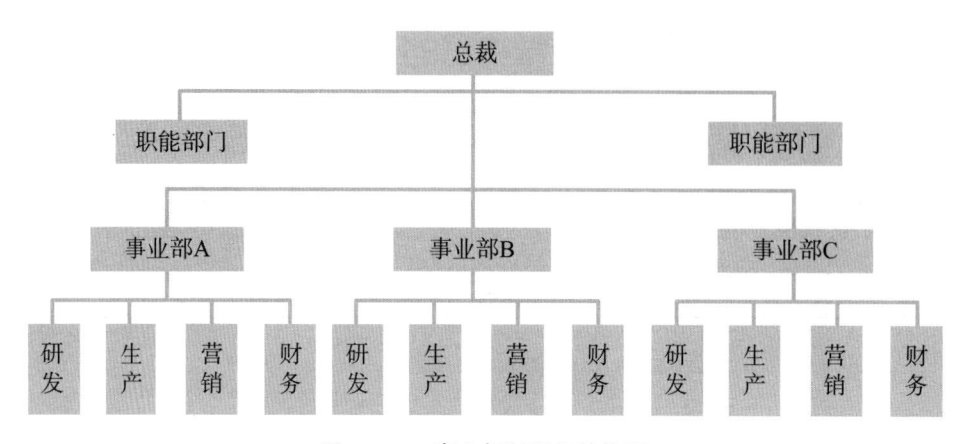

图 1-12 事业部制组织结构图

1.4.3 矩阵制组织结构图

企业把按职能划分的部门系统（职能部门1、职能部门2、职能部门3、职能部门4、职能部门5、职能部门6）和按项目划分的小组系统（项目小组A、项目小组B、项目小组C和项目小组D）结合起来组成一个矩阵，使同一名员工既同原职能部门保持组织与业务上的联系又参加所在项目小组的工作，同时接受所在职能部门和项目小组的双重命令。

矩阵制组织结构范本如图 1-13 所示。

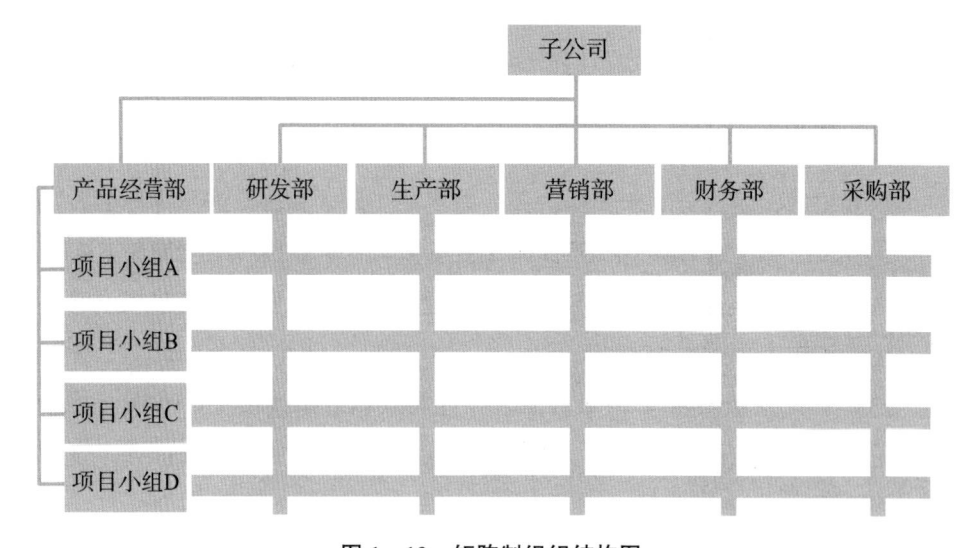

图 1-13 矩阵制组织结构图

1.4.4 其他新型组织结构解析

新型的组织结构主要包括立体组织结构、模拟分权组织结构、分公司与总公司组织结构、子公司与母公司组织结构以及企业集团等。其他新型组织结构的具体说明如表 1-3 所示。

表 1-3 其他新型组织结构

序号	组织结构	特征与具体说明
1	立体组织结构	(1) 立体组织结构模式又称多维组织或多维立体矩阵制组织结构等，它把矩阵制组织结构形式与事业部制组织结构形式有机地结合在一起 (2) 按产品划分的事业部为产品利润中心，按职能划分的事业部为专业成本中心，按地区划分的事业部为地区利润中心 (3) 立体组织结构主要应用于跨国公司和规模巨大的跨地区公司
2	模拟分权组织结构	模拟分权组织结构中，根据生产经营活动连续性很强的大型联合企业内部生产技术特点及其对管理的不同要求，把企业分成许多"单位"，并将其看成是相对独立的生产经营部门，赋予尽可能大的生产经营自主权
3	分公司与总公司组织结构	(1) 分公司与总公司涉及横向合并形成的企业 (2) 分公司是总公司的分支机构或者附属机构，在法律上和经济上都没有独立性，不是独立的法人企业 (3) 如果发生资不抵债的情况，总公司必须以其资产对分公司的债务负责
4	子公司与母公司组织结构	(1) 子公司是指受集团或者母公司控制但在法律上独立的法人企业 (2) 子公司不是母公司的一个组成部分或分支机构，它有自己的公司名称和董事会，有独立的法人财产，并以此承担有限责任，可以以自己的名义从事各种业务活动和民事诉讼活动
5	企业集团	企业集团是一种以母子公司为主体，通过产权关系和生产经营协作等方式，与众多企业法人组织共同组成的经济联合体

1.4.5 某科技信息公司组织结构图设计实例

某科技信息公司成立于 2016 年，主要从事应用通信软件开发业务。目前员工已发展到 200 余人，在业务领域也有了一定的市场份额和企业荣誉，其组织结构范本如图 1-14 所示，供读者参考。

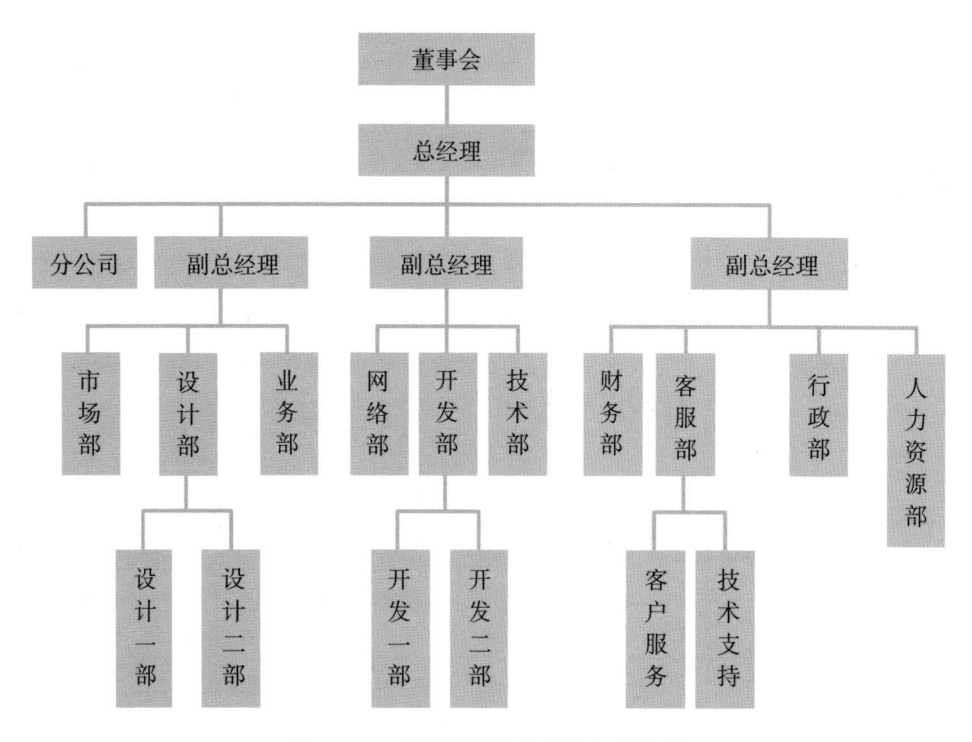

图 1-14 某科技信息公司组织结构图

1.4.6 YBMD 跨国集团组织结构图设计实例

YBMD 是一家跨国集团，主要生产和经营电子产品和家电产品。该公司按照产品和地域成立了 6 个事业部：A 区域电子事业部 A_1、A 区域家电事业部 A_2、B 区域电子事业部 B_1、B 区域家电事业部 B_2、C 区域电子事业部 C_1、C 区域家电事业部 C_2，各事业部之间独立核算，自负盈亏，并可根据生产和经营需要设置相应的职能部门。

总公司下设战略部、行政部、人力资源部和财务部 4 大职能部门，负责研究和制定组织的重大方针政策，掌握投资、重要人员任免和价格调整幅度等方面的大权。各事业部下均设有研发、生产和销售 3 大职能部门。

为了便于管理，今年总公司成立了3个超事业部：A区域超事业部、B区域超事业部和C区域超事业部，分别负责管理和协调A区域、B区域和C区域的事业部。该跨国集团根据组织结构图的绘制要求，结合自身实际变化情况，绘制出其组织结构图，范本如图1-15所示，供读者参考。

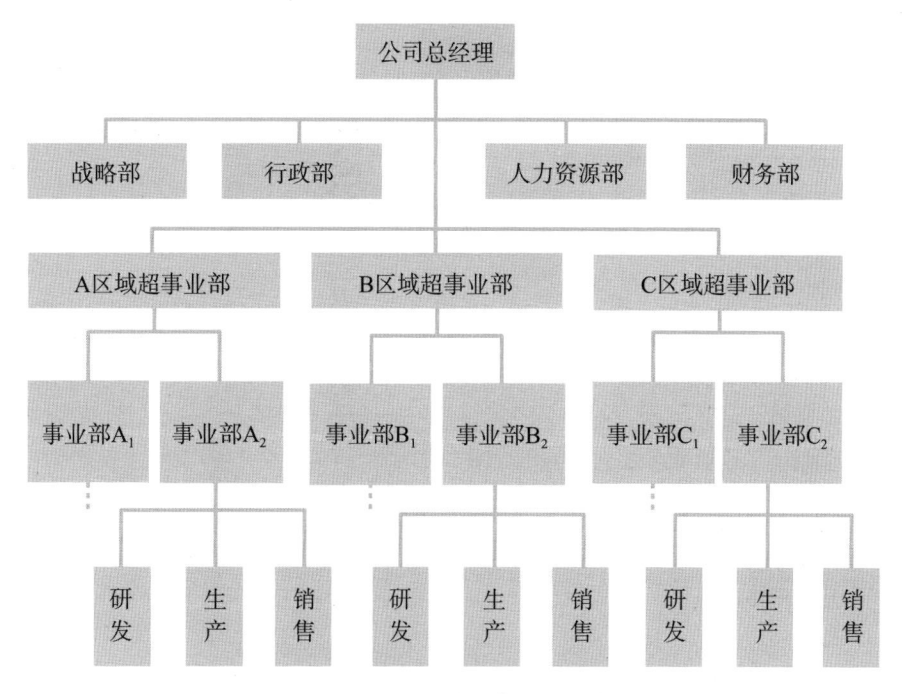

图1-15　YBMD跨国集团组织结构图

1.4.7　××房地产公司组织结构诊断实例

以下是××房地产公司组织结构诊断报告，供读者参考。

一、诊断背景

目前房地产市场竞争日趋激烈，逐渐从单纯的产品竞争转向企业综合实力的竞争。在激烈的市场竞争中，该房地产企业的核心竞争优势正在逐步下降。调研显示，50%以上的员工认为，公司组织结构设置不合理是企业竞争力下降的主要原因。

二、××房地产公司组织结构诊断框架

企业的经营战略是企业价值追求的集中体现，因此组织结构诊断的起

点，应该是明确企业的经营战略。然后，根据明确的企业经营战略综合分析企业的业务线布局和职能部门配备是否合理。最后，将诊断的重点集中到各部门和关键岗位上。

××房地产公司组织结构的诊断框架如图1-16所示。

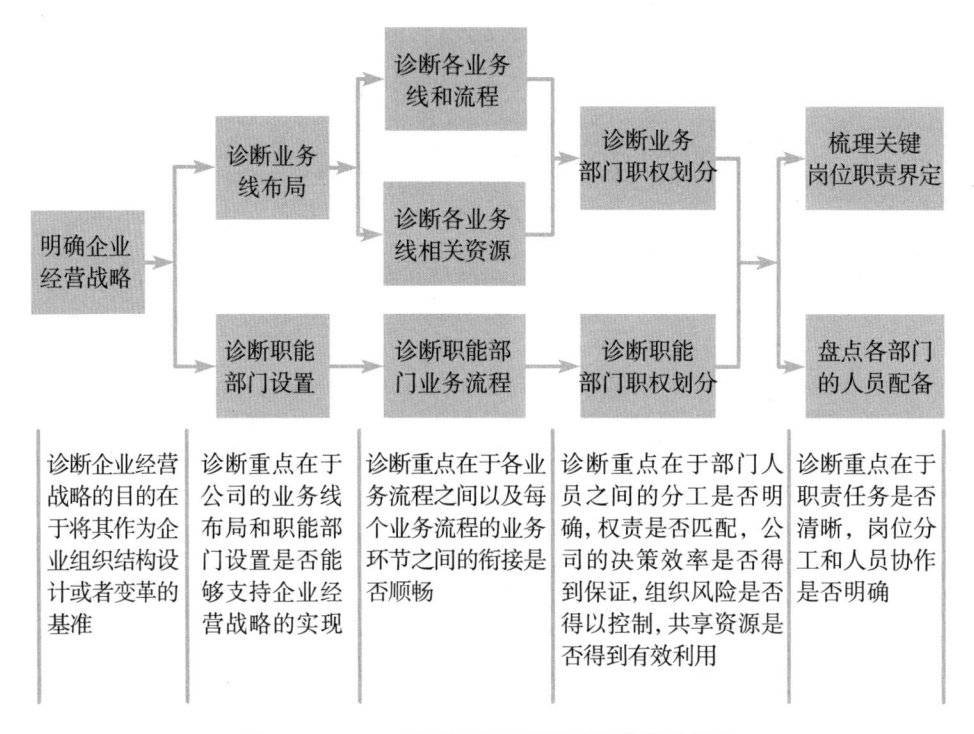

```
明确企业        诊断业务       诊断各业务         诊断业务         梳理关键
经营战略   →    线布局    →   线和流程    →    部门职权划分  →  岗位职责界定
                              诊断各业务
                              线相关资源

                诊断职能       诊断职能部       诊断职能         盘点各部门
                部门设置   →   门业务流程  →   部门职权划分  →  的人员配备

诊断企业经营    诊断重点在于   诊断重点在于各业   诊断重点在于部门人   诊断重点在于
战略的目的在    公司的业务线   务流程之间以及每   员之间的分工是否明   职责任务是否
于将其作为企    布局和职能部   个业务流程的业务   确，权责是否匹配，公   清晰，岗位分
业组织结构设    门设置是否能   环节之间的衔接是   司的决策效率是否得   工和人员协作
计或者变革的    够支持企业经   否顺畅             到保证，组织风险是否   是否明确
基准            营战略的实现                      得以控制，共享资源是
                                                  否得到有效利用
```

图1-16　××房地产公司组织结构的诊断框架

三、××房地产公司组织结构诊断综述

××房地产公司组织结构诊断综述如表1-4所示。

表1-4　××房地产公司组织结构诊断综述

诊断项目	现状描述	主要问题
经营战略	1.公司正在积极寻找新的业务增长点，房地产开发是公司重点发展的业务方向 2.公司已经开始并将进一步加快地域扩张	1.还没有制定明确、详细的业务拓展目标和实施计划 2.公司对新业务拓展所需时间和相关资源投入还没有形成明确的落地方案

续表

诊断项目	现状描述	主要问题
业务线布局及业务部门分工	1. 公司目标和主要业务集中在房地产代理业务上 2. 房地产开发业务部门已开始独立承接外部业务，但同时还担负代理业务的职能	1. 房地产开发业务和代理业务之间存在衔接和协调问题，而且没有建立内部结算机制 2. 房地产开发业务还有进一步细分的余地，如住宅楼和写字楼的细分
职能部门设置	目前已经设置了行政、财务、人力资源等主要职能部门，并且建立了基本的职能业务流程	1. 公司对于不同发展阶段的职能工作重点还没有形成清晰的认识 2. 公司在人力资源管理、财务管理和信息系统建设等基础管理工作方面还有待进一步提高 3. 公司地域扩张和规模扩张需要建立新的职能支持部门，如信息技术部
业务流程	1. 公司业务部门的业务流程比较独立 2. 目前人力资源、财务等职能部门与业务部门工作流程之间的衔接有待深入	1. 公司各业务部门在业务衔接方面存在协调不畅与沟通不顺问题 2. 财务控制流程与各业务流程之间还有待整合，尤其是权责的分配
关键岗位设置	1. 公司副总经理的分工主要按照业务线划定，一些业务部门的经理由副总经理兼任，业务部门经理缺位 2. 目前一些房地产开发项目的经理还不够成熟，需要区域经理介入项目现场管理	1. 目前一些业务流程之间的衔接协调工作需要在副总经理层面进行 2. 一些区域经理需要在项目现场管理方面投入很多精力 3. 项目经理培训机制不健全
人员配备	1. 业务人员和专业人员的流动性比较大 2. 项目经理的专业知识比较薄弱，缺乏有经验的项目经理 3. 业务人员经验不足，管理机制不健全	1. 目前的管理人员储备难以支撑公司的业务扩张，极易出现人才断档 2. 公司难以在员工业务能力开拓方面形成核心竞争优势

四、××房地产公司组织结构调整建议

1. 成立战略发展部，其主要任务是加强企业在竞争对手分析、战略规划、战术制定及战略目标分解方面的能力。

2. 加强房地产开发的市场营销工作，进行整体营销方案策划。

3. 调整公司领导管理的权、责、利，有效地利用现有人力资源，要对人力资源进行盘点，搭建人才梯队，使人力资源整体效用最大化。

4. 平衡权、责、利三者之间的关系，理顺公司项目经理、区域经理与总经理之间的领导、指挥和汇报关系。

5. 理顺和改善公司的业务流程，建立相应的制度，进行业务流程再造，保障业务流程和管理流程的顺利实施，进而保障企业高效、稳定运行。

6. 重新绘制组织结构图，并完善定责、定岗、定编、定额、定员、定薪工作，优化部门职能划分，调整岗位说明书。

7. 确保组织结构阶段稳定性与动态调整机制的融合，避免组织结构的僵化和朝令夕改。组织结构调整要紧跟企业战略，确保组织结构服务于企业战略目标的实现。

第 2 章

如何做好人力资源管理"六定"

人力资源作为生产力的基本要素，是任何组织机构从事经济活动赖以运行的必要条件。可以说，一家企业从初创时起，根据自己的战略规划、业务产品和内外部环境的定位和梳理，就要考虑需要多少人，各类人员应具备什么样的条件，如何将这些人科学、合理、高效地组合起来，既分工合理、协作顺畅、能满足生产和工作的需要，又发挥其应有的才干和潜能。

定责、定岗、定编、定额、定员、定薪简称"六定"（见图 2-1），"六定"之所以被称为人力资源管理的基础性工作，就在于只有把"六定"工作做扎实并逐步完善，即做好人力资源管理的前提工作，才能确保组织诊断、变革与创新的推进与实现，使工作岗位对员工的质与量的规定更加明确，从而实现人力资源数量、质量、层次和结构的合理配置。

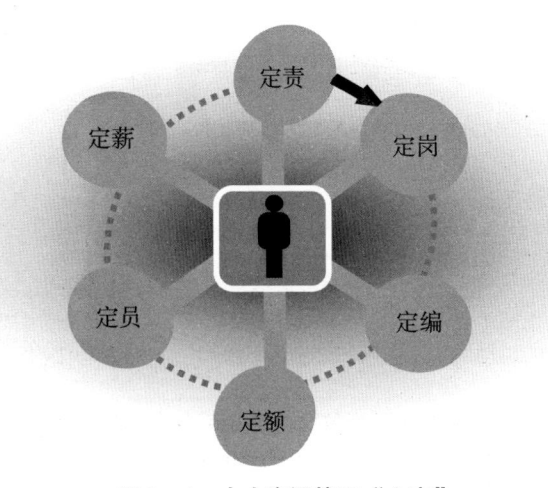

图 2-1 人力资源管理"六定"

2.1 定责

定责，即确定企业发展需要完成什么任务、干什么活，是定岗、定编、定员、定额、定薪的基础。定责是指在明确组织目标，对组织目标进行设定、分解，并进行系统的岗位分析的基础上，对部门职能和岗位职责进行分解和设计，达到各部门与各岗位职责明晰、分工与协作高效，最终编制部门职能说明书（简称部门说明书）、岗位职责说明书（简称岗位说明书）的过程。

2.1.1 定责的 12 字方针

定责的过程，即根据组织目标与岗位设计，制定适用于部门和岗位的职责，规定其相应的任务、职责、权力以及与其他部门和岗位的关系的过程。定责应坚持 12 字方针，如图 2-2 所示。

全面 1
◎ 定责要全面、准确、明了
不仅便于专业技术人员履行职责和对专业技术人员进行考核，也有利于其他人员的职责履行和对其进行考核

规范 2
◎ 定责有较高的专业性、技术性要求
定责涉及业务技术和经营管理等多个方面，因此对工作人员有较高的理论和经验要求

激励 3
◎ 定责应当达到培养员工自我判断、独立解决问题的能力的目的
要让员工明白，工作的压力不仅来自他人，更多来自自身，所以压力转变为工作的动力也要靠自己
定责就是让员工认识到这个岗位的工作任务设计和职责设定都可以看作为他搭建了一个展现个人能力和实现人生价值的舞台

科学 4
◎ 定责时要将部门/岗位所需与个人之长有机统一起来
把握每个员工的特长，将每个人安置到合适的岗位，以充分发挥他们的主动性、积极性和创造性，提高工作的整体效率

丰富 5
◎ 定责要对部门/岗位职责的内容进行丰富和扩大
固定岗位上的员工由于长期从事单一型工作而埋没了其他才能，职责丰富化和扩大化有利于发挥员工被埋没的才能或激发其潜能

灵活 6
◎ 定责必须结合本单位的工作性质和特点
能真正落实专业技术人员的工作范围任务、权限、责任和义务
◎ 定责必须区分不同专业、不同档次、不同部门/工作岗位
灵活，有区别，使职与责结合起来

图 2-2 定责的 12 字方针

2.1.2 部门/岗位的关键成果领域

1. 确定部门/岗位目的

根据企业目标，进行部门的职能定位，继而确定岗位的目的。各个岗位设置目的的组合，反过来诠释了设立该部门/岗位的总体目标，即要精练地陈述出本部门、岗位为什么存在，它对企业的特殊（或者是独一无二）价值是什么。

2. 分解关键成果领域

关键成果领域是为实现企业整体目标不可或缺的、必须取得满意结果的领域，是企业关键成功要素的聚集地，例如利润、创新、生产率、市场地位等。关键成果领域是对企业使命、愿景与战略目标的实现起着至关重要的影响并做出直接贡献的领域，是关键成功要素的集合。

关键成果领域还可定义为一个部门/岗位需要在哪几个方面取得成果来实现部门/岗位的目的，具体内容如图2-3所示。

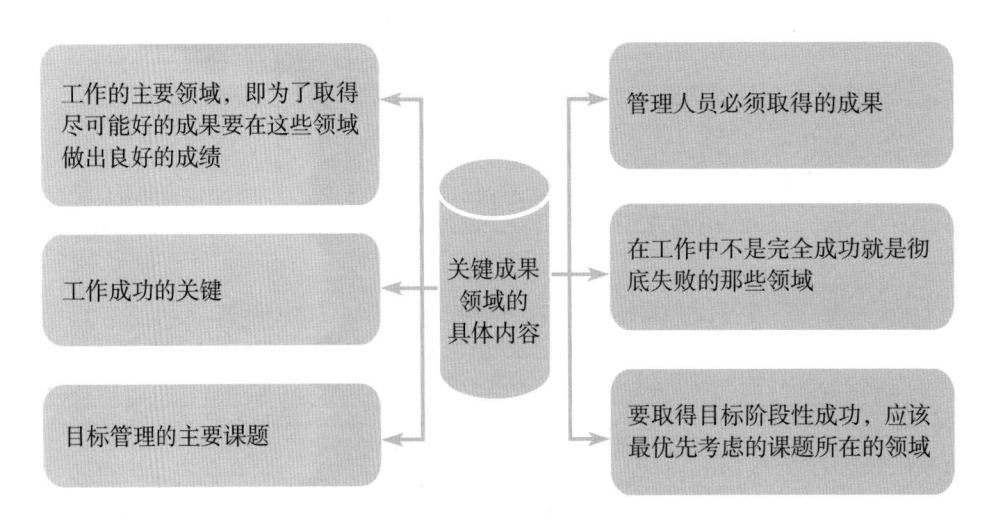

图2-3 关键成果领域的具体内容

2.1.3 企业常见部门的关键成果领域

确定职责目标，即确定该部门/岗位在该关键成果领域中必须取得的成果。职责的描述是要说明工作执行者所负有的责、权、利以及所要求达成的最终结果的标准，因此，从成果导向出发，应该明确关键成果领域要达成的目标，并确保每项目标不能偏离部门/岗位的整体目标。企业常见部门的关键成果领域如表2-1所示。

表2-1 企业常见部门的关键成果领域

部门	关键成果领域
市场部	品牌宣传、渠道拓展、市场调研与报告
研发部、设计部	研发并设计新产品，提高员工的创新能力
生产部	提供技术进步、劳动技能改善或是资本深化的环境
投融资部（或企业高层）	采取多种投资、融资方式，破解投融资或现金流难题
采购部、财务部	降低各项成本
人力资源部	建立基于胜任素质模型的人才培养机制，完善岗位知识、技能/能力、职业素养的标准
销售部	提高销售业绩
企业文化部	打造企业文化，承担企业应尽的社会责任

2.1.4 招聘主管岗位责任书实例

表2-2为某公司招聘主管的岗位责任书，供读者参考。

表2-2 招聘主管岗位责任书

一、岗位基本信息

招聘主管岗位的基本信息如表A所示。

表A 招聘主管岗位的基本信息

职位名称	招聘主管	所属部门	人力资源部
职务等级	5级	工资等级	7级
直接上级职位名称	人力资源部经理	直接下级职位名称	招聘专员
辖员人数	7人	本岗位定编人数	1人

续表

二、岗位目标概述
规范招聘流程及行为规范，建立人力资源招聘体系，开发并维护招聘渠道网络，有计划地实施招聘，为公司提供充足、适用的人力支持及人才储备。

三、工作内容及绩效标准

招聘主管岗位的工作内容、依据及绩效标准如表 B 所示。

表 B　招聘主管岗位的工作内容、依据及绩效标准

序号	工作内容	工作依据	权责	结果	考核基准	占用时间
1	根据企业发展情况，提出人员招聘计划	企业各个岗位的人员定员数目及需求	主办	人员招聘计划书	计划书的时效性和建设性	10%
2	执行企业招聘计划	计划的具体实施方案	主办	所需人员及时到位	计划的执行占用时间和流程的简化度、人员到位率	20%
3	制定、完善和监督执行企业的招聘制度	招聘工作的流程	主办	企业招聘制度修订	制度的完善程度	15%
4	制定面试工作流程	公司面试的具体程序	主办	面试流程图	流程的简单有效性，时间节省情况	10%
5	安排应聘人员的面试工作	聘前测试和简历甄别	主办	面试有序进行、面试评价表	时间安排的合理性	15%
6	应聘人员材料、证件的鉴别	应聘人员的工作单位和网上验证服务	协办	人员材料、证件鉴别意见	准确性	10%
7	负责建立企业人才库	企业收集到的简历	主办	企业人才库（电子版）	员工档案的完整性	10%
8	应聘人员材料管理	原始资料、评价报告、测评考卷	协办	资料档案类别及目录	应聘人员材料的完整性	10%

续表

四、岗位责任范围

招聘主管岗位的责任范围如表 C 所示。

表 C　招聘主管岗位的责任范围

汇报责任	汇报对象	向集团人力资源部经理汇报工作
	汇报内容	人员招聘的效度、上岗率、成本等情况
督导责任	直接督导 1 人	间接督导 6 人
培育责任	直接部署	招聘和面试工作
	专业培训	招聘和面试技术
	其他	提高招聘和面试技术，建议使用和提拔
成本责任	招聘成本预算	—
	招聘成本控制	—
	招聘成本说明	—
保密责任	对企业人才库的信息具有保密责任	

2.2　定岗

定岗，即确定企业需要什么样的岗位。岗位是企业组织结构中最基本的功能单位。定岗就是在生产组织合理设计以及劳动组织科学化的基础上，从空间上和时间上科学地界定各个工作岗位的分工与协作关系，并明确地规定各个岗位的职责范围、人员素质要求、工作程序和任务总量。同时，需要提醒的是因事设岗是岗位设置的基本原则。

2.2.1　定岗的 7 大规范

定岗工作要做好任务分析、流程分析和工作设计，定岗的成果有作业指导书、任务标准及规范、岗位说明书、指令下达或汇报线路。其中，最主要的是通过岗位说明书的形式把每个岗位的工作、任务、活动和责任描述清晰。定岗要坚持 7 大规范，如图 2-4 所示。

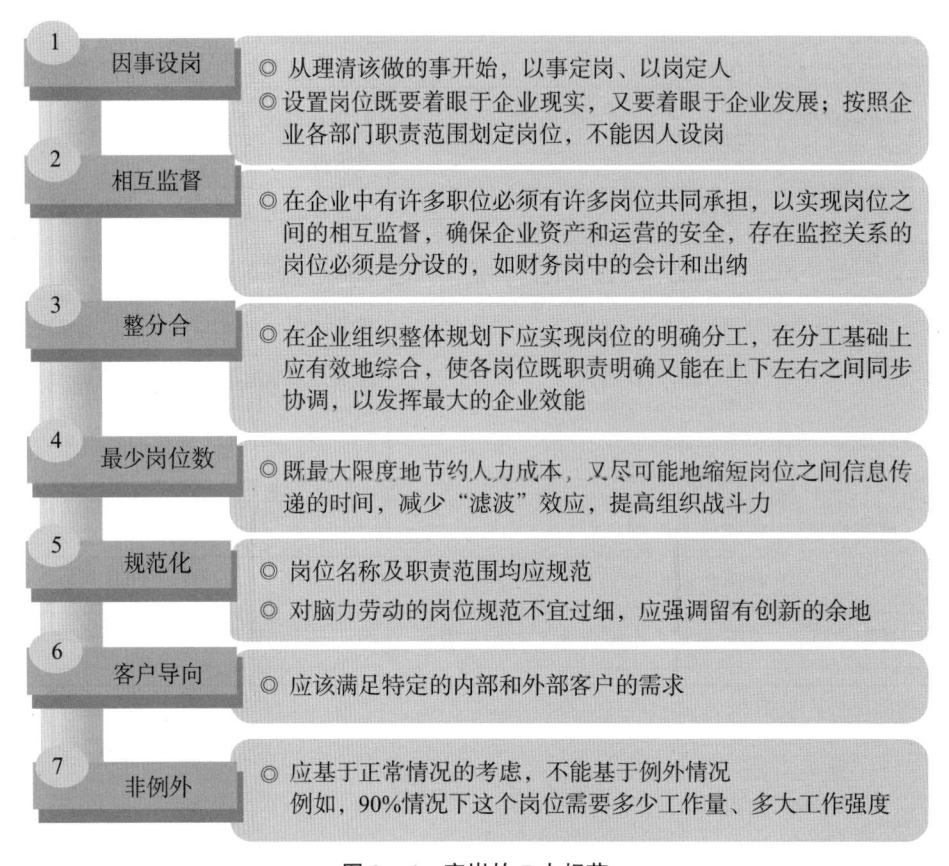

1	因事设岗	◎ 从理清该做的事开始，以事定岗、以岗定人 ◎ 设置岗位既要着眼于企业现实，又要着眼于企业发展；按照企业各部门职责范围划定岗位，不能因人设岗
2	相互监督	◎ 在企业中有许多职位必须有许多岗位共同承担，以实现岗位之间的相互监督，确保企业资产和运营的安全，存在监控关系的岗位必须是分设的，如财务岗中的会计和出纳
3	整分合	◎ 在企业组织整体规划下应实现岗位的明确分工，在分工基础上应有效地综合，使各岗位既职责明确又能在上下左右之间同步协调，以发挥最大的企业效能
4	最少岗位数	◎ 既最大限度地节约人力成本，又尽可能地缩短岗位之间信息传递的时间，减少"滤波"效应，提高组织战斗力
5	规范化	◎ 岗位名称及职责范围均应规范 ◎ 对脑力劳动的岗位规范不宜过细，应强调留有创新的余地
6	客户导向	◎ 应该满足特定的内部和外部客户的需求
7	非例外	◎ 应基于正常情况的考虑，不能基于例外情况 例如，90%情况下这个岗位需要多少工作量、多大工作强度

图 2-4　定岗的 7 大规范

2.2.2　定岗申请表

定岗申请表的范本如表 2-3 所示。

表 2-3　定岗申请表

申请日期			
申请部门		增补岗位名称	
增补人数		希望报到日期	

续表

申请原因	☐扩编　☐缺编　☐其他：_____
	说明：
增补职位职责要求	
申请部门意见	
人力资源部意见	
总经理意见	
董事长意见	
填表		审核	

2.2.3　定岗方案实例

以下是某公司的定岗方案，供读者参考。

一、目的

为了进一步优化人力资源结构，提高工作效能，规范公司的人员编制管理，优化人力资源配置，提高公司各部门的工作效率，转变工作作风，结合以前公司的岗位设置和实际的工作需要，特制定本定岗方案。

二、指导思想

紧密配合机构改革方案的实施，优化人员结构，发挥个人专长，留住工作骨干，提高业务效率。按照"工作需要，竞争上岗，综合考评"的原则和德才兼备标准，建设一支精干、高效、廉洁、务实的工作队伍，以适应公司加快生产进度和工作发展的需要。

三、定岗的原则

1. 因事设岗原则。岗位应根据部门的工作职能、业务以及管理流程进行设定，以工作内容、业务量配置人员，要达到因事设岗、人事相宜的目的；对已有的岗位设置进行合理性审核，该保留的保留，该撤销的撤销；协调需要增加的岗位，先撰写岗位说明书，再报审。

2. 精简高效、满负荷原则。岗位人员的配备应坚持"精简高效、满负荷"的原则，对于工作量不满、欠载或者连续两次绩效考核不合格的岗位进行冗员裁减，以提高整体工作效率。

3. 竞争上岗、择优选用的原则。按照"公开、公平、公正"的原则，参照行业定编、定额、定员的一般标准，根据公司的实际需要，进行竞争上岗、择优选用，建立能上能下、进出有标准的规范。原则上对于绩效考核合格的员工不进行裁员。

四、定岗的依据

在现有管理架构的基础上，根据各部门职责、工作内容、业务量、管理层级和幅度，对编制、岗位、人员进行适度优化调整，其目的就是要通过定责、定岗为后续的定编、定额、定员、定薪打好基础，合理配置人力资源，构建科学的岗位管理体系，为设定薪酬等级、绩效考核、人员培训、晋升提供依据。定岗可以减少不必要的人力资源浪费，挖掘人才潜能，提高人才的工作能力与适应性。

五、公司组织结构

按照组织结构设计的管理统一化、权责明确、组建管理机构优先和职责分配合理4项原则的要求，公司绘制了组织结构图，如图2-5所示。

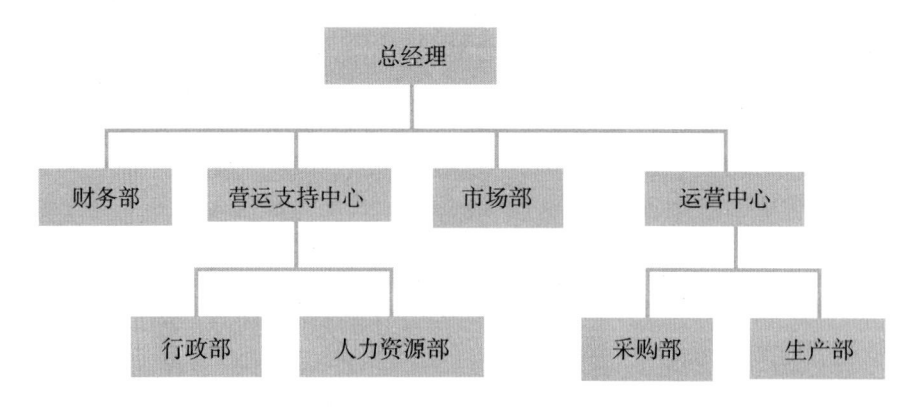

图2-5 公司组织结构图

六、部门岗位设置

在明确公司战略目标和对各部门的职能进行划分的前提下，各部门的岗位设置如表 2-4 所示。

表 2-4 部门岗位设置表

部门	岗位
总经理办公室	总经理、总经理助理
行政部	行政经理、行政助理、秘书、司机
人力资源部	人力资源经理、人事助理
市场部	市场经理、市场专员
财务部	会计、出纳
采购部	采购经理、采购专员
生产部	生产经理、班组长、操作工

2.3 定编

定编即确定需要多少适合组织发展的人,在组织完成定编工作后,达到事事有人做、人人有事做。广义的定编,是指在国家机关、企事业单位、社会团体及其他工作单位中,各类组织机构的设置以及人员数量定额、结构和职务的配置。编制包括机构编制和人员编制两部分,这里研究的是对工作组织中各类岗位的数量、职务的分配,以及人员的数量及其结构所做的统一规定。

这里的定编,就是在定责、定岗的基础上,对各职能部门和业务机构合理布局和设置的过程。定编为企业制定生产经营计划和人事调配提供了依据,有利于企业不断优化组织框架,提高整体劳动效率。

2.3.1 部门定编的 8 大影响因素

每个部门的具体职责和岗位设置不同,定编的影响因素也不完全相同。需要明确的是部门定编的一般影响因素包括 8 个方面的内容,如图 2-6 所示。

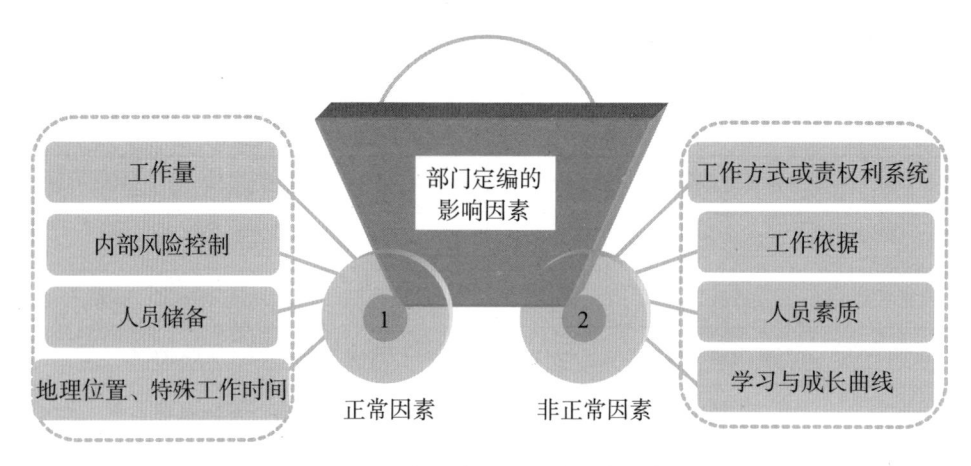

图 2-6　部门定编的 8 大影响因素

2.3.2　岗位定编的 3 大影响因素

岗位定编的影响因素可以归纳为岗位职责、劳动生产率、新的管理方式和新技术影响等因素，3 个方面的具体内容如图 2-7 所示。

1.岗位职责
包括岗位任务和岗位活动两个因素；一家企业的经营管理重点是不断变化的，岗位任务和岗位活动也随之变化，这就直接导致岗位工作所需人数的变化

2.劳动生产率
岗位职责只能界定岗位的价值和任务，但这不足以确定岗位编制，还必须明确每个岗位具体做什么、怎么做，劳动生产率如何

3.受新技术、新方法以及管理者观念、风格的影响
岗位作业流程、工作方式等的变化会导致岗位工作量的变动，岗位编制也必然随之改变

图 2-7　岗位定编的 3 大影响因素

2.3.3 劳动效率定编法的 5 个维度

劳动效率定编法实际上就是根据工作量和劳动定额来计算员工数量的方法。劳动效率定编法的界定、适用范围、优缺点、影响因素和分类等 5 个维度的内容如图 2-8 所示。

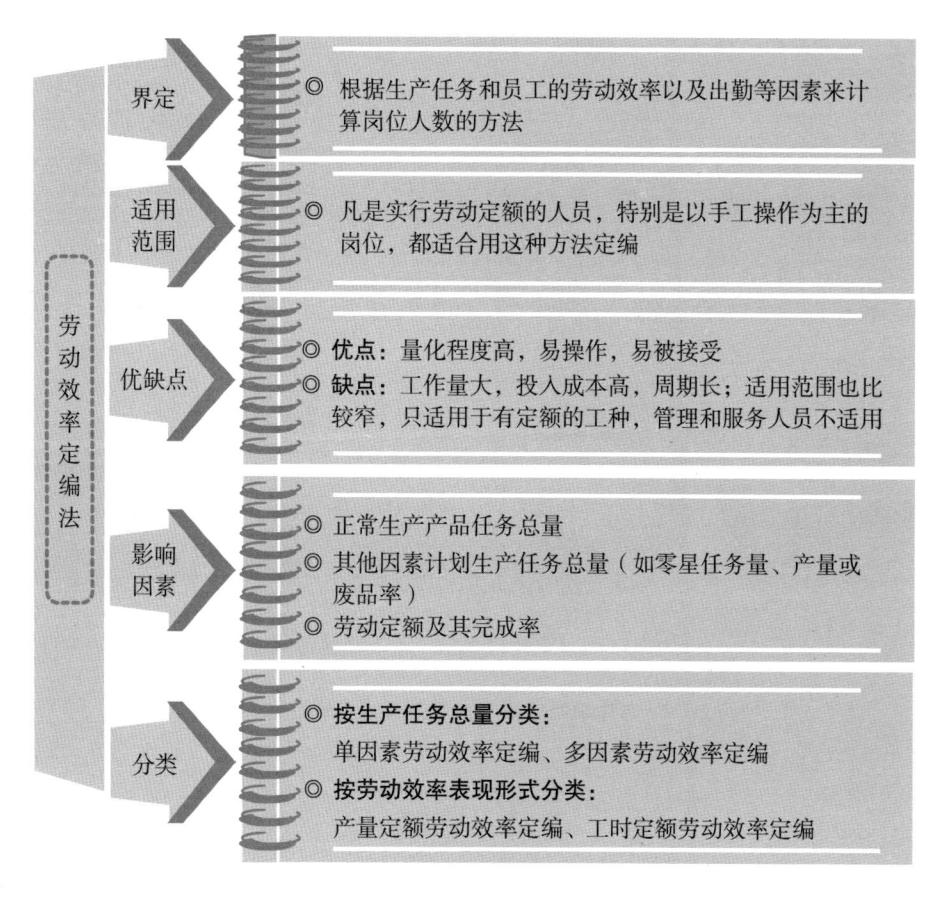

劳动效率定编法

- **界定**：◎ 根据生产任务和员工的劳动效率以及出勤等因素来计算岗位人数的方法

- **适用范围**：◎ 凡是实行劳动定额的人员，特别是以手工操作为主的岗位，都适合用这种方法定编

- **优缺点**：
  ◎ 优点：量化程度高，易操作，易被接受
  ◎ 缺点：工作量大，投入成本高，周期长；适用范围也比较窄，只适用于有定额的工种，管理和服务人员不适用

- **影响因素**：
  ◎ 正常生产产品任务总量
  ◎ 其他因素计划生产任务总量（如零星任务量、产量或废品率）
  ◎ 劳动定额及其完成率

- **分类**：
  ◎ 按生产任务总量分类：
  单因素劳动效率定编、多因素劳动效率定编
  ◎ 按劳动效率表现形式分类：
  产量定额劳动效率定编、工时定额劳动效率定编

图 2-8 劳动效率定编法的 5 个维度

2.3.4 总体编制设置与人工效率分析

定编的目标是在满足公司内外部环境变化的约束条件下，实现总体编制结构合理、人工成本最低、劳动效率与效益最大。总体编制设置与人工效率分析的具体内容如图 2-9 所示。

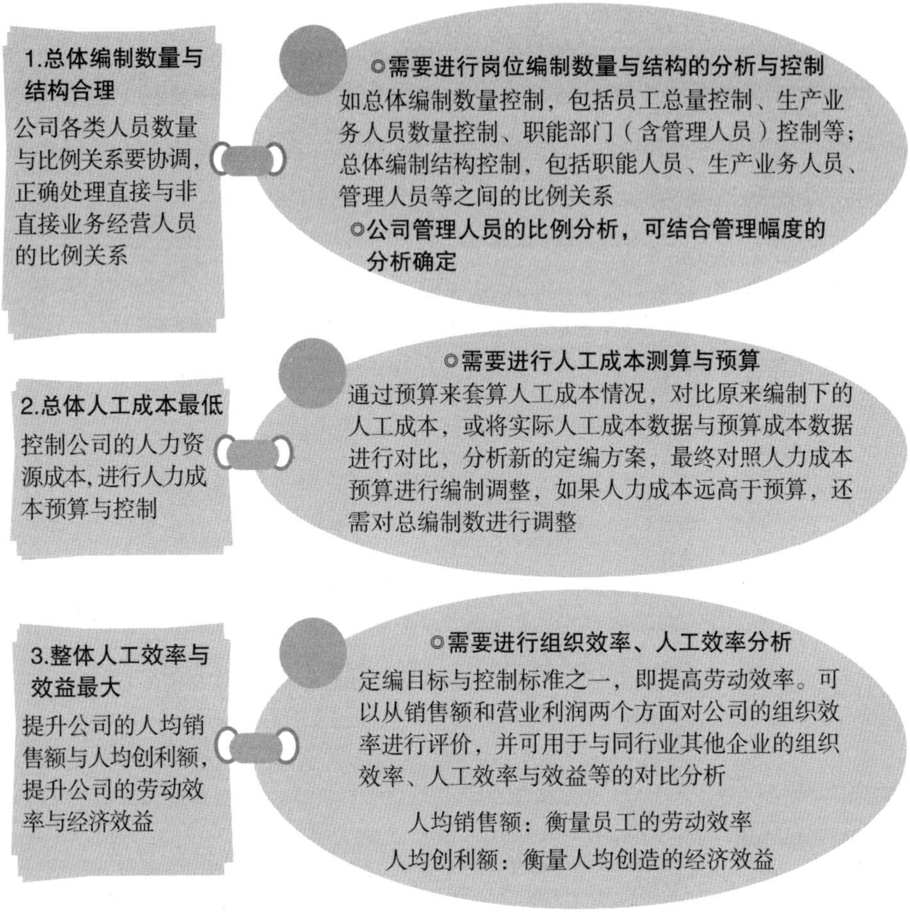

1. 总体编制数量与结构合理

公司各类人员数量与比例关系要协调，正确处理直接与非直接业务经营人员的比例关系

○ 需要进行岗位编制数量与结构的分析与控制

如总体编制数量控制，包括员工总量控制、生产业务人员数量控制、职能部门（含管理人员）控制等；总体编制结构控制，包括职能人员、生产业务人员、管理人员等之间的比例关系

○ 公司管理人员的比例分析，可结合管理幅度的分析确定

2. 总体人工成本最低

控制公司的人力资源成本，进行人力成本预算与控制

○ 需要进行人工成本测算与预算

通过预算来套算人工成本情况，对比原来编制下的人工成本，或将实际人工成本数据与预算成本数据进行对比，分析新的定编方案，最终对照人力成本预算进行编制调整，如果人力成本远高于预算，还需对总编制数进行调整

3. 整体人工效率与效益最大

提升公司的人均销售额与人均创利额，提升公司的劳动效率与经济效益

○ 需要进行组织效率、人工效率分析

定编目标与控制标准之一，即提高劳动效率。可以从销售额和营业利润两个方面对公司的组织效率进行评价，并可用于与同行业其他企业的组织效率、人工效率与效益等的对比分析

人均销售额：衡量员工的劳动效率
人均创利额：衡量人均创造的经济效益

图 2-9 总体编制设置与人工效率分析的具体内容

2.4 定额

定额，即确定人、财、物的限定标准或者说计算工作量的标准。定额是指在规范的劳动组织，合理地使用材料、机械、设备的条件下，预先规定完成单位合格产品所消耗的资源数量的标准，反映的是一定时期社会生产力水平的高低。传统企业中实行劳动定额的人员约占全体员工的 40%～50%，企业可以工时定额、设备看管定额等数据为依据，核定出这些有定额人员的定员人数。

2.4.1 劳动定额管理制度的6个板块

劳动定额管理制度是指为保证劳动定额管理工作程序而制定的一系列规范的总称。劳动定额管理制度的建立是为了让工作程序化、制度化，以保证各项工作有章可循，其主要的6个板块的内容如图2-10所示。

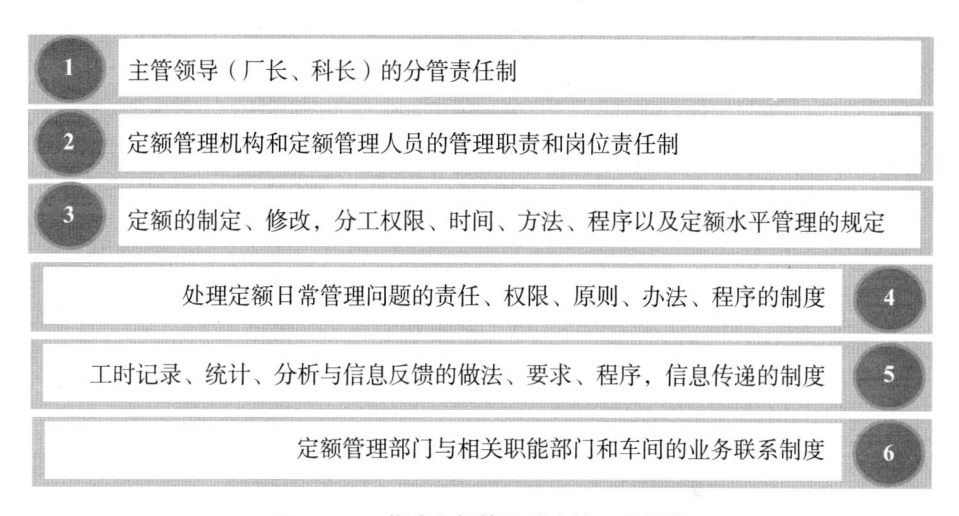

1. 主管领导（厂长、科长）的分管责任制
2. 定额管理机构和定额管理人员的管理职责和岗位责任制
3. 定额的制定、修改，分工权限、时间、方法、程序以及定额水平管理的规定
4. 处理定额日常管理问题的责任、权限、原则、办法、程序的制度
5. 工时记录、统计、分析与信息反馈的做法、要求、程序，信息传递的制度
6. 定额管理部门与相关职能部门和车间的业务联系制度

图2-10　劳动定额管理制度的6个板块

2.4.2 定额的4个角度14种划分

按照不同的标准，定额可以分为不同的种类，不同类型的定额有不同的适用范围和特征，在定额的制定、贯彻执行、统计分析以及修订等各个工作环节应严格加以区分。具体的种类及内涵与说明如表2-5所示。

表2-5　定额的4个角度14种划分

分类依据	定额的种类	内涵与说明
按定额的表现形式分类	1.时间定额（工时定额）	完成单位产品所需要的劳动时间，即用时间表示定额。单件生产、小批生产的岗位，每件产品加工时间较长者宜采用时间定额
	2.产量定额	在单位时间内应完成的合格产品数量，是用产量表示的定额。产量定额多用于同类产品产量大而且单件加工时间较短的生产岗位，如机械加工、化工等企业的岗位

续表

分类依据	定额的种类	内涵与说明
按定额的表现形式分类	3. 看管定额	一个或一组员工同时看管的机器设备台数，广泛应用于以看管、操作、维护为主要工作任务的站库等值守型岗位
	4. 服务定额	一个或一组员工固定服务对象的数量，多用于辅助生产和后勤服务队伍人员的定额
按定额实施的范围分类	1. 全国统一的定额	由国家相关部门制定，适用于全国同行业的定额
	2. 地方统一的定额	由省、市主管部门制定，适用于地方同行业或同工种的定额
	3. 企业制定的定额	企业根据本企业的实际情况制定和批准使用的定额
按定额的用途分类	1. 现行定额 2. 计划定额 3. 设定定额 4. 固定定额（不变定额）	
按定额的使用期限分类	1. 一次性定额	使用期限只限一次，如果第二次再生产该产品，就要再制定定额，一般用于新产品的生产
	2. 临时性定额	有效期一般为三个月，一般用于初次制定的定额，经过调整后再转为正式定额
	3. 正式定额	企业正式颁布使用的定额

2.4.3 工作日写实法

根据目的和要求的不同，工作日写实法又可以分为5种类型，如表2-6所示。

表2-6 工作日写实法的5种类型

种类	内容	特点及适用范围
个人工作日写实	以某一作业者为对象，由观察人员进行工作日写实的一种基本形式	个人工作日写实由观察人员在工作现场对作业者工作时间利用情况进行观察记录、整理分析，侧重于调查工时利用情况，确定时间定额，总结先进工作方法和经验等

续表

种类	内容	特点及适用范围
工作组工作日写实	以工组为对象，由观察人员实施的工作日写实，又可细分为两类	**1. 同工种工组工作日写实**：被观察的工组为相同工种的作业者。可以获得反映同类作业者在工时利用以及生产效率等方面的优劣和差距资料，发现引起低效或时间浪费的原因以及先进工作方法 **2. 异工种工组工作日写实**：被观察的工组由不同工种工人构成，如兼有基本工人和辅助工人的工组、兼有多种技术工种的工组。可以获得反映组内作业者负荷、配合等情况的资料，为合理定员，改善劳动组织形式等提供依据
多设备工作日写实	以多台设备看管工人为对象，由观察人员实施的工作日写实	主要用于研究多设备看管工人作业内容、操作方法、巡回路线等的合理性，以及机器设备运转和工作地的布置、供应、服务等情况，以发现并解决多台看管存在的问题
自我工作日写实	以作业者本人为对象，其自我实施的工作日写实	主要用于研究工时损失的规模和原因，目的是减少停工时间、非生产时间，最终改进企业管理
特殊工作日写实	以特定研究现象为目的，以个人或工组为对象，由观察人员实施的工作日写实	特点是只观察记录、分析研究工作班内与研究目的相关的事项及其消耗时间。既可对个人，也可对工组进行。例如，调查繁重体力劳动工人的休息与生理需要时间，调查材料、能源缺乏引起的停工时间损失，长期完不成生产定额者的工作状态等

2.5 定员

定员，即确定组织需要具备哪些素质的人。定员是指在一定生产技术组织的条件下，为保证企业生产经营活动正常进行，按照任务定额和完成工作所需的素质要求，为企业配备各类人员所预先规定的限额，从而达到节约人力、避免浪费、提高劳动生产率的目的。

企业劳动定员的范围是以企业劳动组织常年性生产、工作岗位为对象，具体来说既包括从事各类活动的一般员工，也包括各类初级、中级经营管理人员，专业技术人员，乃至高层领导者。定员范围与用工形式无关，其员工人数应根据企业生产经营活动特点和实际的可能来确定。

2.5.1　企业人员的 3 类比例关系

企业人员的比例关系包括很多种，图 2-11 展示了 3 项具体的比例关系。在产品结构和生产技术一定的条件下，图中的各种关系存在数量上的最佳比例，按这一比例配备各类人员，能使企业获得最佳效益。因此，在编制定员时处理好这些比例关系非常重要。

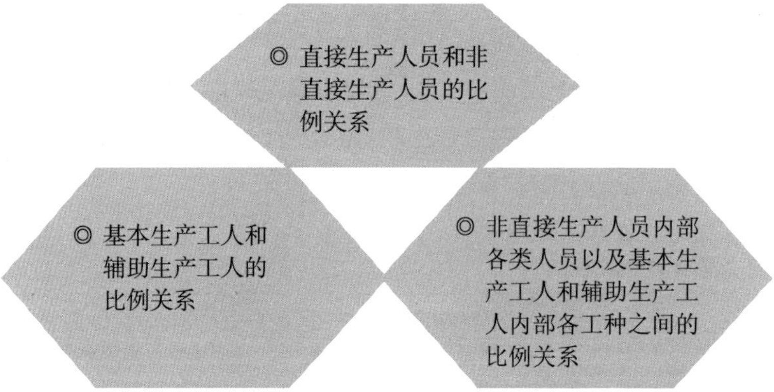

◎ 直接生产人员和非直接生产人员的比例关系

◎ 基本生产工人和辅助生产工人的比例关系

◎ 非直接生产人员内部各类人员以及基本生产工人和辅助生产工人内部各工种之间的比例关系

图 2-11　企业人员的 3 类比例关系

定员不仅是单纯的数量问题，还涉及人力资源的质量，以及不同劳动者的合理使用。因此，定员就是将劳动者安排到合适的发挥其才能的工作岗位上，以达成人尽其才、人事相宜、科学合理的目的。

2.5.2　企业定员的分级分类标准

企业定员的分级分类标准具体如表 2-7 所示。

表 2-7　企业定员的分级分类标准及其具体内容

分级方法	定员标准	具体内容
按管理体制	1. 国家劳动定员标准	由国家标准化主管机构批准、发布，在全国范围内统一实行

续表

分级方法	定员标准	具体内容
按管理体制	2. 行业劳动定员标准	由行业标准化主管机构批准、发布，在行业范围内统一实行
	3. 地方劳动定员标准	由企业批准、发布，在本企业范围内统一实行
按定员标准的综合程度	1. 单项定员标准（详细）	以某类岗位、设备、产品或工序为对象制定的标准
	2. 综合定员标准（概略）	以某类人员乃至企业全部人员为对象制定的标准
按定员标准的具体形式	1. 效率定员标准	依据生产任务量、劳动者的工作效率、出勤率等因素确定
	2. 设备定员标准	依据设备性能、生产组织状况、技术要求、工作范围、劳动者负荷量等因素确定
	3. 岗位定员标准	受生产规模、技术复杂程度、管理方式以及工作人员的业务能力要求等因素的影响，依据组织结构、职责范围和业务分工确定
	4. 比例定员标准	按照与员工总数或某类人员总数的比例，确定另一类人员人数的定员标准
	5. 职责分工定员标准	依据工作岗位的性质和特点、工作流程和任务量，以及劳动者的负荷量等因素确定

2.5.3 设备定员法

设备定员法根据设备需要开动的台数和开动的班次、工人看管定额，以及出勤率来计算定员人数。计算公式如下所示，示例如图 2－12 所示。

$$定员人数 = \frac{需要开动设备台数 \times 每台设备开动班次}{工人看管定额 \times 出勤率}$$

设备定员法属于按劳动效率定员的一种特殊形式，上述公式中的劳动效率表现为工人看管定额。它主要适用于以机械操作为主，使用同类型设备，采用多机床看管的工种。这些工种的定员人数，主要取决于机器设备的数量和工人在同一时间能够看管设备的台数。

示例：某车间为完成生产任务需开动自动车床96台，每台开动班次为2班，看管定额为每人看管2台，出勤率为96%，则该工种定员人数为多少？

$$定员人数 = \frac{40 \times 2}{2 \times 96\%} \approx 42（人）$$

图 2-12　设备定员法示例

在上述公式中，设备开动台数和班次要根据设备生产能力和生产任务来计算，并不一定是实有的设备数。因为有可能生产任务不足，设备不必全部开动，比如，有的备用设备就不必配备人员。对不同的设备需要开动台数的计算应使用不同的方法，一般要根据劳动定额和设备利用率来核算单台设备的生产能力，再根据生产任务来计算开动台数和班次。

2.6　定薪

定薪，即确定某任职者的既定工资和浮动工资的结构组合。薪酬激励体系对企业的发展起着举足轻重的作用，薪酬福利也是每个员工都关注的问题，是影响员工满意度的关键因素之一。岗位评价结果是建立薪酬体系的重要依据，定薪需要进行薪酬调查、企业薪酬承受能力测算等，还要结合对员工的绩效考核，使绩效优良者评为先进，得到晋升、增加工资；使绩效劣差者，受到降级、降低工资，才能充分发挥薪酬的基本经济保障作用、激励作用，调动员工的积极性，并且吸引、留住优秀员工。

2.6.1　薪酬调查涉及的 6 类信息

同样的岗位在不同的组织中所获得的价值评价不同，各岗位在不同的组织中获得的报酬多少、报酬方式也不尽相同。薪酬调查应当涉及的内容如图 2-13 所示。

1. 与员工基本工资相关的信息
- ◎ 应询问被调查对象在某一具体时期内的基本工资收入情况
- ◎ 具体工资形式，年薪、月薪、日薪还是小时工资；工资浮动范围，最低值、最高值还是中间值

2. 与支付年度和其他奖金相关的信息
- ◎ 奖金数额，年终奖提供与否，年终奖是以年底双薪还是相当于几个月工资的方式发放
- ◎ 占基本工资的百分比或者是取中间值，是否包括一次性加薪等其他年度利润分享形式

3. 股票期权或影子股票计划等长期激励计划
- ◎ 在企业高级技术人员、管理人员当中实行的股票期权等长期激励手段
- ◎ 员工持股计划中，股份数量与员工所承担的岗位的关系，普通岗位是否在持股计划中

4. 与企业各种福利计划相关的信息
- ◎ 如国家法定福利项目外的补充养老保险、健康保险、人寿保险、伤残保险及休假福利等
- ◎ 如经营管理高层岗位人员乘坐头等舱旅行、使用公司专车、家庭保安服务、俱乐部会员等福利

5. 与薪酬政策诸方面相关的信息
- ◎ 直接和间接薪酬信息之外的企业薪酬政策、策略和薪酬管理实践方面的信息
- ◎ 加薪时的百分比、加班与轮班政策、试用期长短、薪酬水平地区差异、新毕业生起薪点等

6. 与中高管理层或监督类岗位相关的信息
- ◎ 权限范围的信息，如管辖的人员数量及其类型、所支配的预算额等
- ◎ 当然，调查可以考虑避开较敏感的信息，让被调查者提供一些有助于数据分析但又不太敏感的信息，如房地产行业询问某岗位所负责管理的平方米数

图 2-13　薪酬调查涉及的 6 类信息

2.6.2　选择调查岗位的 5 大关键

为了实现薪酬调查的目的和要求，在明确了所要调查的行业和企业范围之后，接下来的一项重要任务就是选择哪些岗位进行调查。比如，是选择操作性、技术性岗位，还是包括各种类型的岗位？确定调查岗位范围的规范如表 2-8 所示。

表 2-8 可供选择的调查岗位范围的规范

关键点	确定调查岗位范围的规范
岗位的典型性、代表性	1. 鉴于薪酬调查时间和费用等方面的限制，对所有岗位进行调查几乎无法实现 2. 可将典型性、代表性的岗位调查数据推广运用到其他非典型的岗位
可比性原则	1. 组织薪酬调查前，首先对被调查岗位的各种相关信息做出必要的筛选和确认 2. 注重岗位之间在时间和空间多个维度上的可比性 3. 包括岗位的工作性质、难易复杂程度、岗位职责、工作权限、任职资格、能力要求、劳动强度、环境条件等方面与本企业需要调查的岗位的可比性
调查关注点原则	1. 如果关注点是企业管理类岗位人员的薪酬，将公司高层和部门经理一级的岗位作为调查对象岗位即可 2. 针对专业技术类岗位，应将相关职能领域中整个岗位族都纳入调查范围，因为这类岗位的薪酬差异更多体现在专业或任职资格层次差异性上
岗位说明书	1. 虽然不同企业采用同一岗位名称，但其组织结构和工作安排可能有差异，甚至可能从事内容完全不同的工作，在我国企业中这种情况较普遍 2. 调查者必须掌握最新的岗位说明书 3. 确保所调查企业提供的岗位数据与本企业的岗位相匹配、相一致
岗位名称和岗位描述	1. 岗位说明书必须采用比较常见或者普遍使用的岗位名称 2. 岗位描述不应太紧扣发起调查企业自己的特殊情况，应具有一定的普遍适用性 3. 从详细程度上来看，对岗位描述的篇幅不宜冗长也不宜太少，充分、准确即可 4. 工作内容几乎相同的岗位不必占用太多的时间，一种情况如企业的经营层或首席执行官之类，另一种情况是被调查岗位属于行业内几乎已经标准化的岗位，如超市收银员、机场安全检查员等

2.6.3 数据排列定薪法

数据排列定薪法，是先将薪酬调查的所有数据由高至低进行排列，再计算出数据列中几个特殊的位置，并标示出 25% 点处、50% 点（即中点）处、75% 点处和 90% 点处的定薪方法。

例如，在给本企业的会计岗位确定工资时，要求其在薪酬市场上具有一定竞争力，那么，根据薪酬调查的内容和选择调查岗位的要求以及会计岗位说明书的标准进行选择即可。假如我们调查了15家企业会计岗位的工资，用数据排列定薪法进行统计分析，如表2-9所示。

表2-9 会计岗位工资调查数据统计表

企业名称	平均月工资（元）	数据排列结果
A	2 500	1
B	2 200	2 90%点处＝2 200元
C	2 200	3
D	1 900	4 75%点处＝1 900元
E	1 700	5
F	1 650	6
G	1 650	7
H	1 650	8 中点或50%点处＝1 650元
I	1 600	9
J	1 600	10
K	1 550	11
L	1 500	12 25%点处＝1 500元
M	1 500	13
N	1 500	14
O	1 300	15

综上，工资水平较高的企业应该关注75%点处，甚至是90%点处的工资水平，工资水平较低的企业应该关注25%点处，而该企业要求会计岗位的薪酬在市场上具有一定竞争力，所以关注中点即50%点处，定1 650元左右即可。

第 3 章
如何编制部门和岗位说明书

编制部门和岗位说明书是"六定"尤其是定责的结果呈现，定责的基本工具就是工作分析。工作分析就是确定企业组织结构中部门和岗位的岗位职责、任职资格条件和工作任务完成情况的标准，实现人岗匹配的过程。这里的岗位职责是指岗位权限、职责任务、劳动环境；任职资格条件是指完成本岗位职责的候选人应具备的学历、经验、技能技巧和胜任素质；工作任务完成情况的标准是指绩效考核指标。

工作分析主要从 8 大要素着手，即 7W1H 的角度，具体如图 3-1 所示。

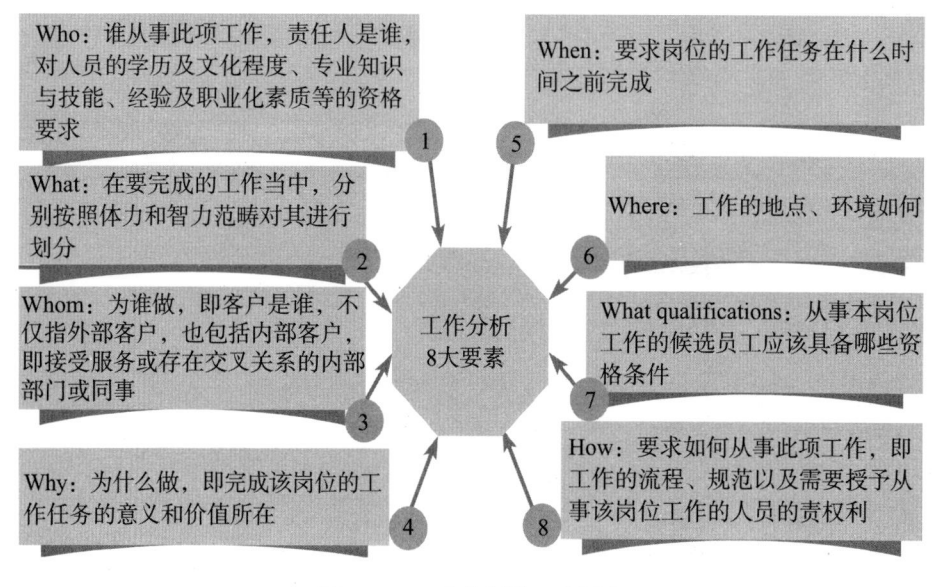

Who：谁从事此项工作，责任人是谁，对人员的学历及文化程度、专业知识与技能、经验及职业化素质等的资格要求

What：在要完成的工作当中，分别按照体力和智力范畴对其进行划分

Whom：为谁做，即客户是谁，不仅指外部客户，也包括内部客户，即接受服务或存在交叉关系的内部部门或同事

Why：为什么做，即完成该岗位的工作任务的意义和价值所在

When：要求岗位的工作任务在什么时间之前完成

Where：工作的地点、环境如何

What qualifications：从事本岗位工作的候选员工应该具备哪些资格条件

How：要求如何从事此项工作，即工作的流程、规范以及需要授予从事该岗位工作的人员的责权利

工作分析 8大要素

图 3-1　工作分析的 8 大要素

作为人力资源管理的重要工作指导文件，部门和岗位说明书不仅是工作分析的直接成果，也为人力资源管理的多项工作提供决策依据。编制部门和岗位说明书，应当建立在认清组织目标，并对企业、部门和岗位目标进行层层分解的基础上。

3.1 目标分解的实操步骤和模型

3.1.1 总目标分解的 3 个步骤

目标分解（target decomposition）指的是将企业总体目标在纵向、横向或时序上分解到各层次、各部门以至具体的岗位，最终形成目标体系的过程。目标分解是明确目标责任的前提，是总体目标得以实现的基础。

一般情况下，企业在对目标进行分解时应该按照一定的步骤，图 3-2 是企业较为常见的目标分解步骤。

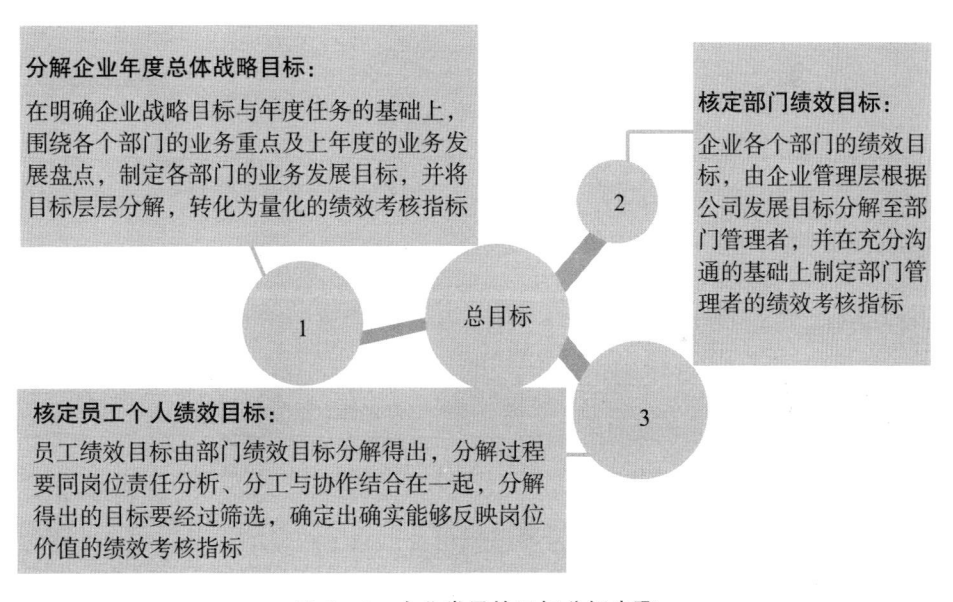

分解企业年度总体战略目标：
在明确企业战略目标与年度任务的基础上，围绕各个部门的业务重点及上年度的业务发展盘点，制定各部门的业务发展目标，并将目标层层分解，转化为量化的绩效考核指标

核定部门绩效目标：
企业各个部门的绩效目标，由企业管理层根据公司发展目标分解至部门管理者，并在充分沟通的基础上制定部门管理者的绩效考核指标

核定员工个人绩效目标：
员工绩效目标由部门绩效目标分解得出，分解过程要同岗位责任分析、分工与协作结合在一起，分解得出的目标要经过筛选，确定出确实能够反映岗位价值的绩效考核指标

图 3-2　企业常见的目标分解步骤

通过目标分解能够将企业的总目标依次分解为各级部门和各岗位的目标，从而使企业的各级主管及成员明确组织总目标、组织结构体系、分工协作要求及各自的任务，并在总目标的有效控制与分目标的激励下高效完成各自的任务。

同时，企业一旦确定所分解的目标，就不必再细化规定各个层次、各个部门以及各组织成员完成各自目标的方式和手段。这在一定程度上为各组织及其成员在完成目标方面创造了新的空间，更有利于提高组织的效率。

3.1.2 目标设定的 SMART 原则

企业人力资源管理是从确定目标开始的，而目标的设定则是把主客观条件统一起来的决策或计划过程，即把主观需要与客观条件、客观环境结合起来形成全员努力方向的过程。组织目标的设定应该遵循 SMART 原则，在目标够高、够远、够大的同时确保其经过努力可以实现，具体的内容如表 3-1 所示。

表 3-1 目标设定的 SMART 原则

	表达要求	内容
总体要求	具体（specific）	企业订立的目标必须是清晰明了的，应该是详细的，要让员工清楚地知道共同奋斗的目标是什么
目标值	可衡量（measurable）	企业订立目标时必须确定一个具体的标准衡量它的完成程度，比如营业额、资金流向、客户反馈等
	可实现（attainable）	企业订立的目标必须是一个通过努力能够达到的目标。目标太简单，员工没有激情；目标太难实现，会使员工失望甚至绝望
目标内容	现实（realistic）	企业必须根据员工的实际能力和当时的实际情况制定目标，并且描述清晰，否则员工会感觉目标是虚无缥缈的
时间要求	有时限（time-bound）	目标必须具有时效性，需要根据企业内外部环境的变化进行适当调整

在设定目标的过程中，组织可以采用自上而下的方法。在现代企业管理中，组织体系巨型化和组织运行方式计划性决定了在管理实践中这种"总目标—部门（团队）目标—岗位（个人）目标"层层分解的方法更为常见。有时由于下级对整体的战略意图把握不准，也可以采用层层向上汇总的自下而上的目标设定方法。

3.1.3 高效目标分解实施模型

企业高效的目标分解，有助于建立企业经营、业务运营的内在逻辑，并为业绩考核提供内容支持。高效目标分解的具体实施以模型的形式展示，能够将复杂化的高效目标分解做简单化的表述，从而使我们能够更加直观地理解并灵活掌握高效目标分解。

企业在进行目标分解前，应分别制作部门职能分解表，并按工作岗位编制岗位说明书，从而使各层次目标的确定有章可循。在目标分解时，上级应注意不要有遗漏，也不要使几个下级的工作重复，同时尽可能使下级的分量之和大于或等于总量。高效目标分解实施模型如图3-3所示。

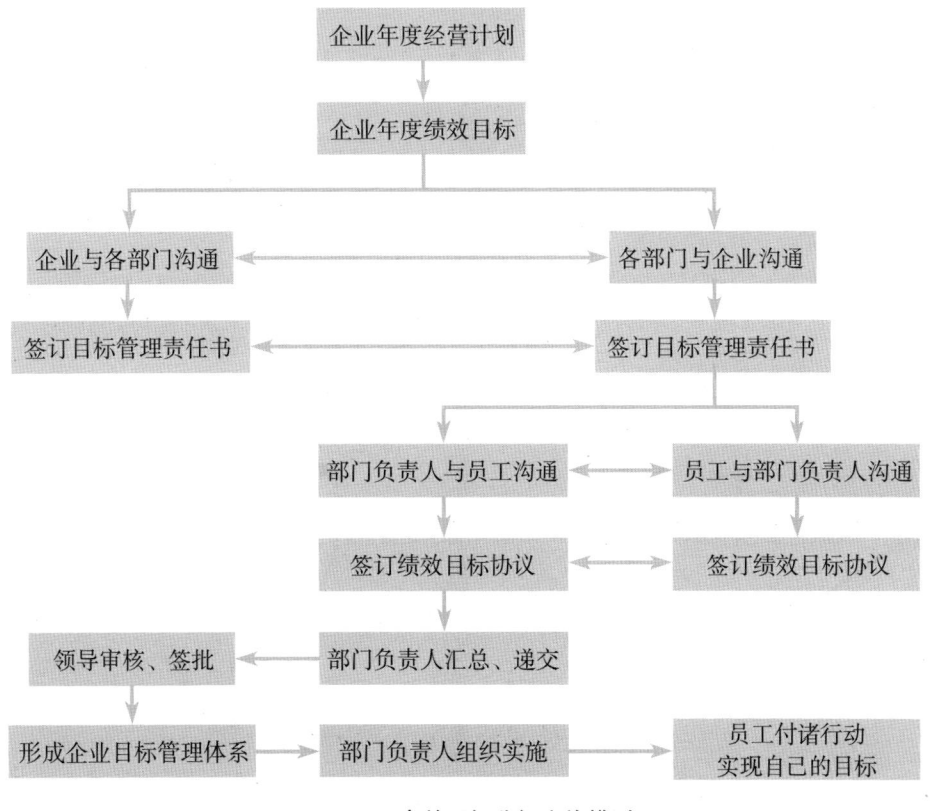

图3-3 高效目标分解实施模型

3.1.4 部门和岗位目标分解的7个步骤

部门和岗位的目标分解可以分为7个步骤，即深入分析组织目标信息、分析其他部门提供的信息、分析部门职能和岗位职责、确定关键目标领域、进行能力分析、目标的协调沟通、制定最终目标，各步骤的具体工作事项如图3-4所示。

1. 深入分析组织目标信息

◎ 主要通过3方面执行：了解组织目标的主要内涵和重点、实施企业内外环境分析、了解企业关于目标实施的具体要求。此步骤的目的在于为各部门建立目标体系提供统一的信息基础

2. 分析其他部门提供的信息

◎ 通过了解相关部门或相关人员的资料来确定本部门或本岗位目标的合理性，避免产生偏误

3. 分析部门职能和岗位职责

◎ 确定部门职能和岗位职责可以通过工作分析来进行，成果输出一般为部门职能分解表和岗位职责说明书，以便于和上下级对职责范围和责权利进行沟通与确认

4. 确定关键目标领域

◎ 在对企业目标和部门及岗位职责分析的基础上，确认目标达成的标准，确认部门及岗位职责中支持企业目标达成的重点工作项目

5. 进行能力分析

◎ 部门和岗位能力分析的重点——关键目标领域分析，可以通过SWOT分析法来进行，以便于帮助部门负责人对本部门和岗位的资源环境和薄弱环节进行分析

6. 目标的协调沟通

◎ 对于部门和岗位而言，实现目标存在诸多不可控因素，这些因素可能导致部门和岗位在实现目标的过程中受阻。因此在制定部门和岗位目标时，必须确保部门及内部人员之间的充分沟通

7. 制定最终目标

◎ 主要目的：编制目标实施计划；分配所需的资源（预算）；与其他管理人员协作；确定与目标相适应的权限
◎ 主要工作：部门负责人主持召开专题会议，提出部门和岗位目标，组织下属讨论；各部门相关人员提出相应的目标草案，并与负责人讨论、修订；目标公示

图 3-4 部门和岗位目标分解的 7 个步骤

3.2 部门说明书的编制

3.2.1 部门职能分解

部门职能分解可按职能调查和识别、职能分解与组合、编制职能分解表

3个步骤进行。

职能调查和识别：为了确保职能分解顺利进行，应首先将企业的各项业务和管理工作进行排列，编制成一个职能调查表，然后对其进行识别，确认企业的各项工作内容具体由哪一部门或职位来承担。这里的部门职能调查表编制是关键，范本如表3-2所示。

表3-2 部门职能调查表

部门名称		上级或分管上级岗位名称		下属部门名称	
本部门目前职能	主要职能		具体工作内容		
	一般职能		具体工作内容		
与其他部门之间的关系	为本部门提供支持或服务的部门		具体支持或服务的内容、方式		
	需本部门提供支持或服务的部门		具体支持或服务的内容、方式		
履行本职工作所需条件	工作条件				
	责任、权限				
对本部门职能调整的建议	应增加职能		原因		
	应调整职能		原因		
其他相关说明					

职能分解与组合：对于编制较好的职能调查表，应在职能识别的基础上进行归纳，把属于同一职位或属于同一部门的工作汇总到一起，形成职能汇总表。

职能汇总表将组织结构中各个部门的各项职位和各职位的工作内容对应罗列，为职能分解表的编制奠定基础。

编制职能分解表：职能分解的最后一个环节是编制职能分解表，即将各个部门的职能划分为3个层级，并通过表格将各层级的具体内容表述清楚，具体如表3-3所示。

表 3-3　部门一、二、三级职能的界定及特点

项目	一级职能	二级职能	三级职能
界定	用一句话来表述本部门的主要业务和管理职能	为了完成一级职能所需要开展的重要工作	为了完成二级职能所需要开展的具体业务
特点	是一项基本职能仅仅是对部门职能的宏观描述，不具备可操作性	二级职能是子职能，较宏观，是某一方面而不是具体的工作事项，很难直接操作	是一些具体、细节内容的作业项目，具备可操作性

按照职能分解的步骤和要求逐步进行部门职能分解，再将分解项目以表格等形式直观地呈现出来，这样一目了然，便于提高工作效率。部门职能分解模板如表 3-4 所示。

表 3-4　部门职能分解模板

一级职能	二级职能	三级职能
	1.	(1) (2)
	2.	(1) (2)
	3.	(1) (2)

3.2.2　人力资源部职能说明书实例

作为企业人力资源的管理部门，人力资源部的主要职能有：选拔、配置、开发、考核和培养企业所需的各类人才，实施各项薪酬福利政策，建立员工职业生涯规划，调动员工积极性，激发员工潜能，实现企业人力资源的有效提升和合理配置，满足企业持续发展对人力资源的需求。人力资源部职能分解的范本如表 3-5 所示，供读者参考。

表 3-5　人力资源部职能说明书

一级职能	二级职能	三级职能
人力资源管理与开发	1. 人力资源制度建设与管理	(1) 组织编制、修订与实施企业各项人力资源管理规章制度 (2) 编制员工手册，建立员工日常管理规范 (3) 执行企业人力资源管理制度和相关管理办法，并具体组织实施 (4) 完善各项人力资源管理制度和人力资源政策，制度配套的工作流程和操作规范
	2. 人力资源规划	(1) 结合企业的性质及生产经营特点，进行组织结构设计 (2) 调整、优化组织结构，规范岗位设置 (3) 研究、制定并组织实施企业人力资源战略 (4) 制定并实施人力资源各项业务计划
	3. 职位管理	(1) 负责公司及下属单位的职位设置工作，合理控制各部门、各下属单位的编制和定员 (2) 组织、指导各部门编写岗位说明书，审核和汇总各部门编写的岗位说明书 (3) 定期对岗位说明书进行修改、补充
	4. 招聘与配置	(1) 制定年度人力资源需求计划、招聘计划 (2) 负责招聘渠道的拓展与维护工作 (3) 负责招聘过程中的人才测评与面试等工作 (4) 建立后备人才选拔方案和人才储备机制 (5) 合理配置新招聘的员工 (6) 根据人力与公司发展需求，对现有人员进行不定期评估并据此进行合理的配置
	5. 培训与开发	(1) 企业培训计划的制定与实施 (2) 企业培训课程的开发与管理 (3) 监督、指导企业各部门的教育培训工作 (4) 管理企业员工因公出国培训、学历教育和继续教育等培训工作

续表

一级职能	二级职能	三级职能
人力资源管理与开发	6. 绩效管理	(1) 绩效管理指标体系的构建 (2) 管理并实施企业员工的业绩考核工作
	7. 薪酬福利管理	(1) 收集同行业薪酬信息，为企业薪酬决策提供依据 (2) 设计具有激励性并符合企业实际情况的薪酬方案 (3) 制定企业人工成本预算并督促执行 (4) 负责员工薪酬福利的调整与奖惩实施工作
	8. 员工关系管理	(1) 定期进行员工满意度调查，建立良好的沟通渠道 (2) 负责企业员工劳动合同、人事档案等资料的管理工作 (3) 负责员工离职与劳动纠纷处理
	9. 企业文化建设	文化是一种信念，带来激情；文化是一种立场，判断理性；文化是一种共识，凝聚人心；文化是一种契约，达人成己；文化是一种习惯，知行合一 (1) 通过各种形式建立公司企业文化体系并发挥企业文化的牵引作用 (2) 负责企业文化工作的开展，推进公司对内对外的宣传，塑造良好的企业形象，营造良好的工作氛围

3.3 岗位说明书的编制

3.3.1 岗位说明书编制的6个步骤

部门说明书为岗位说明书的编制提供客观依据。岗位说明书是指对工作性质、任务、环境、工作处理方法以及岗位工作人员的任职资格的书面记录。

科学适用的岗位说明书不但可以帮助任职者了解其工作，明确其责任范围，还可以为管理者做出正确的决策提供参考。

岗位说明书从起草到修改再到形成汇编主要按照6个步骤操作，具体如图3-5所示。

前期准备
- ◎ 人力资源部应和企业高层领导进行沟通，树立起岗位责任制的意识
- ◎ 进行全员宣贯，要求在编写过程中各部门积极配合人力资源部的工作，共同完成岗位说明书的编写工作

明确内容
- ◎ 岗位说明书由工作描述和任职资格条件两部分组成。前者是对岗位工作职责、内容与任务、工作环境等工作本身的特性进行的书面描述；后者则描述了岗位对人员的教育背景、知识、能力/技能、职业素养和工作经历等方面的要求

明确要求
- ◎ 逻辑性：岗位说明书中包含多项内容，应注意它们之间的先后顺序、重要程度等
- ◎ 准确性：清楚说明岗位工作情况，描述用语准确，避免语句与词汇歧义
- ◎ 实用性：岗位说明书必须客观、真实地反映岗位职责任务和人员任职资格条件

收集资料
- ◎ 获取岗位信息的渠道：解读企业已有的管理制度，与企业内部老员工沟通，有选择地参考同行业其他企业的岗位说明书
- ◎ 岗位分析方法：资料解读法、问卷调查法、访谈法、现场观察法、工作日志法等

信息处理
- ◎ 筛选出岗位说明书编制所需资料、信息、数据
- ◎ 针对遇到的问题，积极与相应岗位的工作人员或其上级沟通，以确保内容的准确性、全面性和落地性

最终撰写
- ◎ 根据收集整理的信息，从岗位基本信息、工作概述、职责任务、权限、内外关系及任职资格条件、考核指标等方面设计模板，完成岗位说明书的编制

图3-5 岗位说明书编制的6个步骤

3.3.2 岗位说明书编制的 7 块内容

岗位说明书主要包括岗位名称和上下级关系等基本信息，以及工作概述、岗位目的、职责任务、内外部沟通关系、绩效考核、任职资格条件等方面的规范，具体内容如图 3-6 所示。

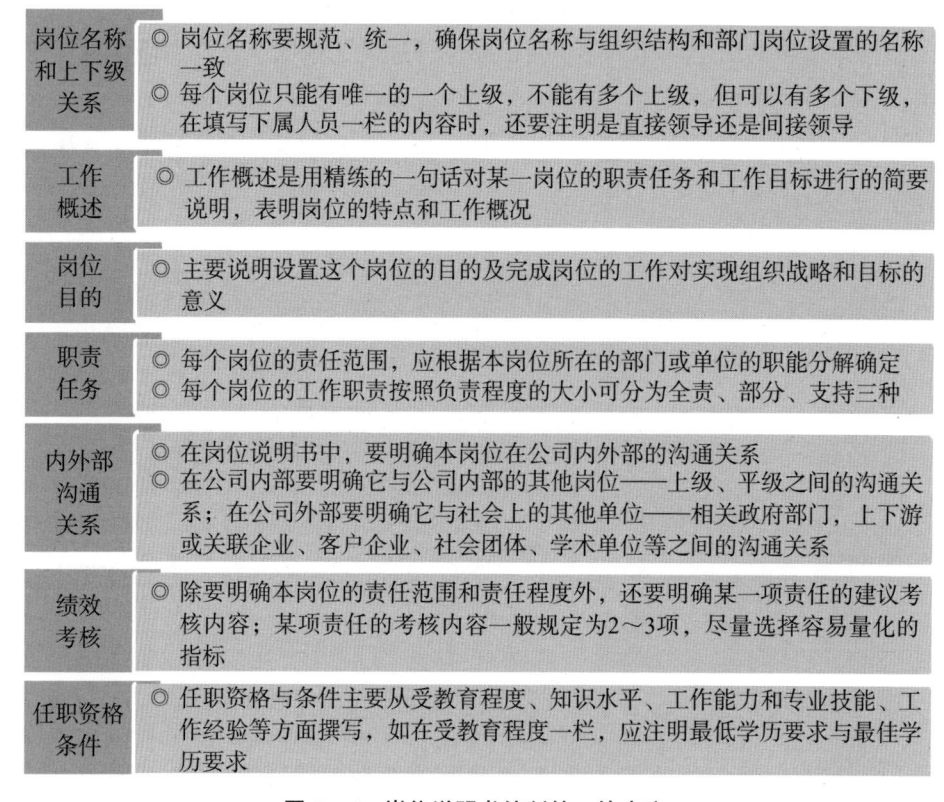

岗位名称和上下级关系	◎ 岗位名称要规范、统一，确保岗位名称与组织结构和部门岗位设置的名称一致 ◎ 每个岗位只能有唯一的一个上级，不能有多个上级，但可以有多个下级，在填写下属人员一栏的内容时，还要注明是直接领导还是间接领导
工作概述	◎ 工作概述是用精练的一句话对某一岗位的职责任务和工作目标进行的简要说明，表明岗位的特点和工作概况
岗位目的	◎ 主要说明设置这个岗位的目的及完成岗位的工作对实现组织战略和目标的意义
职责任务	◎ 每个岗位的责任范围，应根据本岗位所在的部门或单位的职能分解确定 ◎ 每个岗位的工作职责按照负责程度的大小可分为全责、部分、支持三种
内外部沟通关系	◎ 在岗位说明书中，要明确本岗位在公司内外部的沟通关系 ◎ 在公司内部要明确它与公司内部的其他岗位——上级、平级之间的沟通关系；在公司外部要明确它与社会上的其他单位——相关政府部门，上下游或关联企业、客户企业、社会团体、学术单位等之间的沟通关系
绩效考核	◎ 除要明确本岗位的责任范围和责任程度外，还要明确某一项责任的建议考核内容；某项责任的考核内容一般规定为 2~3 项，尽量选择容易量化的指标
任职资格条件	◎ 任职资格与条件主要从受教育程度、知识水平、工作能力和专业技能、工作经验等方面撰写，如在受教育程度一栏，应注明最低学历要求与最佳学历要求

图 3-6 岗位说明书编制的 7 块内容

当然，因为企业性质和编制要求不同，工作分析的主体人员不同，实践中岗位说明书具体内容模块的选择也不同。所以，各类型企业、不同专业人员编制的岗位说明书的模板是不同的，可以各有特色，设计的基本原则是以本企业的实用性为标准。

3.3.3 岗位说明书模板设计

笔者做过包括上市公司、民营企业和中小企业的多个人力资源管理咨询项目，设计了多个版本的岗位说明书模板，其中的一个版本如表3-6所示。

表 3-6 岗位说明书模板

基本信息	职位名称		所属部门	
	所属部门		直接上级	
	职位编号		编制日期	
职位概述				
职责细化描述				
岗位职责	职责一			
	工作任务	1. 2.		
	考核重点			
	职责二			
	工作任务	1. 2.		
	考核重点			
工作关系	内部关系			
	外部关系			
任职资格条件	学历		专业	
	工作经验			
	能力	能力项目	能力标准	
工作环境	工作场所		环境条件	
	工作时间		使用设备	
职业发展	晋升职位		轮换职位	
关键绩效指标				

3.3.4 人力资源部经理岗位说明书实例

表3-7是某公司的人力资源部经理岗位说明书，供读者参考。

表 3-7 人力资源部经理岗位说明书

基本信息	职位名称	人力资源部经理	职级	
	所属部门	人力资源部	直接上级	人力资源总监
	职位编号		编制日期	
职位概述	依据企业发展战略，负责编制和实施人力资源规划和年度工作计划，负责招聘、培训、绩效、薪酬和员工关系管理，为公司年度经营目标的实现提供人力资源支持和保障			
岗位职责	职责细化描述			
	职责一	制定人力资源管理规章制度			
	工作任务	1. 负责编制公司人力资源管理规章制度，上报人力资源总监、总经理批准 2. 执行人力资源管理的规章制度，负责组织实施和落地，并适时修订			
	职责二	人力资源规划与开发			
	工作任务	1. 组织编制并落实人力资源发展规划，实现公司人力资源和业务发展间的供需平衡 2. 编制和落实公司人力资源规划，为重大人事决策决策提供建议和信息支持 3. 配合公司制度化和精细化管理，负责企业文化建设活动			
	职责三	招聘管理			
	工作任务	1. 依据公司各部门、下属单位的需求和岗位任职条件，制定员工招聘计划 2. 通过推荐、媒体介绍、公开招聘等形式招聘新员工 3. 组织面试、复试和心理测试，择优录用新员工			
	职责四	培训管理			

续表

		职责细化描述
岗位职责	工作任务 职责五	1. 负责培训需求调研，制定公司各类岗位人员的培训规划和年度培训计划 2. 根据公司发展的要求，针对各类岗位员工编制培训方案并组织实施 3. 组织培训效果评估，控制培训成本组织干部晋升前考核，搭建"人才蓄水池"
	职责五	绩效考核管理
	工作任务 职责六	1. 安排人员定期组织各部门、各分公司、子公司实施员工绩效考核 2. 根据公司任命程序组织实施干部晋升前考核
	考核重点	考核覆盖程度，公正客观程度
	职责六	薪酬管理
	工作任务 职责七	1. 搭建具有竞争力的薪酬管理体系，组织制定公司的薪酬政策 2. 负责组织员工的日常薪酬福利管理 3. 安排人员按规定为员工办理各种保险手续
	考核重点	员工对薪酬的满意程度，核心员工的保有率
	职责七	员工关系管理
	工作任务	1. 根据政府劳动部门的规定组织制定公司统一的劳动合同文本 2. 安排人员组织员工办理劳动合同签订及续签手续 3. 组织受理员工投诉和公司内部劳资纠纷，完善内部沟通渠道 4. 协同法律顾问处理相关劳动争议
	考核重点	劳动合同管理情况，劳动纠纷处理及时率
	职责八	部门内部管理

续表

		职责细化描述
岗位职责	工作任务	1. 制定部门工作计划，进行目标分解，对下属员工的工作进行分工 2. 对下属员工进行考核，业务指导和激励，搭建人才梯队
工作关系	内部	公司各部门
	外部	人才交流中心、培训机构、咨询机构、劳动部门等
任职资格	学历	大学本科以上
	专业	人力资源管理、行政管理、企业管理等相关专业
	工作经验	5年以上人力资源管理工作经验
	能力素质	具有较强的计划和文案编制能力，沟通协调能力，组织管理能力，分析判断能力，工作细致，有亲和力，原则性强
	业务了解范围	熟悉国家相关政策法规，全面掌握人力资源管理知识，了解国内外人力资源管理的新动向
工作环境	工作场所	室内、室外，偶尔出差	环境条件	
	工作时间	标准工时制	使用设备	
职业发展	晋升职位	人力资源总监	轮换职位	
关键绩效指标	人力成本控制率、招聘计划完成率、信息管理差错率、考核申诉处理及时率、劳动纠纷及时解决率、培训计划完成率、核心人才流失率			

第 4 章

如何做好人力资源费用预算与核算

人力资源费用包括人工成本和人力资源管理成本。人力资源费用预算与核算属于人事成本控制的范畴。人事成本控制可以从狭义和广义两个角度来理解，狭义的人事成本控制指的是薪酬成本控制，是控制和减少工资总额、福利和津贴等成本支出；广义的人事成本控制是除控制狭义的薪酬成本外，还要控制员工管理成本的支出。

科学合理地控制薪酬成本，可以促进企业转变薪酬管理机制，改善人力资源管理，全面提高企业素质，使企业在市场竞争中处于更有利的位置。成本控制与利益均衡的关系如图4-1所示。

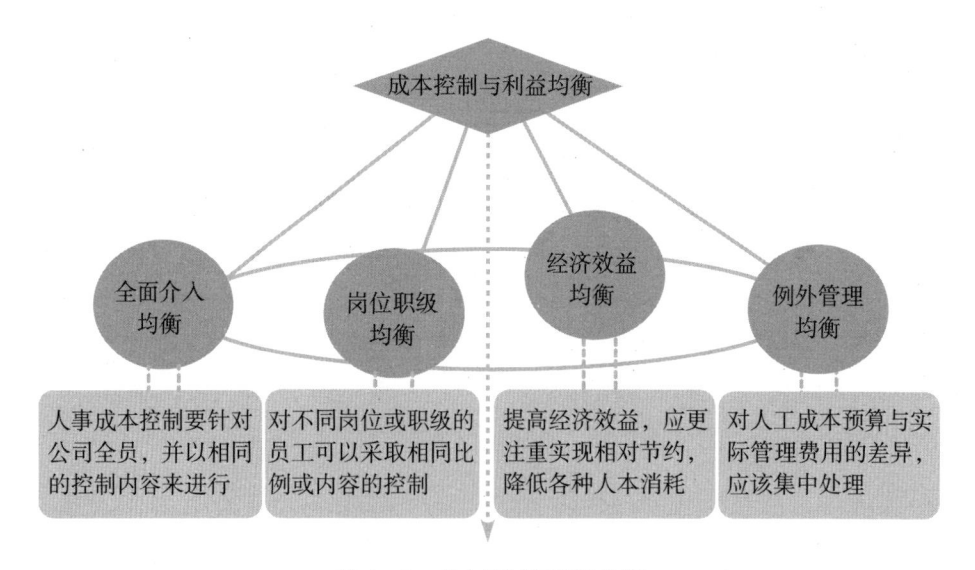

图 4-1 成本控制与利益均衡

HR要具备良好的成本控制意识和知识，清楚人工成本与人力资源管理费用的构成、预算的编制与核算，制定相关费用预算与核算的制度，掌握好相关工具的设计与运用。

4.1 人工成本与人力资源管理费用

4.1.1 人工成本的3个项目

人工成本是指企业在一个生产经营周期内支付给员工的费用，如工资、福利、保险等；人力资源管理费用是指企业在一个生产经营周期内，开展人力资源管理活动所用的经费，如招聘费用、培训费用等。

人工成本包括工资项目、保险福利项目和其他项目3个方面的内容，具体如图4-2所示。

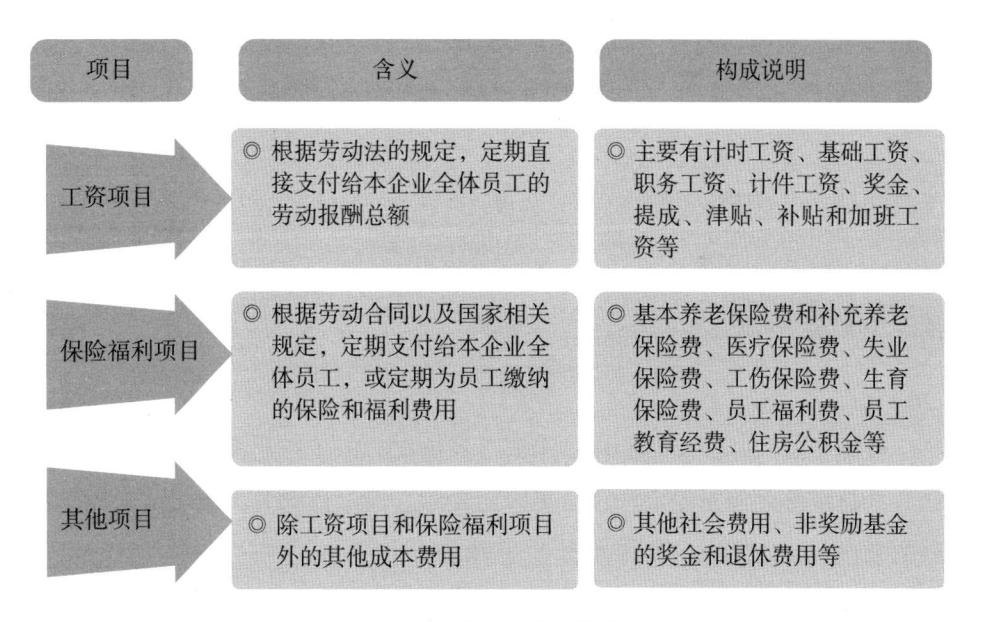

项目	含义	构成说明
工资项目	◎ 根据劳动法的规定，定期直接支付给本企业全体员工的劳动报酬总额	◎ 主要有计时工资、基础工资、职务工资、计件工资、奖金、提成、津贴、补贴和加班工资等
保险福利项目	◎ 根据劳动合同以及国家相关规定，定期支付给本企业全体员工，或定期为员工缴纳的保险和福利费用	◎ 基本养老保险费和补充养老保险费、医疗保险费、失业保险费、工伤保险费、生育保险费、员工福利费、员工教育经费、住房公积金等
其他项目	◎ 除工资项目和保险福利项目外的其他成本费用	◎ 其他社会费用、非奖励基金的奖金和退休费用等

图4-2 人工成本的构成

4.1.2 人工成本预算的编制步骤

企业人工成本预算的编制一般从工资项目的预算、保险福利与其他项目的预算两个方面进行。其中，编制工资项目预算的程序具体如图4-3所示。

步骤	操作说明
1. 从工资费用预算和结算的发展趋势进行预测	（1）分析上一年度和本年度的工资费用预算、结算情况，分析二者之间的规律 （2）根据上述规律，预测下一年度工资费用的变化趋势，提出下一年度的预算方案
2. 从公司的生产经营发展趋势进行预测	（1）根据上一年度和本年度工资费用的发展趋势以及公司的生产经营状况，预测下一年度工资费用的发展趋势和公司的生产经营状况 （2）根据工资费用的发展趋势和公司的生产经营状况，预测下一年度工资费用的发展趋势 （3）在上述分析的基础上，按照工资总额的项目逐一进行预算、汇总，调整预算方案
3. 对比、分析并调整预算方案，最终形成工资费用预算方案	（1）对比最低工资标准和消费者物价指数，取适合的指数作为工资调整的标准，以保证公司合法经营，又不降低员工的生活水平 （2）分析当地政府相关部门发布的年度工资指导线（3条线：基准线、预警上限和控制下限），作为编制费用预算的参考指标之一 （3）根据高层领导对下一年度工资调整的意向做出最后的费用预算

（编制工资项目预算的程序）

图 4-3 编制工资项目预算的 3 步程序

保险福利与其他项目的预算主要受到国家、地区相关规定的影响，具有较强的连续性，相对于工资项目更容易预测。保险福利与其他项目的预算过程需要掌握以下要点，具体如图 4-4 所示。

保险福利与其他项目预算的要点：
- 对照和解读国家相关规定，分清法定福利与弹性福利项目，考察对涉及员工权益的项目是否有增加或减少，标准是否有提高或降低
- 掌握本地区相关部门公布的各类岗位上一年度工资水平的数据资料，比如上一年度当地的平均工资水平
- 对企业上一年度工资及社会保险等方面的相关统计数据和资料进行分析

图 4-4 保险福利与其他项目预算的要点

4.1.3 人力资源管理费用的构成

人力资源管理费用主要包括招聘费用、培训费用、绩效考核费用以及劳动争议处理费用4个方面的内容，具体如表4-1所示。

表4-1 人力资源管理费用的构成

项目	含义	具体说明
招聘费用	招聘过程中发生的全部费用	1. 招聘前调研费、广告费和招聘会经费等 2. 招聘中选拔方案制定与实施和获取测试工具等的经费 3. 招聘后对录用结果进行通知、分析招聘结果和签订劳动合同的经费
培训费用	培训过程中发生的全部费用	1. 培训方案的经费 2. 培训教材费用、培训师劳务费和差旅费 3. 评价培训结果的经费
绩效考核费用	绩效考核过程中发生的全部费用	1. 绩效考核方案制定与实施的经费 2. 开发及获取绩效考核工具的经费 3. 处理绩效考核结果的经费
劳动争议处理费用	劳动争议处理过程中发生的全部费用	如法律咨询费、劳动争议仲裁费等

4.1.4 人力资源管理费用预算的编制

为了合理安排人力资源管理活动资金，规范人力资源管理活动费用的使用，在遵循公司战略目标和人力资源战略规划目标的前提下，人力资源部经理必须合理编制人力资源管理预算，充分发挥资金的运用效果。人力资源管理费用预算编制的步骤如图4-5所示。

4.1.5 人力资源管理费用核算的步骤

企业进行人力资源管理费用核算可以分为分析人力资源管理费用项目、建立成本核算账目以及确定具体项目核算办法3个步骤，具体如表4-2所示。

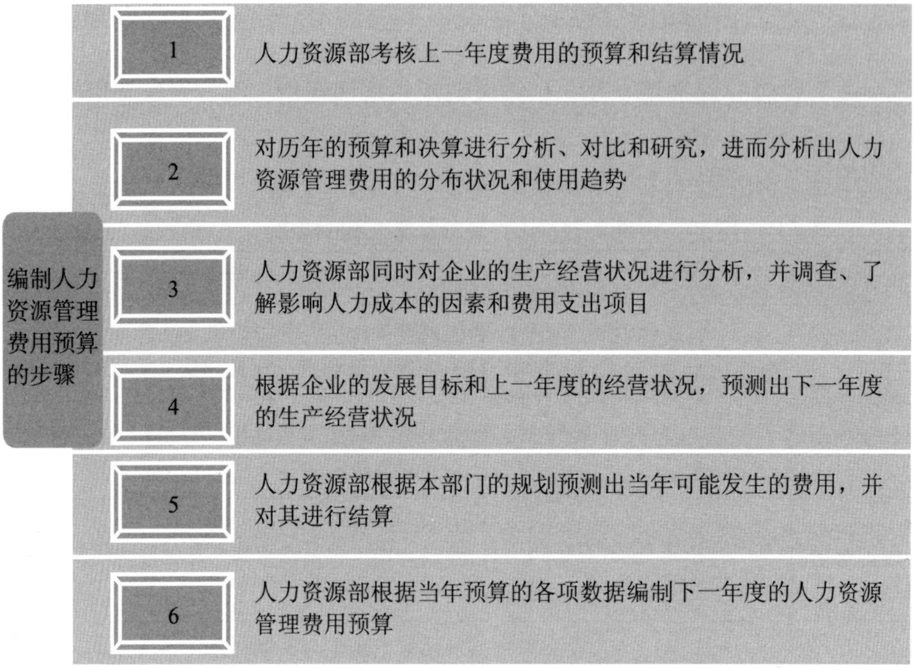

编制人力资源管理费用预算的步骤

1. 人力资源部考核上一年度费用的预算和结算情况
2. 对历年的预算和决算进行分析、对比和研究，进而分析出人力资源管理费用的分布状况和使用趋势
3. 人力资源部同时对企业的生产经营状况进行分析，并调查、了解影响人力成本的因素和费用支出项目
4. 根据企业的发展目标和上一年度的经营状况，预测出下一年度的生产经营状况
5. 人力资源部根据本部门的规划预测出当年可能发生的费用，并对其进行结算
6. 人力资源部根据当年预算的各项数据编制下一年度的人力资源管理费用预算

图 4-5 人力资源管理费用预算编制的步骤

表 4-2 人力资源管理费用核算的步骤

序号	主要步骤	操作说明
1	分析人力资源管理费用项目	企业根据实际人力资源管理活动的内容和范围确定进行成本核算的主要项目
2	建立成本核算账目	根据企业需要，将进行成本核算的主要项目进行细化、分类排列，形成人力资源管理成本核算账目
3	确定具体项目核算办法	（1）企业可根据需要来规定本企业的人力资源管理成本核算办法，包括核算单位、核算形式和计算方法等 （2）人员招募与人才选拔的成本应按实际录用人数分摊 （3）在某些直接成本项目中也包括间接成本，在核算时间接成本应折算合并入账 （4）对于管理人员在人力资源管理活动中涉及的具体工作时间，应根据其具体工资标准折合为具体金额 （5）某些成本项目部分存在交叉，在核算时要注意成本交叉部分，避免重复核算

4.2 人力资源管理费用预算与核算制度和表单设计

4.2.1 人力资源管理费用核算规定实例

以下是某公司的人力资源管理费用核算规定,供读者参考。

第 1 条 目的

为达成以下主要目的,特制定本规定。

1. 为人力资源管理和人事决策提供经济核算信息。

2. 在控制人力资源管理过程中成本支出的同时,提高人力资源管理活动的成本效益。

3. 明确人力资源管理活动在企业中的经济地位,逐步使人力资源管理部门由传统的成本部门转化为现代的利润部门,以适应现代企业以人力资源管理为中心的管理模式的要求,切实将人力资源管理活动的价值与企业的生产经营或服务活动结合起来。

第 2 条 关键术语

1. 人力资源原始成本是指企业为了获得和开发人力资源所必须付出的费用。

2. 人力资源重置成本是指企业为置换目前正在使用的人才所必须付出的代价。

3. 直接成本是指可以直接计算和记账的支出、损失、补偿和赔偿。

4. 间接成本是指不能直接记入财务账目,通常以时间、数据或质量等形式表现的成本。

5. 可控制成本是指通过周密的人力资源管理计划和行为,可以调节和控制的人力资源管理费用支出。

6. 不可控制成本是指由人力资源管理者本身很难或无法选择、把握和控制的因素造成的人力资源管理活动支出。

7. 实际成本是指为获得开发和重置人力资源所实际支出的全部成本。

8. 标准成本是指企业根据对现有人力资源状况及有关外部环境因素的估价确定的对某项人力资源管理活动或项目的投入标准。

9. 人力资源管理行为不当所造成的成本是指由人力资源管理人员的行为

对员工的工作行为乃至工作绩效产生负面作用导致的人力资源浪费或管理成本支出。

第 3 条　建立费用核算项目

人力资源部应根据人力资源管理费用项目建立起人力资源管理费用核算项目，主要包括人力资源原始成本项目和人力资源重置成本项目。

第 4 条　确定费用项目核算办法

人力资源部应根据企业人力资源管理和资金管理实际确定人力资源管理具体费用项目的核算办法，具体包括以下 3 个方面：

1. 人员招募与人才选拔的成本应按实际录用人数分摊。

2. 某些直接成本项目也包括间接成本。

3. 某些成本项目存在部分交叉。

第 5 条　制定企业人力资源管理标准成本

1. 人力资源管理标准成本的依据。

（1）对本企业人力资源管理历史成本，即以往人力资源管理活动费用及时间支出情况的分析研究。

（2）对企业人力资源管理活动相关的外部因素的估计与预测。

2. 人力资源管理标准成本的分类。

（1）人力资源获得标准成本。

（2）人力资源开发标准成本。

（3）人力资源重置标准成本。

3. 人力资源管理标准成本的作用。作为人力资源管理成本控制的主要依据，标准成本不仅应力求客观、合理，而且应在具体实施人力资源管理活动、计划和方案之前让负责这些活动、计划和方案的管理人员了解具体的标准成本，以便在一定范围内确定行动方案。

第 6 条　审核、评估人力资源管理实际费用支出

1. 审核和评估主体。人力资源部负责对企业人力资源管理的实际成本支出进行审核和评估。

2. 审核和评估目的。人力资源管理实际费用支出审核和评估的目的在于确定费用实际支出的合理性。

3. 审核和评估资料。人力资源管理实际费用支出审核和评估的资料包括成本账目、核算结果、原始记录和凭证等。

第 7 条 本制度由人力资源部制定，修改亦同。

第 8 条 本制度的最终解释权归人力资源部，经总经理审核后颁布实施。

4.2.2 人力资源费用预算表

人力资源费用预算的项目和上一年度实际费用、本年度预测费用、变动量和变动率的设计如表 4-3 所示。

表 4-3 人力资源费用预算表

费用项目		上一年度实际费用	本年度预测费用	变动量	变动率(%)
工资成本	基本工资				
	岗位工资				
	奖金				
	津贴、补贴				
	加班工资				
福利与保险	福利	员工福利费			
		住房公积金			
	保险	社会保险费			
招聘费用	招聘广告费				
	招聘会务费				
培训费用	教材费				
	培训师劳务费				
	差旅费				
其他支出	办公用品与设备费				
	法律咨询费				
	调研费				

4.3 营销部门预算

4.3.1 营销部门薪酬预算的 11 个步骤

营销部门的职能特点不同于企业的其他部门，要将部门的销售激励策略考虑进去，因此在制定营销部门的薪酬预算时，其操作程序在一些主要方面应有所侧重。这里主要介绍采用自下而上法进行营销部门薪酬预算时的操作步骤，具体如图 4-6 所示。

1. 收集营销部门员工往年的工资数据，以及销售任务、销售额及相关的提成比例等

2. 统计并分析营销部门员工往年的薪酬水平

3. 统计并分析营销部门往年的销售目标及实际销售额

4. 分析营销部门员工往年薪酬收入中销售提成所占的比重

5. 了解企业薪酬调查数据中营销人员的市场薪酬水平

6. 了解本企业的人力资源规划，明确预算年度的人员晋升机制、人员流动或新招聘安排

7. 结合营销部门人员的能力现状及部门的销售目标，将营销目标分解到每个岗位

8. 将销售目标划分成高、中、低3档，并确定各岗位人员在任务完成情况不同时对应的基本工资和提成标准

9. 初步确定完成不同的销售目标时各岗位的薪酬收入总额

10. 汇总营销部各岗位的薪酬收入总额得出部门的薪酬总额预算

11. 结合企业的薪酬支付能力及希望采取的薪酬策略对营销部门的薪酬预算结果进行调整

图 4-6 营销部门薪酬预算的 11 个步骤

在制定薪酬预算时不能仅考虑常规性货币工资费用，还要考虑到企业各

种间接的货币性工资费用，如各种福利费用、培训费用、津贴补贴、各种补助、年终奖等。

4.3.2 营销部门提成预算的 3 种策略

提成预算是营销部门薪酬预算的关键环节，提成策略不同，得到的提成预算结果也不同。企业在确定提成预算前，应结合本企业的财务支付能力及经营理念，确定合适的提成策略，常用的提成策略有 3 种，如表 4-4 所示。

表 4-4 营销部门提成预算的 3 种策略

提成策略	解释说明	举例
固定底薪+递进提成比例	营销人员的销售底薪不变而销售提成随着销售额的增加等距增加	如底薪固定为 3 000 元/月，销售额每增加 10 000 元，提成增加 2%
递增底薪+固定提成比例	营销人员的底薪随着销售额的增加而增加，但销售提成比例不变	如底薪为 2 000 元，销售额每增加 10 000 元，底薪增加 500 元，提成比例为 15%
固定高底薪+固定低提成	营销人员的底薪非常高，提成比例比较低，且底薪和提成比例均不变	如底薪 5 000 元，提成 10%，且均不随销售额的增加而增加

不同类型的提成策略下，企业能实现的目的不同，涉及的费用标准及企业获得的收益也有所不同，企业在进行营销部门预算时，均应该将这些因素考虑进去。

第 5 章

如何设计招聘管理系统

在课堂上讲授招聘与配置模块时，笔者习惯性地问了学员一个问题："大家认为人力资源管理的各个业务模块中，最难操作的是哪一块或哪几块？"一般情况下，回答分为两类：刚入门不久的学员普遍的回答是"绩效考核和薪酬设计"；而从事多年人力资源工作的学员则异口同声地回答"招聘"。是的，无论做招聘经理多少年，无论怎样地阅人无数，你都不敢肯定地说："我担保，这个人来到公司肯定能够取得高业绩、好成绩！"

企业招聘管理工作是人力资源管理中人才选、用、育、留、激的最前端任务，招聘工作的质量与效率直接关系和影响到新员工后续的使用。只有招聘关口把得好，录用的人才质量好、水平高、能力强，才有为企业创造高绩效的基础；如果招聘失败，则会降低人岗匹配度，也会直接影响后续的培训到位度和绩效高低。所以，HR必须特别重视招聘的系统管理。

招聘也称招人、招新，人才招聘是指在企业人力资源招聘规划的指导下，通过科学的手段、方法和信息开展的，用以识别和吸引一定数量、质量、结构、层次的潜在人才，并及时配置到空缺岗位的所有事务或活动。招聘管理是一项系统工程，企业招聘管理系统模型的设计思路如图5-1所示。

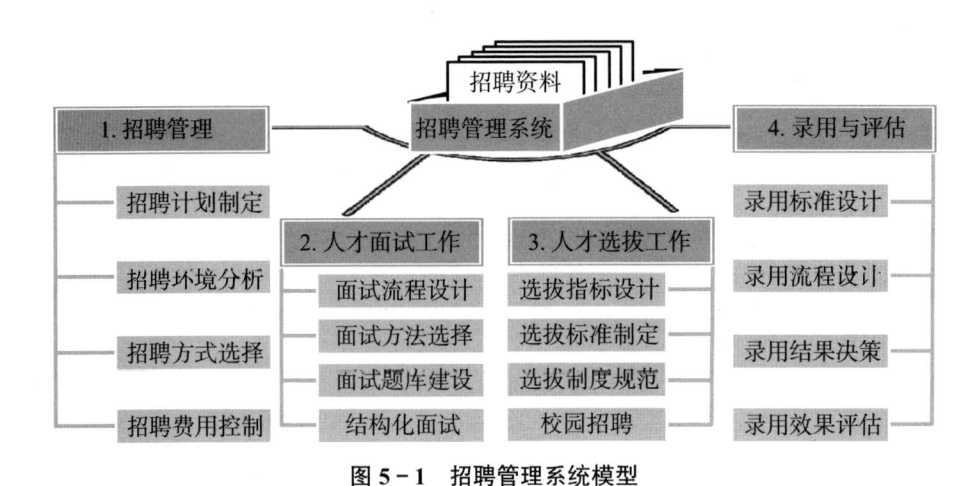

图5-1 招聘管理系统模型

5.1 招聘环境和因素分析

5.1.1 招聘环境 SWOT 分析矩阵

SWOT 分析法即态势分析法，于 20 世纪 80 年代初由美国旧金山大学管理学教授海因茨·韦里克（Heinz Weihrich）提出，常用于企业战略制定、竞争对手分析等。

SWOT 分析法是指在一定条件下对组织环境进行的综合分析，从而找出企业的优势、劣势及核心竞争力之所在的企业战略分析方法。其中，内部因素为 S 代表优势（strength），W 代表弱势（weakness）；外部因素为 O 代表机会（opportunity），T 代表威胁（threat）。SWOT 分析矩阵具体如表 5-1 所示。

表 5-1 SWOT 分析矩阵

项目	优势（S）	劣势（W）
机会（O）	S-O 发挥优势 利用机会	W-O 利用机会 克服劣势
威胁（T）	S-T 发挥优势 回避威胁	W-T 克服劣势 回避威胁

进行招聘环境 SWOT 分析是指企业为了更好地开展招聘工作，运用 SWOT 分析理论，从影响招聘工作内外部环境的相关因素入手，分析招聘工作的优势和机会并加以运用，认清企业招聘工作面临的劣势和威胁并积极采取有效措施加以应对，保证招聘工作顺利开展。

5.1.2 招聘环境 SWOT 分析的运用程序

SWOT 分析可以帮助企业把资源聚集在自己的强项，把行动付诸有最多机会的方面，并让企业的战略变得清晰。企业相关人员在具体应用该工具时首先需要明确 3 点，如图 5-2 所示。

> 1. 进行SWOT分析必须对企业的优势与劣势有客观的认识
> 2. 进行SWOT分析必须区分企业的现状与前景
> 3. 进行SWOT分析必须考虑全面并与竞争对手进行客观比较

图 5-2　SWOT 分析应用说明

招聘环境 SWOT 分析的运用可分为梳理企业当前的招聘环境、分析企业内部环境、分析企业外部环境、绘制 SWOT 分析矩阵、进行招聘环境分析 5 个步骤，如图 5-3 所示。

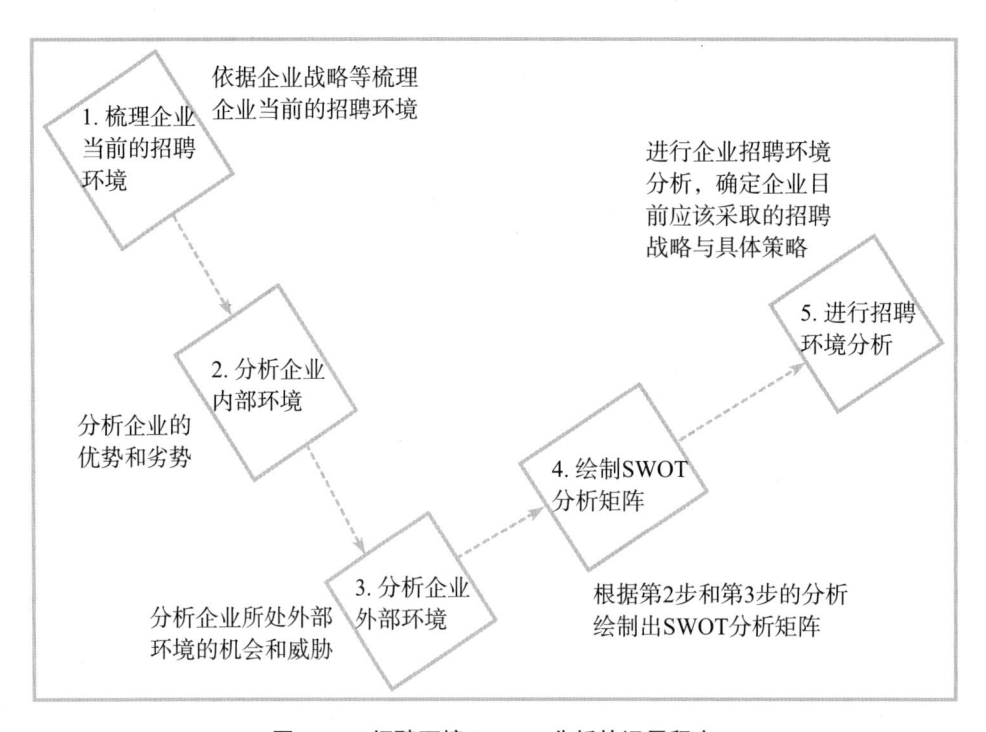

```
1. 梳理企业        依据企业战略等梳理
当前的招聘        企业当前的招聘环境
环境
                                        进行企业招聘环境
                                        分析，确定企业目
                                        前应该采取的招聘
                                        战略与具体策略
                                                            5. 进行招聘
         2. 分析企业                                          环境分析
         内部环境
分析企业的
优势和劣势
                                4. 绘制SWOT
                                分析矩阵
                3. 分析企业
                外部环境        根据第2步和第3步的分析
分析企业所处外部                  绘制出SWOT分析矩阵
环境的机会和威胁
```

图 5-3　招聘环境 SWOT 分析的运用程序

5.1.3　企业吸引人才的因素模型

招募的目的在于吸引足够多的合格应聘者。那么，到底哪些是吸引应聘者的主要因素呢？通常情况下，高工资、高福利是吸引人才的最佳方法，但并不是唯一方法。优秀企业所具有的吸引人才的因素模型如图 5-4 所示。

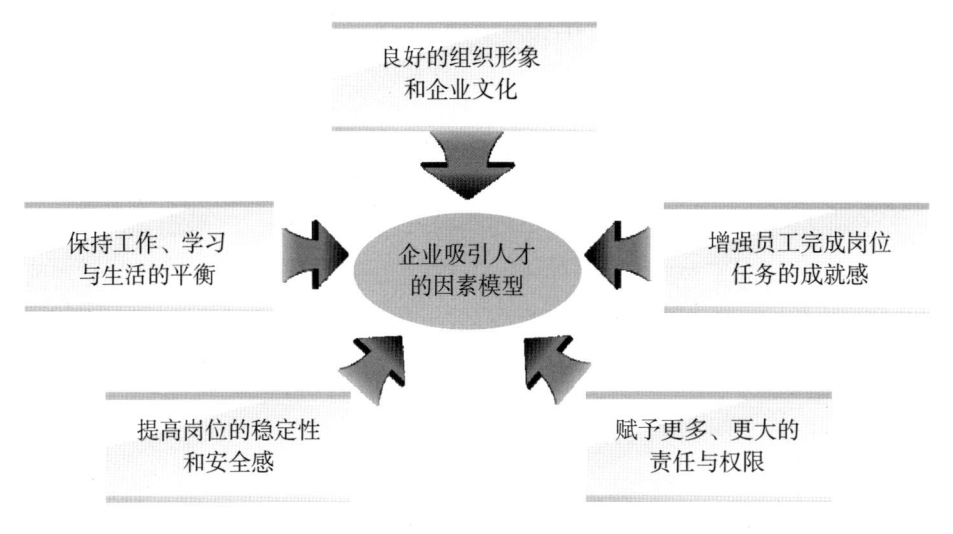

图 5-4　企业吸引人才的因素模型

（1）良好的组织形象和企业文化：良好的组织形象是企业生产、市场、管理、技术等各方面综合能力的反映，如企业在本行业处于"龙头""领军"地位等。当然，出色的上级和同事、弹性工作时间、开放的沟通和以人为本的管理风格等因素也能增加对求职者的吸引力。

（2）增强员工岗位任务的成就感：如果目前企业正处在并不是最有竞争力的发展阶段，管理体系没有建立起来，效益不够好，员工收入也不是很高，但是员工可以与企业一起经历创业的过程，亲身体验创造性，这对于那些渴望获得成就感的人来说也是很有吸引力的。

（3）赋予更多、更大的责任与权限：如果能够提供授权员工自主负责一部分工作的机会，创造其快速成长和发展的环境，也能吸引一些有志者。

（4）提高岗位的稳定性和安全感：一家成熟的企业，虽然不像互联网等新兴企业那样充满新奇和挑战，但它所带来的稳定性和安全感也是吸引求职者的条件之一。

（5）保持工作、学习与生活的平衡：这对于那些在以往工作中常常持续加班、频繁出差，以及没有时间体会个人生活乐趣的人来说，也是很有吸引力的。比如一些企业帮助已婚女性员工安排子女入托、入学，有些企业为员工提供廉价的公寓，代办水、电、煤气的缴费等。

5.2 内部招聘与外部招聘

5.2.1 内部招聘的方法与对比

企业招聘的方式主要有两种：内部招聘和外部招聘。一般而言，在招聘制度和管理规范基本具备的条件下，企业应该确定先内部招聘再外部招聘的原则，以充分发挥各自的优点并避免各自的缺点。

企业内部招聘的主要方法包括晋升、竞聘、职位调动、工作轮换和员工推荐 5 种，具体如表 5-2 所示。

表 5-2 内部招聘的方法及分析

内部招聘的方法	优点	缺点	条件
晋升	有利于激励员工	人员来源有限	企业晋升制度公开，程序透明
	胜任新工作所需培训较少	可能导致不良竞争	晋升职位应与本人职业生涯规划相符
	增强员工对企业的忠诚度	可能引发内部矛盾	企业应有完善的培训体系
竞聘	激发员工的积极性、创造性	难以做到绝对公平，容易引发争议	前期宣传工作要做好
	避免不公平竞争		企业应保证招聘程序公平、公正
职位调动	避免内部人才浪费	仅限于在工作内容相近的职位之间进行	企业应有完善的内部调动管理制度
	扩展员工知识面		企业应对员工进行必要的培训
工作轮换	使员工适应企业不同的环境	专业性强、技术要求高的工作很难实现	企业应有相应的培训体系
	减轻员工工作压力		轮换时间应适当
员工推荐	经济实用	可能在企业内部产生裙带关系	企业应有相应的管理制度
	能较快适应企业环境		对优秀人才的推荐人应给予奖励

5.2.2　外部招聘的方法与对比

企业外部招聘的主要方法包括广告招聘、人才招聘会、校园招聘、内部员工推荐、专业职介机构（比如猎头公司）等 5 种，具体如表 5-3 所示。

表 5-3　外部招聘的方法及分析

外部招聘的方法	优点	缺点
广告招聘	网络广告成本相对较低，信息传播面广	不能控制招聘人员的数量和质量
	吸引更多的求职者	不能进行面对面的交流
	有助于树立企业形象	不适用于经济欠发达地区
人才招聘会	短时间内收集较多求职者信息	很难招聘到高级人才
	招聘成本较低	效率不高
	企业可以借此机会进行广告宣传	应聘人员以刚毕业学生居多，缺乏经验
校园招聘	能够找到足够数量的高素质人才	所聘人员缺少实践工作经验，培训成本高
	招聘成本随招聘人数的上升而下降	所聘人员对工作期待过于理想化，容易产生不满
内部员工推荐	方便、快捷	容易形成内部的"帮派"和"小集团"
	成本低，可靠性强	招聘面窄
专业职介机构	可以招聘到高级人才	招聘成本较高
	专业服务，目标准确	

5.3　招聘管理规范化

5.3.1　人才选拔标准

企业在选拔人才时，要站在公正的立场上，按照统一标准和原则进行，

表 5-4 是企业选拔人才时的部分指标和标准，供读者参考。

表 5-4　企业人才选拔的部分指标和标准

指标类型	指标内容	选拔标准
能力指标	组织协调能力	改善组织氛围，把握工作方向，增强员工的向心力和凝聚力，为实现计划目标组织各种有益的活动，最有效地开发利用现有的人力、物力、财力
	沟通能力	能建立员工之间顺畅的信息沟通、传递渠道，保持员工与各级管理人员之间的动态沟通与联系，善于了解员工的思想动态、意图，定期沟通，求同存异
	团队合作能力	与团队成员相互配合、相互支持，共同实现组织目标
	人际交往能力	对人际交往保持高度的兴趣，能够通过主动、热情的态度以及诚恳、正直的人格面貌赢得尊重和信赖
	人才培养能力	根据企业的发展战略，结合员工的发展目标，及时为其提供学习和培训等机会
	冲突解决能力	能及时发现组织人员的重大问题，防患于未然，各级人员之间出现矛盾时，善于说服、教育或劝导，及时消除矛盾
	规划能力	评价和建立工作目标的优先次序，制定具有现实可行性的短期和长期目标，预测目标执行过程中可能出现的问题或障碍，采取合理的措施及时化解
素质指标	原则性	能以身作则，严格按照公司制度办事
	自信	对自己的观念、决定、完成任务的能力、有效解决问题的能力的自我信仰
	服务意识	在工作中，能积极主动满足企业内外部客户的需求的意识
	亲和力	在个人形体上具备让周围的人感觉和蔼可亲，不受职位、权威的约束而流露出真挚情感的力量
知识指标	学历	国家正规院校毕业，本科及以上学历，人力资源管理或企业管理相关专业
	知识	精通企业管理学知识
经验指标	岗位从业经验	在国内大中型企业从事本岗位工作 5 年以上
	相关工作经验	从事与本岗位相关的工作 3 年以上

5.3.2 人才录用决策

人才录用是依据选拔的结果做出录用决策并进行安置的活动，其中最关键的事项是做好录用决策。录用决策是按照人才录用的原则，避免主观因素的影响以及评价误区的干扰，把选拔阶段多种考核和测验结果组合起来，进行综合评价，从中择优确定录用名单。

人才选拔环节中的所有方法都可用来选择潜在的员工，但决定使用哪些选拔录用方法，一般要综合考虑时间限制、信息与工作的相关性以及费用等因素，对相对简单或无须特殊技能的工作只需采用一种选拔方法。但是，对大部分岗位来说，通常需要采用多重淘汰法、互为补充法、综合法等方法，相互结合，扬长避短，提高录用决策的科学性和正确性。

企业进行人才录用决策的主要方法如表5-5所示。

表5-5 人才录用决策的3种方法

决策方法	方法说明
多重淘汰法	1. 多重淘汰法是指在人才选拔过程中采用多种测试方法，每种测试方法依次进行 2. 其中每种测试方法都具有淘汰性，应聘者若有一种测试没有达到要求标准即被淘汰 3. 应聘者要想通过筛选必须在每种测试中都达到要求的标准 4. 通过全部测试者，再按最后综合分数排出名次，择优确定录用名单
互为补充法	1. 不同测试的成绩可以互为补充，最后根据应聘者在所有测试中的总成绩做出录用决策 2. 分别对应聘者进行笔试与面试，再按照规定的笔试与面试的权重比例，综合算出应聘者的总成绩，决定录用人选 3. 值得注意的是，由于权重比例不一样，录用人选也会有差别 4. 假设某次招聘中要在甲、乙两人中录用一人，两人的基本情况与考核得分综合不相上下，到底录用谁，关键要看不同项目的权重系数
综合法	1. 综合法是指选拔过程中的测试方法由淘汰性测试和互为补充性测试共同组成 2. 测试的顺序是首先进行淘汰性测试，再进行互为补充性测试 3. 淘汰性测试中一项不通过者即被淘汰，淘汰性测试全部通过者再进行互为补充性测试 4. 最后综合应聘者的总成绩，决定录用人选

5.4 招聘管理评估

5.4.1 录用人员数量质量评估

招聘管理评估是对人力资源招聘工作的一种复盘和鉴定，涉及招聘成本效用评估、招聘收益成本比评估，招聘数量评估、质量评估，以及招聘人员工作的信度、效度评估。

其中，对录用人员的数量质量可以用多个指标来衡量，具体如表 5-6 所示。

表 5-6 录用人员数量质量评估的指标及说明

评估指标	计算方法	说明
应聘比	（应聘人数/计划招聘人数）×100%	应聘比越大，则招聘信息发布的效果越好
录用比	（录用人数/应聘人数）×100%	录用比越小，企业录用的人员素质可能越高
招聘完成比	（录用人数/计划招聘人数）×100%	反映了招聘计划在数量上的完成情况
录用成功比	（录用成功人数/录用人数）×100%	录用成功比率高，招聘的成功率越高
留职 1 年以上的员工比率	留职 1 年以上员工人数/当期录用人数×100%	留职 1 年以上的员工比率越高，企业员工的稳定性越高，忠诚度越高
业绩优秀的新员工比率	业绩考核优秀的新员工（工作未满 1 年）人数/当期录用人数×100%	业绩优秀的新员工比率越高，说明录用人员的素质越高，招聘质量越高
对工作满意的新员工比率	工作满意度在 4 分（总分 5 分）以上的新员工人数/当期录用人数×100%	对工作满意的新员工比率越高，员工的忠诚度越高，企业管理水平越高

（1）应聘比的大小可反映招聘信息发布的效果，也可以说明招募效果的好坏。该比例越大，则招聘效果越好，说明企业所刊登招聘信息的发布效果越好，企业的被认可度越高。

（2）录用比的大小可反映出录用者或应聘者的素质高低。该指标越小，说明录用者素质可能越高。

（3）招聘完成比反映了招聘计划在数量上的完成情况。招聘完成比大于等于100%，则说明在数量上完成或超额完成了招聘任务，招聘完成比的大小直接反映出招聘任务完成情况的好坏。

（4）录用成功比是指企业实际录用到岗的人数与企业实际通知录用的人数之比。该指标越大，说明招聘的成功率越高。

5.4.2 招聘人员工作评估

信度是指测评结果反映所测内容的准确性，或者说测试结果稳定性与一致性的高低。简而言之，招聘信度是指选拔方法的可靠性大小。招聘信度是对测试方法的基本要求，只有信度和效度达到一定水平的测试，其结果才可以作为录用决策的参考依据，否则会误导招聘人员，影响其做出正确的录用决策。

效度分为3种：内容效度、结构效度与关联效度。招聘效度即招聘的有效性或精确性，是指实际测试到应聘者的有关特征与想要测试到的特征的符合程度。一个好的招聘测试必须能测出它想要的功能才算有效。

招聘人员工作信度和效度的评估指标及说明如表5-7所示。

表5-7 招聘人员工作信度和效度的评估指标及说明

评估指标	计算方法	说明
参与面试的次数	人力资源部某一面试考官在本企业参与面试的总次数 ×100%	次数越多，经验越丰富
应聘者对面试的评价	应聘者对面试的评价满意度在4分以上（总分5分）人数/被面试总人数 ×100%	评价越高，说明面试考官的素质和水平越高
平均面试时长	人力资源部某一面试考官平均每次面试的时间长度 ×100%	这一指标根据应聘工种的不同而有所差别
目标工资控制率	人力资源部某一面试考官与应聘者谈判的工资标准/计划的此应聘职位工资标准 ×100%	目标工资与计划工资越接近，说明面试考官的谈判水平越高
面试考官对应聘者评价与最终结果一致率	人力资源部某一面试考官对应聘者的评价与面试最终结果一致的次数/面试考官面试总次数 ×100%	一致率越高，说明面试考官的水平越高，面试质量越高

第 6 章

如何设计招聘广告

撰写招聘信息是企业 HR 的重要工作职责之一，其中招聘广告的设计与编制更是如此。招聘广告是企业补充各类岗位人员空缺，应用最为普遍、广泛的人员招聘方式之一。要撰写一则成功的招聘广告，首先需要明确什么是招聘广告，它包含哪些方面的内容，其次必须明确招聘广告的独特性，最后需要掌握撰写过程中的相关技巧。

招聘广告是利用各种宣传媒介发布组织招募信息的一种方法，也是宣传组织形象的常用方法。招聘广告写作的过程就是创造的过程，一个好的招聘广告能够起到事半功倍的效果。

招聘广告编制的质量和发布的效果直接影响后续应聘人员的数量和质量。同时，招聘广告的受众十分广泛，阅读招聘广告的不仅有急于找工作的应聘者，还有各种潜在的应聘者、公司的客户以及社会公众，如客户、消费者等。所以，招聘广告不仅具有传递人员招聘信息的基本功能，还代表着企业的形象，要认真设计。

6.1 招聘广告的设计与编写

6.1.1 招聘广告设计的 AIDAM 原则

招聘广告的设计原则与其他广告基本相同，应符合 AIDAM 原则，即引起注意（attention）、产生兴趣（interest）、激发愿望（desire）、采取行动（action）和留下记忆（memory），其具体内容如表 6-1 所示。

表 6-1 招聘广告设计的 AIDAM 原则

序号	设计原则	具体内容分析
1	引起注意	招聘广告的设计必须能吸引求职者的眼球，招聘广告要能用与众不同的格式、篇幅、标题、字体、色彩或图案进行设计，再配合合适的媒体与广告位，才会取得良好的效果

续表

序号	设计原则	具体内容分析
2	产生兴趣	招聘广告要想在引起注意的基础上让求职者产生兴趣，就必须设计出能够使人产生兴趣的点或面，比如语言的表述要力求生动形象
3	激发愿望	人的愿望大多来自内部需要和外部刺激，求职者的内部需要是想找工作，外部刺激就是要让他们看到应聘该职位能得到的收益。所以，招聘广告要加上求职者期望的薪酬福利与培训发展机会、挑战性的工作内容、自我实现的平台机会等
4	采取行动	招聘广告的最终目的是在公布后很快收到大量符合条件的申请信息与简历，要做到这一点就需要简单明了地写明联系人与联系方式，包括电话、微信号、电子信箱、公司地址等，以便让求职者利用其习惯的方式与用人单位联系
5	留下记忆	不管看到招聘广告的受众是否采取了行动，都应给他们留下深刻的印象，这是招聘广告设计的第二个目的，即对企业的良好形象与业务进行宣传

6.1.2 招聘广告的6项内容

一般来说，招聘广告的内容主要包括6项，即企业简介、岗位情况介绍、任职资格要求、人力资源政策、求职准备说明以及联系方式等。

招聘广告的具体内容如表6-2所示。

表6-2 招聘广告的6项内容

序号	设计内容	具体内容说明
1	企业简介	(1) 企业简介应以简洁的语言介绍企业最具特色和富有吸引力的内容，不能长篇大论、词不达意 (2) 最好使用企业标志并提供企业网址，以便感兴趣的求职者浏览单位的网页获取进一步的应聘信息
2	岗位情况介绍	(1) 招聘岗位的介绍通常包括岗位名称、所属部门、主要工作职责等 (2) 起草招聘广告时，广告设计人员可以参考招聘岗位的岗位说明书 (3) 岗位情况介绍应从求职者的角度出发，以使求职者能够理解和感兴趣为主，切忌照搬岗位说明书的内容

续表

序号	设计内容	具体内容说明
3	任职资格要求	必须对求职者的基本认知资格和条件提出要求,包括专业范围、学历学位和工作经验等
4	人力资源政策	可提及应聘岗位能够享受的相应人力资源政策,包括薪酬水平、劳动合同、培训机会等
5	求职准备说明	可以注明应聘者必须准备哪些材料,如中英文简历、学历学位证书复印件、资格证书复印件、身份证复印件、照片以及对薪酬的要求和户口所在地信息等
6	应聘联系方式	(1) 应聘联系方式大多采用信件、电子邮件、传真等方式,因此需要提供企业通信地址、传真号码或电子邮件地址 (2) 应该提供应聘的时间范围和截止日期

6.1.3 企业简介的功能与设计

企业简介是向应聘者展示公司详细信息的基本资料,并具有一定的展示效力和宣传功能。优质的企业简介可以发挥4大功能,如图6-1所示。

◎企业简介可以传达企业的核心价值观,展示真实的公司概况和工作情景,可以促使应聘者首先进行一次自我筛选,判断自己与公司的要求是否匹配
◎企业简介可以使应聘者了解企业的发展历史、生产的产品或提供的服务,清楚地知道在这个组织中什么是可以期待的,什么是不可以期待的
◎企业简介可以明确地向应聘者全面真实地展示企业文化、工作理念和社会责任,使应聘者感到公司是真诚的、有信用的、值得信赖的
◎企业简介所呈现出的工作环境和条件,可以使应聘者对未来发展可能面临的困难和问题有一定的思想准备,即使未来在工作中遇到一些困难和问题,他们也不至于选择退缩或回避,而更可能是采取积极的态度,设法解决问题

图6-1 企业简介的4大功能

企业简介是应聘者认识公司的第一个窗口,招聘者应遵循特定的原则来设计企业简介,以提升其在招聘工作中传递的正向作用。设计企业简介的6项原则如图6-2所示。

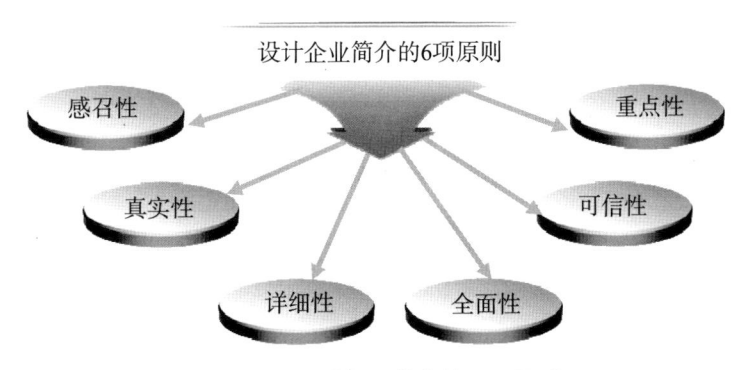

图 6-2 设计企业简介的 6 项原则

6.2 招聘广告的规范与发布

6.2.1 招聘广告撰写的 9 项要求

专业 HR 撰写的招聘广告必须规范，应注意内容表达符合真实性、合法性、与艺术性相结合等要求，具体内容如表 6-3 所示。

表 6-3 招聘广告撰写的 3 个维度与 9 项要求

维度与要求		具体内容说明
真实性	实事求是	招聘企业必须保证招聘广告的内容客观、真实，要对虚假广告承担法律责任
		招聘广告中涉及的录用人员劳动合同、薪酬、福利等政策必须兑现
合法性	信息合规	广告中的信息要符合国家的法律法规和地方政策的规定
	避免歧视	招聘广告内容应该遵循相关法律和法规，不允许出现招聘歧视信息，不允许存在性别歧视、年龄歧视、学历歧视和区域籍贯歧视等
与艺术性相结合	聚焦	招聘广告的主题要明确，内容表达真正符合企业的目标
	简洁	招聘广告的内容干净利落，以较少的文笔对工作要求和所需资格进行陈述，以突出招聘广告的焦点
	有吸引力	招聘广告对应聘者要具有吸引力并触发他们的感情，引发应聘行为的刺激力

续表

维度与要求		具体内容说明
与艺术性相结合	统一性	招聘广告设计的 5 大原则之间应形成有机的联系，与表现主题关系不密切和有关歧视性的内容不允许出现
	平衡性	招聘广告各要素在布局上要正确配置，使人感到招聘广告表现完善、协调，在编排过程中应当有主有次，精心策划，在统一下求平衡，并不断修正广告的标题、正文、标语、版式等，达到最佳广告布局的要求
	技巧性	设计出来的招聘广告样稿应有精湛的制作技巧，准确、完美地实现设计要求，使之成为有强烈艺术感染力的招聘文案

6.2.2 招聘广告发布媒体优选

发布招聘广告信息的渠道很多，可以采用的广告媒体主要有报纸、杂志、广播电视、互联网等，这些媒体有不同的优缺点和适用范围。选择哪种媒体发布广告，取决于企业对人才需求的类型，广告媒体的综合对比如表 6-4 所示。

表 6-4 广告媒体的综合对比

媒体	优点	缺点	适用范围
报纸	发行量大，传播迅速，广告版面大小可灵活选择	阅读对象繁杂，保留时间短，同时纸质及印刷质量可能会对广告的设计造成限制	特定地区的招聘、应聘者数量较大的岗位、流失率高的行业或职业
杂志	接触目标群体的概率比较大，便于保存，纸质和印刷质量比报纸好	广告预约期长，申请岗位的期限也会比较长，同时发行的区域可能较为分散	应聘者相对集中、空缺岗位并非迫切需要补充、地区分布较广的情况
广播电视	可产生有较强冲击力的视听效果，容易给人留下深刻印象	广告时间短，不便保留，费用比较高	公司需迅速扩大影响，急需招聘大量人员的情况

续表

媒体	优点	缺点	适用范围
网络	信息传播范围广、速度快、成本低，联系快捷方便，不受时间和地域影响	信息真实度低，应用范围狭窄，基础环境薄弱，技术服务体系不完善	公司各类人员的招聘工作
微信平台	相对于传统招聘网站，更适合现代年轻人的使用习惯，更方便、快捷、高效	受制于APP平台的技术发展与维护，依托于二维码等便捷工具	更适用于新兴职业和岗位招聘广告的发布
其他印刷品	线下推广使用，极富灵活性	需与其他招聘方法结合使用	适用于招聘会、校园宣讲会、论坛峰会等线下招聘的场合

6.3 招聘广告的撰写

6.3.1 招聘广告撰写指导书实例

以下是某公司的招聘广告撰写指导书，供读者参考。

一、招聘广告的撰写原则

1.真实合法原则：招聘广告内容真实可信，符合国家及地方法律法规和规范。

2.简洁规范原则：招聘广告应简明扼要、用词规范、重点明确。

3.准确美观原则：招聘广告语句通顺，语言流畅，排版美观整洁。

4.项目齐全原则：招聘广告各个项目完整、齐全。

二、招聘广告的内容规范

招聘广告的内容应包括公司简介、岗位说明、联系方式等，具体要求如下。

1.公司简介：公司简介一般包括公司的全称、性质、规模、主营业务、行业地位、发展理念等内容。

2.岗位说明：岗位说明一般包括职位性质、类别、岗位责任、任职资格、薪酬福利等内容，其中岗位职责是核心内容。

3.联系方式：联系方式一般包括公司的具体地址、网址、联系电话、传真、电子邮箱等。

三、招聘广告的撰写技巧

招聘广告应尽量引人注意、引发人们的兴趣，以提高招聘效果。具体的撰写技巧如表6-5所示。

表6-5　招聘广告的撰写技巧

撰写技巧	具体操作
引人注意	版面设计新颖，公司标识明显
引发兴趣	广告语生动，突出公司的优势和岗位的优越性
激起愿望	根据目标群体的需要重点渲染职位最吸引人的优势
促使行动	运用充满激情的语言鼓励目标群体申请职位

四、招聘广告样本

××公司诚聘英才

（一）公司简介

××公司成立于××年，是一家以企业管理咨询为中心，从事知识管理、资源立体开发、E化课程设计开发和企业培训四大类业务的专业知识智力型公司。公司注册资金××万元，拥有总资产××万元，经过××年的开拓进取，公司已经发展成为××地区颇具规模和影响力的公司。

公司热忱欢迎有志于管理咨询事业的管理类专业人才加盟，携手共创未来！

（二）招聘岗位

岗位名称：培训课件开发师

招聘人数：3人

岗位职责：

1.负责管理类课程课件、企业管理培训课件的开发与研究工作。

2.对管理课程、培训课件内容及表现形式进行研究、设计。

3. 进行培训图书内容的研发工作。

任职资格：

1. 管理类相关专业（人力资源管理、企业管理、行政管理等），硕士研究生及以上。

2. 具备 2 年以上的管理培训类工作经验。

3. 具有较强的研发和学习能力。

4. 熟悉咨询培训市场。

（三）联系方式

公司邮箱：××

公司网址：××

公司地址：××

联系电话：××

联系人：××

6.3.2　娱乐公司招聘广告实例

以下是某娱乐公司招聘广告的实例（内容有增删调整），供读者参考。

诚征千里马　共拓万里路
×× 娱乐有限公司

由我国知名的 ×× 集团创办的水准一流的娱乐城——×× 娱乐有限公司将于 ×× 年 ×× 月 ×× 日开业。本公司主要从事唱片的制作及发行、音乐出版、艺人管理、演唱会筹办、舞台剧制作、电影及电视制作等业务。

公司以诚信为本，注重人文关怀，致力于用高素质和高效率的服务来满足客户的要求，为全民提供具有长久消费期望的娱乐产品。从媒体内容创新制作到媒体市场开发，从艺人发掘到平台经营，×× 娱乐有限公司已形成产品、渠道、品牌的全方位娱乐体系。

一流的公司、一流的服务，应由一流的人才组织管理，现诚聘以下人才：

资金策划部：经理 1 人，高级主管 5 人，会计师 2 人，出纳 1 人。要求具有丰富的资金策划管理和融资能力。

公关策划部：经理 1 人，高级职员 10 人，含人力资源、俄语、法语、美术摄影各 1 人。要求相貌端正、有丰富的公关经验和 2 年以上公关策划经验。

人力资源部：经理 1 人，专员 2 人，要求具有本科或相当学历，英语口语流利，具有 4 年以上工作经验，至少精通人力资源领域的某一模块。

市场销售部：经理 1 人，销售人员 3 人，要求具有敏锐的市场预测能力，2 年以上销售经验。

网络管理部：软件工程师 5 人，硬件工程师 3 人，要求熟悉程序编制以及常用网络管理技术。

一经聘用，待遇从优。应聘者请将详细简历（含生活照）邮寄至：××市××区××路××大厦××娱乐有限公司人力资源部。来人恕不接待，所寄资料恕不退还。

联系人：××

邮政编码：××

联系电话：××

传真：××

电子邮箱：××

6.3.3 互联网公司招聘广告实例

以下是一家互联网公司的招聘广告，纯文字版本（内容有增删调整），供读者参考。

一、招聘岗位

市场运营助理（实习生）

二、工作都干点啥

1. 随时准备撩

洽谈公司的业务，与个人及机构合作

维护与合作方的良好关系

2. 时不时搞一点小花样

策划品牌合作活动，执行并反馈总结

3. 和产品经理一起"汪汪汪"

参与其他与产品运营相关的工作

三、您需要具备哪些技能

1. 脸可以不大,但脑洞要开

较强的策划能力、学习能力

2. 身体和意志都不能虚!

较强的抗压能力与团队合作意识

能够快速适应新的环境,执行力强

3. 会"吵架"吗,朋友?

较强的沟通能力

4. 心中有爱

热爱互联网行业,乐观向上

四、偷偷告诉您有哪些加分项

熟练使用 1~2 个效率或协作工具

个人微信号好友超过 1 000 个

第 7 章

如何筛选简历和应聘申请表

对于求职者来说，简历是获取工作机会的敲门砖。简历是由应聘者自行设计和撰写的，是一份应聘者的自我简介。

简历中呈现的是应聘者想向企业展示的信息，并不一定是企业想看到的信息，或者存在规避问题、不全面的情况。而应聘申请表是由企业 HR 设计的，包含企业各类职位所需要的基本信息并用标准化的格式表示出来的一种初级筛选表，需要应聘者现场填写，目的是筛选出那些背景和潜质与职务规范的条件相当的候选人。

同时，应聘申请表通常会包含简历上没有的诸如离职原因、证明人、固定电话和背景调查、包含真实有效个人信息的个人声明及签字等，也可以节约现场面试的时间，提高后续面试的工作效率。

7.1　筛选简历和应聘申请表的规范

7.1.1　筛选网络简历的 2 个要点

网络简历具有数量大的特点，招聘人员要想快速、有效地筛选，需要注意 2 个要点。

1. 设置网上简历过滤系统

进行网络简历筛选应预先设置过滤系统，通过设定一定的硬性标准，如学历、工作经验、证书等为接收简历的先决条件，以实现事先将明显不符合企业用人要求的简历剔除出去，进而减少招聘人员的工作量。

在设置简历过滤系统时，应根据岗位说明及任职要求确定岗位所需人才的各项素质、能力要求，提炼出关键词，再由系统根据关键词进行检索、筛选、过滤、打分。表 7-1 是 ×× 公司在对应届毕业生的简历进行网络筛选时设定的部分筛选标准，供读者参考。

表 7-1 ××公司网络简历筛选标准

序号	项目	权重	得分 2	4	6	8
1	学校层次	20%	职业院校	普通大学	国家重点大学	重点名牌大学
2	班级排名	20%	21名以后	11～20	6～10	前5名
3	英语水平	20%	大学英语四级未通过	大学英语四级	大学英语六级	英语专业八级
4	专业背景	20%	纯文科类	理工科类	经济类	管理类
5	社团工作	10%	无	一般成员、干事	系、院社团部长、主席	学校级别社团主席
6	实习经验	10%	无	一般勤工俭学	本专业相关实习	知名企业实习

2. 评估系统过滤后的简历

经过网上简历筛选系统过滤后，筛选人员应对系统打分后的简历进行评估，评估时应特别注意辨别简历的真伪，查看简历中是否有自相矛盾的地方，工作内容的表述是否合理、是否符合逻辑等。根据评估结果判断应聘者与企业的匹配性，进而确定面试候选人。

7.1.2 筛选纸质简历的 5 种方法

纸质简历是应聘者参加企业面试自带的个人介绍材料，纸质简历的筛选是企业对应聘者资格的初审和初选。纸质简历的筛选主要有分析简历结构、审查简历客观内容、判断是否符合岗位技术和经验要求、审查简历中的逻辑、对简历的整体印象等 5 种方法，具体如图 7-1 所示。

7.1.3 筛选纸质简历的 5 大技巧

HR 在收到应聘者的纸质简历之后，应对照岗位说明书进行初步筛选，以确定哪些应聘者可以进入下一个环节。简历筛选人员若要快速、有效地筛选简历，应注意应用如表 7-2 所示的 5 大技巧。

方法	方法说明
分析简历结构	◎简历结构在很大程度上反映了应聘者的组织能力、沟通能力 ◎合理的简历结构内容较精练，一般不超过两页 ◎简历并没有固定的格式要求，通俗易懂即可
审查简历的客观内容	◎简历的内容分为主观内容和客观内容，简历筛选人员在筛选简历时应将注意力放在客观内容上 ◎主观内容主要是应聘者对自己的个人描述，比如自我评价 ◎客观内容主要包括个人信息、受教育经历、工作经历和成绩荣誉等
判断是否符合岗位技术和经验要求	◎在客观内容中，首先浏览应聘者的个人信息（姓名、性别、年龄、学历等）和受教育经历（上学经历、培训经历等），判断应聘者的专业资格和经历是否与空缺岗位相关并符合要求，对于不符合要求者，可以直接筛掉 ◎在受教育经历中，筛选人员应特别注意应聘者是否用了一些含糊的字眼，比如未注明大学教育的起止时间、类别
审查简历中的逻辑	◎在应聘者的工作经历和个人成绩方面，注意简历的描述是否有条理，是否符合逻辑 ◎简历筛选人员如果能够断定简历中有虚假信息存在，就可以直接将此类应聘者筛掉
对简历的整体印象	◎通过阅读简历，明确对应聘者简历的整体印象 ◎标出简历中感觉不可信的地方，以及感兴趣的地方，以便面试时询问应聘者

图 7-1　筛选纸制简历的 5 种方法

表 7-2　筛选纸质简历的 5 大技巧

技巧	相关说明
看简历外观	简历结构是否清晰、排版是否美观、语言是否简明
匹配硬件指标	针对岗位设定必备的硬件指标，据此作为筛选简历的硬性标准
寻找关键字	抓住简历中的关键字，尤其是与岗位内容相关的工作业绩、工作结果等信息
看起止时间	注意简历中各项经历的起止时间有无重叠、空白或矛盾之处，从而辨别信息真伪
看岗位匹配度	关注简历中所展现的应聘者的综合素质和能力，辨别其与岗位的匹配度

同时，简历筛选人员在筛选简历时，应注意建立企业的招聘人才库，做好人才的储备工作。企业可将应聘者分为 3 类：愿聘人员，这类应聘者不一定会接受聘用；可聘人员，这类应聘者能力不是特别强但基本能胜任岗位；

拒聘人员，这类应聘者完全不符合企业岗位要求。

建立招聘人才库，有利于招聘人员区分应聘者的信息，促进招聘的顺利开展，也可以为企业提供不时之需，以解企业临时用人的"燃眉之急"。

7.1.4 筛选应聘申请表的要点和方法

筛选应聘者所填写的应聘申请表，可以说是企业对应聘者进行选拔的第一步。企业在筛选应聘申请表时应注意 3 点，具体如图 7-2 所示。

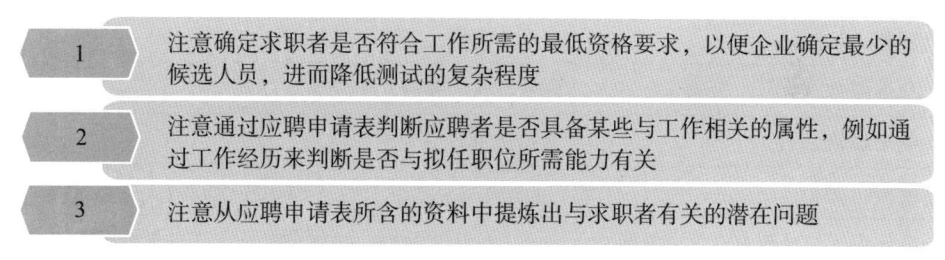

1	注意确定求职者是否符合工作所需的最低资格要求，以便企业确定最少的候选人员，进而降低测试的复杂程度
2	注意通过应聘申请表判断应聘者是否具备某些与工作相关的属性，例如通过工作经历来判断是否与拟任职位所需能力有关
3	注意从应聘申请表所含的资料中提炼出与求职者有关的潜在问题

图 7-2　筛选应聘申请表的 3 个要点

企业主要通过判断应聘者的态度、关注与职业相关的问题、注明可疑之处 3 种方法来筛选应聘申请表，具体如图 7-3 所示。

方法	方法说明
判断应聘者的态度	◎在筛选应聘申请表时，首先要筛选出那些填写不完整和字迹难以辨认的材料，筛掉不认真的应聘者，以节省时间
关注与职业相关的问题	◎在审查应聘申请表时，要估计应聘者背景材料的可信度，要注意应聘者以往经历中所任职务、技能、知识与应聘岗位之间的联系 ◎在筛选应聘申请表时，应分析应聘者离职的原因、求职的动机，并对频繁离职的人员加以关注
注明可疑之处	◎在筛选时，筛选人员应用铅笔标明应聘申请表中的疑点，在面试时作为重点提问的内容之一加以询问 ◎在筛选应聘申请表时，通过分析求职岗位与原岗位情况，对高职低就、高薪低就的应聘者加以注意 ◎为了提高应聘材料的可信度，必要时应检验应聘者各类证明身份及能力的证件

图 7-3　筛选应聘申请表的 3 种方法

7.2 筛选简历和应聘申请表的工具

7.2.1 应聘申请表设计

××公司的应聘申请表如表7-3所示，供读者参考。

表7-3 应聘申请表

姓名		性别		年龄		照片
婚姻状况		民族		政治面貌		
应聘岗位		专职/兼职				
身份证号		联系方式/微信				
电子邮箱		通信地址				
健康状况		有无传染疾病		有无体检证明		

文化程度与受教育情况（包括毕业学校、专业、学历、学位或者培训、自学情况）：

工作经历	时间	所在机构	职务	月/年薪	离职原因	证明人/固定电话
	__年__月至__年__月					
	__年__月至__年__月					
	__年__月至__年__月					

特别技能（特长、优势、兴趣、爱好、专注领域等）：

主要成果（专利、专著、科研成果、设计方案、突出业绩等）：

个人发展意向和薪酬待遇要求：

证明材料	推荐信□ 应届毕业生□ 退休人员□ 测评报告□ 就业证□ 离职证明信□ 背调证明□ 其他_____	上岗时间 ___月___日

个人声明

仔细阅读后，我清楚地知道一旦接受贵公司的聘任，如果本申请书中填写了不真实的资料，我将被解聘，并承担由此造成的不利后果。

本表填写人签字：
____年____月____日

7.2.2 筛选简历和应聘申请表的流程图

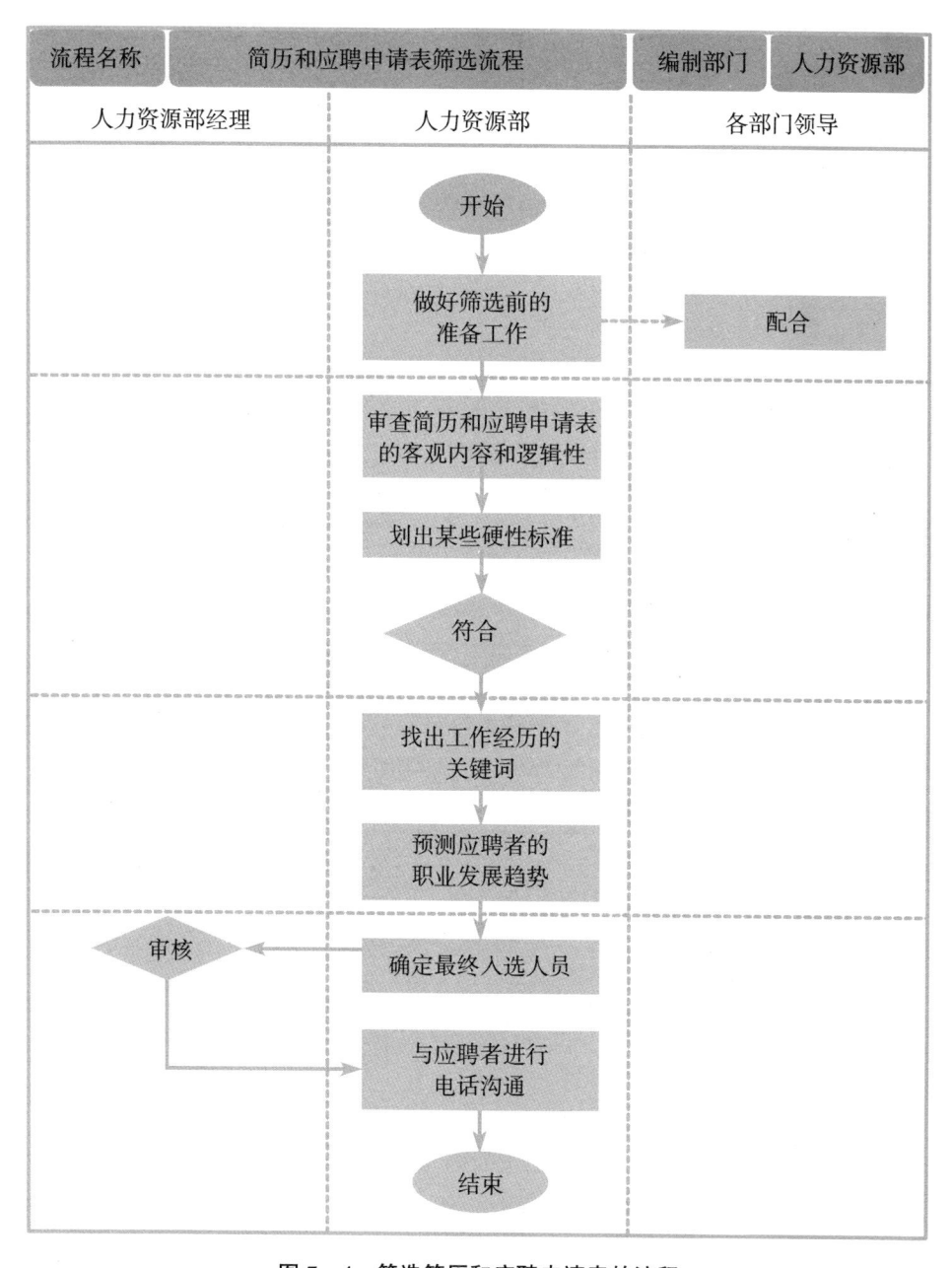

筛选简历和应聘申请表的流程如图7-4所示。

流程名称	简历和应聘申请表筛选流程	编制部门	人力资源部
人力资源部经理	人力资源部	各部门领导	

```
                    开始
                      ↓
               做好筛选前的 ----→  配合
               准备工作
                      ↓
               审查简历和应聘申请表
               的客观内容和逻辑性
                      ↓
               划出某些硬性标准
                      ↓
                    ◇符合◇
                      ↓
               找出工作经历的
               关键词
                      ↓
               预测应聘者的
               职业发展趋势
                      ↓
   审核 ←──── 确定最终入选人员
    │                 ↓
    └────────── 与应聘者进行
               电话沟通
                      ↓
                    结束
```

图7-4 筛选简历和应聘申请表的流程

7.2.3 筛选简历和应聘申请表的标准

筛选简历和应聘申请表的标准如表 7-4 所示。

表 7-4 筛选简历和应聘申请表的标准

工作事项	工作执行标准
做好筛选前的准备工作	1. 在筛选简历和应聘申请表前，仔细阅读该招聘岗位的岗位说明书，以明确岗位的具体要求，避免筛选偏差 2. 注意与招聘岗位的部门领导进行沟通，深入了解该部门对本招聘岗位的特殊需求，提高面试的效果
审查简历和应聘申请表的客观内容和逻辑性	1. 审查目的：通过查看简历或应聘者填写的应聘申请表，大体判断其求职态度 2. 招聘人员可以首先了解应聘者工作过的单位和工作时间，以粗略判断应聘者的职业发展概况和稳定性
划出某些硬性标准	1. 招聘人员注意划出学历、毕业院校、曾任职务、工作年限等硬性标准，并将这些硬性标准与本企业的招聘标准相比较 2. 招聘人员直接筛掉不符合硬性标准的简历和应聘申请表
找出工作经历的关键词	1. 在应聘者的工作经历中，找出应聘者从事过的岗位和关键的业绩，并判断其业绩的真实性 2. 标明应聘者工作经历描述中的关键词和关键数据，以备面试时加以提问和确认
预测应聘者的职业发展趋势	根据应聘者现有的工作经历和稳定性，初步判断应聘者的职业发展趋势，判断企业与应聘者的匹配性，进而决定是否邀请应聘者进行面谈

第 8 章

如何做好结构化面试

面试是招聘管理系统中非常重要、必不可少的环节。面试是指面试考官根据应聘者针对其口头提问而做出的口头问答，来获取应聘者的个人信息，并预测其未来工作绩效的一个甄选过程。一次面试并不仅仅是一场讨论，面试甄选具有一定的结构化和条理性，也可以说，常用的结构化面试规范操作非常重要。

结构化面试也称标准化面试，是相对于传统的经验型面试而言的。它是指根据所制定的评价指标，运用特定的问题、评价方法和评价标准，严格遵循特定程序，通过测评人员与应聘者面对面的言语交流，对应聘者进行评价的标准化过程。

在结构化面试过程中，测评人员必须根据事先拟定好的面试提纲对应聘者进行逐项测试，不能随意变动面试提纲，应聘者也必须针对问题进行回答，面试各个要素的评判也必须按分值结构合成。也就是说，在结构化面试中，面试的程序、内容以及评分标准等标准化程度都比较高，面试的结构严密，层次性强，评分模式也比较固定。

结构化面试的4个特点如图8-1所示。

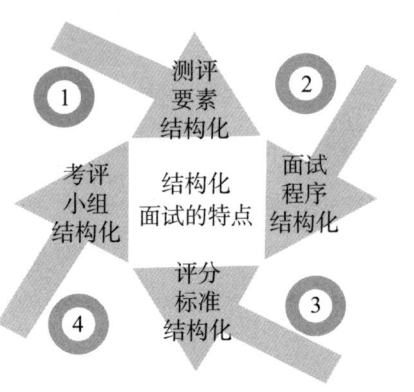

图8-1 结构化面试的4个特点

8.1 结构化面试的程序与提问

8.1.1 结构化面试的9步程序

在结构化面试中，不仅面试题目对应聘同一职位的所有应聘者相同，而且面试的指导语、面试时间、面试问题的呈现顺序、面试的实施条件都应是相同的。这就使得所有的应聘者在几乎完全相同的条件下进行面试，保证面试的客观和公正。

结构化面试的程序如表8-1所示，此表对结构化面试的流程、相关工作、方法和目的进行了详细阐述。

表 8-1 结构化面试的 9 步程序

序号	流程	相关工作	方法	目的
1	面试准备	对照岗位说明书，查阅候选人简历和应聘申请表，并标注可疑之处	(1) 针对工作经历和简历的疑点设计问题 (2) 针对胜任素质指标设计提问	理清重点，为面试做准备
2	开场	(1) 向应聘者致谢 (2) 告之应聘者面试时间、流程等	面试考官介绍	进入面试环节
3	了解原生家庭	(1) 家庭成员、相关职业等 (2) 婚姻状况、文化背景等 (3) 学历、住房条件（是否贷款）	应聘者自我介绍，面试考官适度提问	了解应聘者的家庭状况、文化背景等辅助参考信息
4	询问工作经历	(1) 了解应聘者工作经历的真实性（起止时间、职务、相关工作内容） (2) 了解离职原因、求职动机、工作稳定性及对自我工作期望的评价	运用 STAR 技巧提问： (1) 情境 (situation) (2) 任务 (task) (3) 行动 (action) (4) 结果 (result) 注意非语言行为	了解应聘者以往的工作内容、能力、经验、诚信度、稳定性及学习意愿
5	验证核心能力	依据岗位能力素质指标，验证应聘者是否具备与岗位匹配的核心能力	面试考官询问	人岗匹配
6	了解薪酬待遇要求	(1) 对照参考以往任薪酬水平与同行业薪酬标准 (2) 根据能力验证情况做判断 (3) 适度参考应聘者的薪酬期望	面试考官询问	依据能力定薪，有效控制人工成本，打消应聘者不切实际的薪酬期望

续表

序号	流程	相关工作	方法	目的
7	其他相关情况	(1) 职业规划、学习培训计划 (2) 职业倾向性 (3) 个人兴趣爱好等	面试考官询问	了解应聘者的职业兴趣、发展空间等，作为辅助参考
8	应聘者提问	应聘者可能会询问： (1) 公司情况、企业文化 (2) 工作岗位、工作职责 (3) 其他和工作相关的情况等	应聘者提问，面试考官回答	了解应聘者的求职动机、关注点等
9	结束	(1) 致谢 (2) 告之通知面试结果的时间 (3) 强化合作意愿	面试考官介绍	圆满结束面试，创设合作前景

8.1.2 结构化面试的 8 种提问方式

面试过程中对应聘者进行提问需要讲究一定的方式，一般来讲，面试提问有 8 种方式可供选择，具体如图 8-2 所示。

1. 封闭式提问	一种收口式的提问方式，即让应聘者简单地回答是与否即可，涉及的范围比较小。例如"您毕业于××大学，是吗？"
2. 开放式提问	可以让应聘者充分发挥出自己的水平。例如"对这种做法，您有什么看法？"评估应聘者的回答是否条理清晰、逻辑性强、有说服力，是否充分展现各方面的能力。
3. 假设式提问	让应聘者置身于某一特定的环境中思考问题，主要考察其应变能力、解决问题的能力和思维能力。例如"假如您成功应聘了这个职位，您将如何开展工作？"
4. 引导式提问	这类问题主要用于征询应聘者的某些意向，需要一些较为肯定的回答。例如"您的期望薪酬是多少？""您过去所负责的部门有多少下属？"
5. 追问式提问	就某一问题引发的一系列问题进行发问，考察应聘者的反应能力、逻辑性和条理性。例如"您在过去的工作中最成功的一件事情是什么？其成功的因素有哪些？是否还有需要改进的地方？"
6. 重复式提问	面试考官根据检验应聘者的回答来判断自己得到的信息是否准确，或者是确认探测应聘者真实意图的方法。例如"您的意思是……"
7. 投射技术提问	让应聘者在特定条件下对某种模糊情况做出反应，向应聘者展示各种图片，要求其说出观看后的反应、感受，或者让应聘者补充不完整的句子，例如"困难就好比……，只要……，最后……"
8. 压迫式提问	面试考官故意提问一些压力性问题，考察应聘者在压力下的反应，例如"您的工作阅历和专业与我们的职位有一定的差距，被录用的可能性不是很大，您对此是怎么想的？"

图 8-2 结构化面试的 8 种提问方式

8.1.3 结构化面试的 4 种提问技巧

除了选择合适的提问方式对应聘者进行提问，面试考官还应该掌握一定的提问技巧，尤其是在面试开场时，应聘者一般会或多或少带有紧张情绪，面试考官提问时若不注意运用一定的技巧，会影响应聘者正常水平的发挥。

面试考官在提问时应注意 4 种提问技巧，如表 8-2 所示。

表 8-2 结构化面试的 4 种提问技巧

结构化面试的动作	提问技巧
问	1. 自然、亲切、渐进、聊天式地导入，比如"您是怎么过来的？路上堵车吗？" 2. 问题要先易后难、通俗易懂、简明有力。 3. 问题要适合职位要求，选择适当的提问方式以达到问准问实的目的。 4. 善于恰到好处地转换话题、收缩与扩展话题、结束面试过程。 5. 为应聘者提供弥补缺憾的机会，比如面试结束前问"您还有什么需要了解的？"
听	1. 在结构化面试中，面试考官提问的时间占总时间的 20%，倾听的时间占 80%。 2. 把握与调动应聘者的情绪。 3. 注意从言辞、音色、音质、音量等方面判断应聘者的素质水平。
观	1. 谨防以貌取人。 2. 发挥目光对视、点头赞同的作用。 3. 有目的地、客观地、全面地观察。 4. 注意应聘者的反应过程及面试结束场景的观察。 5. 充分发挥面试考官感官的综合效应与直觉效应。
评	1. 选择适当的评价标准。 2. 分项测评与综合印象测评相结合。 3. 纵向观察，横向比较，分析判断。

8.2 结构化面试的设计与实施

8.2.1 结构化面试评估表

表 8-3 是 ×× 公司的结构化面试评估表，供读者参考。

表 8 – 3　结构化面试评估表

姓名		应聘岗位	
初次面试评估项目	等级 A	等级 B	等级 C
仪容仪表	形象好	着装和形象一般	形象差
语言表达能力	很强	表达能力一般	不能准确表达自己的意图
对自身职业生涯发展的规划	有详细规划	考虑过，没有规划	从未考虑过
想象能力与创新能力	想象力丰富	一般	缺乏想象力
逻辑思维能力	较强	一般	没有条理，缺乏逻辑
工作经历与所应聘职位的契合程度	很合适	一般	不合适
所具潜力与公司发展的适应程度	很适应	一般	不适应
前来本公司工作的意愿	坚定	一般	犹豫
复试综合评价 / 评分			
性格特点			
业务能力			
优势			
不足			
评分	86 分以上：非常优秀 76～85 分：优秀 70～75 分：基本合格 65～69 分：面试不理想，结合其他考核再定 64 分以下：面试不合格		

面试结论：
□录用　□不录用　□存入人才储备库　□其他结论：_____

初试考官结论与签名		日期和时间	
复试考官结论与签名		日期和时间	
直接上级意见与签名		日期和时间	
总经理意见与签名		日期和时间	

8.2.2 结构化面试实施方案实例

以下是某公司的结构化面试实施方案,供读者参考。

一、项目背景

为促进业务发展,树立知名品牌,提升品牌价值,根据××公司招聘管理制度、计划的要求,集团公司决定面向社会公开招聘一名市场部经理。

二、组建面试小组

(一)面试小组人员构成

为更科学、客观、准确地确定市场部经理的岗位任职资格,公司聘请了两位外部专家与人力资源部共同组建面试小组,完成市场部经理的面试工作。

(二)面试小组工作要求

面试小组应本着客观、公正和为公司负责的态度进行人员的面试和选拔。

三、确定面试评估标准

(一)收集与整理信息

1. 面试小组根据市场部经理的岗位说明书,收集该岗位任职资格要求的有关信息。

2. 面试小组设计调查问卷,由市场部主要负责人及相同岗位的人员填写。

3. 面试小组与市场部主要负责人、总经理交流沟通,一方面确认信息的真实、准确性;另一方面了解公司状况,明确公司对市场部经理的要求。

(二)确认任职资格条件

面试小组通过对以上有关信息的收集与整理,确定市场部经理的任职资格要求。市场部经理任职资格要求的具体内容如表8-4所示。

表8-4 市场部经理任职资格要求

项目		具体要求
教育水平	学历要求	大学本科及以上
	专业要求	市场营销、企业管理等相关专业
	外语要求	英语四级及以上
	计算机要求	熟练使用各种办公软件

续表

项目		具体要求
业务知识	市场分析	能够根据国家相关政策和行业特征，明确市场营销的方向
	产品管理	了解公司产品的特征、品牌的建立和维护等
	价格管理	根据竞争对手、替代产品信息管理公司产品的市场价格
工作经验	工作年限	5年以上市场营销相关工作经验
能力素质要求	领导能力	通过激励、授权等方式领导下属
	计划执行能力	制定可行的计划方案并能付诸执行
	判断决策能力	对市场有较高的敏感度并能及时做出准确判断和决策
	目标管理能力	制定明确目标，能够整体把握，纠正偏差
	开拓能力	积极开拓市场，发现潜在商机
	客户服务意识	能灵活地运用多种技巧解决客户的问题并提供满意的服务
	沟通能力	与客户、媒体及其他相关部门沟通和协调
个性特征	影响力	具有较强的影响力，能够积极改变他人的心理和行为
	富有激情	能够自我激励，也能够调动下属的工作热情

（三）制定评估标准

面试小组通过研究讨论，根据市场部经理岗位任职资格条件，制定评估标准。

四、实施结构化面试

（一）寒暄

应聘者到来后，面试考官可以用如下问题作为开场白，以缓解应聘者的紧张情绪。

1. 您今天过来交通还方便吧，我们公司容易找吗？
2. 请问您来自哪里？（可以简单地与应聘者聊聊家乡）
3. 您是如何获知招聘信息的？

（二）面试开始

市场部经理结构化面试的具体内容如表8-5所示。

表 8-5 市场部经理结构化面试内容列表

考核指标	面试问题
工作经验	请描述一下您的主要工作职责，在以往工作中有哪些收获
领导能力	作为一个部门的领导，您如何让下属尊敬并信任您
计划执行能力	您是如何准备这次面试的
	您如何计划和安排重要的市场营销项目
判断决策能力	若事情发展的结果与计划有较大偏差，您会如何处理
	若购物时发现一件外观精致但无太大实用价值的商品，您会如何做出选择
	对重大决策您是如何实施的，请举例说明
目标管理能力	您是怎样鼓励员工达到工作目标的
	您如何确保公司目标融入员工个人目标
开拓能力	请举例说明在一个新环境下，您如何发现潜在商机
客户服务意识	请举例说明您如何成功处理客户的问题，使客户满意
人际沟通能力	在长途旅行的火车或飞机上，您如何与周围的陌生人相处
影响力	当与领导意见不一致时，您通常是如何做的

（三）面试结果

面试考官可以采用以下几段话来结束面试。

1. 您对本公司或者这一工作还有什么需要了解的吗？

2. 我们对您的情况已有基本了解，下一步的工作安排是这样的……

3. 非常感谢您能来参加这次面试。

五、结构化面试后续工作

1. 面试小组根据应聘者在面试中的表现，根据事先制定的评分标准，对每一位应聘者进行评估，并编制应聘者评估报告表，上报总经理审批。

2. 应聘者评估报告表经总经理审批通过后，面试小组确定录用结果，并及时将信息反馈给求职者。

8.3 结构化面试题库设计

8.3.1 各种素质面试题实例

1. 工作主动性

如果要考察候选人的工作主动性,可以设计以下几个问题:

(1)工作中,除了做好自己的本职工作,您是否还会做一些分外的事情?如果是这样的话,为何要这样做?

(2)工作过程中,除了工作技能的提升,您还学到了哪些额外的知识/技能?

(3)请描述一个自己独辟蹊径为公司成功地解决某一难题的事例。

(4)业余时间您有无提升工作技能方面的进修课程?

(5)在接触一个新领域时,您会通过什么样的渠道尽快获得新知识?

2. 情绪控制能力

如果要考察候选人的情绪控制能力,可以设计以下几个问题:

(1)如果领导在下属面前批评您,您会有什么反应?

(2)接到公司一个大客户的投诉,且您已经跟他就不满的问题解释过很多遍,可他还是不满意,您将如何处理?

(3)一位下属不服从工作派遣,您会如何处理?

(4)在面试环节您所展示出来的某些性格与我们招聘的职位有一定的差距,换句话说就是我们录用您的可能性不大,您有什么想法?

(5)这么长时间您怎么一直没有找到合适的工作呢?

3. 灵活应变能力

如果要考察候选人的灵活应变能力,可以设计以下几个问题:

(1)如果我们公司的竞争对手也决定录用您,您将如何做出抉择?

(2)您接到一个重要客户的电话,说要与总经理商谈要事,而此时您联系不到总经理,您将如何给客户答复?

(3)请描述一个较为典型的事例:在工作或者学习过程中您遇到了两难选择,最后您是如何解决的?

4. 是否具备工作责任感

如果要考察候选人是否具备工作责任感，可以设计以下几个问题：

（1）您得到一个重要的信息事关公司利益，而这件事情一旦告诉总经理，您的好友将会受到牵连，您会怎么做？

（2）身为公司骨干，您在公司业务很忙时生了重病，您会怎么做？

8.3.2 各种能力面试题实例

1. 计划组织能力

如果要考察候选人的计划组织能力，可以设计以下几个问题：

（1）您都为这次面试做了哪些准备？

（2）请描述您以往的工作中最忙碌的一天。

（3）如果您成功地应聘了部门经理这个职位，需要制定一个部门的季度计划，请问您将如何制定？

（4）最近 5 年您的职业规划是什么？您计划如何去实现它？

（5）如果您是一个团队的领导者，现正忙于完成一个新任务，可您发现，无论是所需的资源还是人力，都与其他部门发生冲突，请问您如何处理？

2. 领导能力

如果要考察候选人的领导能力，可以设计以下几个问题：

（1）您如何给领导这一角色定位？

（2）您认为管理人员需具备哪些基本素质？

（3）请描述一个成功地说服别人支持并参与您的工作，最终达到您所期望的结果的事例。

（4）作为公司的高层领导，您是如何让下属尊敬并信任您的？

（5）当下属不服从管理时，您会怎么解决？

3. 分析决策能力

如果要考察候选人的分析决策能力，可以设计以下几个问题：

（1）以往的工作／学习生活中，您做出的最重大、最有意义的决定是什么？为何做出那样的决定？

（2）在做出较大的决定时，您一般会考虑哪些因素？举个例子加以说明。

（3）如果您需要一名助手，您希望他具备什么条件？

（4）公司决定投资一个重大项目，而据您所掌握的信息和资源，只有不到 60% 的成功概率，您会做出什么决定？

（5）衡量一个好的领导者，您的判断标准是什么？

4. 人际沟通能力

如果要考察候选人的人际沟通能力，可以设计以下几个问题：

（1）您觉得良好的沟通须具备哪些条件？

（2）您的同事/同学对您是怎样评价的？

（3）学习和工作过程中，您遇到的最难相处的人是怎样的？您是如何和他相处的？

（4）假如现在您所负责的部门中两个优秀的员工产生摩擦，二人之间关系的不协调已经严重影响到部门的业绩。请问您将如何改变这一现状？

（5）工作中，您是如何处理与领导的关系的？

5. 团队合作能力

如果要考察候选人的团队合作能力，可以设计以下几个问题：

（1）您所希望的合作伙伴应具有哪些特点？

（2）您不喜欢哪一类型的合作伙伴？

（3）您认为一个高效的团队需具备哪些条件？

（4）请举一个您曾经领导一个团队完成某项任务/活动的事例，包括当时的客观条件，工作是如何进行的，最后完成的结果。

（5）请描述在团队活动中，您曾提出的正确的建议/意见没有被采纳的事例，其间您有没有努力争取过？

8.3.3　沟通能力面试题实例

1. 与上级沟通的能力

如果要考察候选人与上级沟通的能力，可以设计以下几个问题：

（1）讲一个您和上级有分歧的事例，您是怎样处理这些分歧的？

（2）如果您发现上级要犯一个很大的判断性错误，您该怎么办？

（3）想想您共事过的上级，您认为他们工作中各自的缺点是什么？

（4）假如您不得不说服公司中一个比您职位高的人，公司的人都知道，这个人思维和工作都很死板，您将怎么办？

2. 与同事沟通的能力

如果要考察候选人与同事沟通的能力，可以设计以下几个问题：

（1）若经理让您告诉某位同事"表现不好就走人"，您该怎样处理这件事？

（2）假如公司准备派您和一位跟您关系不好的同事一起去外地出差，而且由您负责，您将如何完成任务？

（3）假设您在部门中工作业绩比较突出，得到了领导的肯定。但同时您发现同事们越来越孤立您，您怎么看这个问题？您准备怎么办？

（4）请举例说明当您和同事在工作中产生观点分歧时对方的观点是什么，以及对方的论据何在，您是如何解决分歧的。

3. 跨部门沟通的能力

如果要考察候选人跨部门沟通的能力，可以设计以下几个问题：

（1）请讲一个这样的经历：为了完成某项工作，您需要另一个部门提供非常重要的信息；但该部门认为，为您的部门收集信息不是他们的工作重点。您该怎样解决这个问题？

（2）当您的工作需要其他部门协助时，您是如何取得其他部门的配合的？请举例说明。

（3）请讲一个部门间因工作协调而发生冲突的经历。问题是怎样解决的？您在解决这个问题中起了什么作用？

4. 与客户沟通的能力

如果要考察候选人与客户沟通的能力，可以设计以下几个问题：

（1）若让您在公司客户答谢会上发言，作为销售总监您该怎样准备发言稿？

（2）如果您接到一通客户的抱怨电话，您确知无法立即解决他的问题，您会怎么办？

（3）在一次客户推广会上，某客户向演讲嘉宾提问，但是他说话不清楚，作为演讲嘉宾的您还必须听懂他的话，您将怎么办？

8.3.4 销售人员面试题实例

面试试题的编制依据是招聘岗位的岗位说明书和应聘者的个人简历，不同岗位对工作能力的要求是不同的，因此，面试试题的内容也有所不同。

销售人员应具备较强的销售能力、谈判能力、说服能力和应变能力等多种素质，HR 在面试销售人员时，针对其各种能力编制的面试考题如下。

1. 销售能力

（1）请用 3 分钟做一下自我介绍。

（2）对自己最为熟悉的商品做一下产品介绍。

（3）对考场周围的任意一件物品做即兴推销。

2. 说服能力

（1）请举一个说明您成功地说服别人，并按照您的想法去做事情的事例。

（2）请讲述您曾遇到的最困难的一次销售经历，您是如何与客户进行沟通的？

3. 业务谈判能力

设计为现场情景模拟：日常工作中您是如何与采购经理进行业务谈判的？

4. 工作经验

（1）描述某一具体业务的销售流程。

（2）如果让您给新员工以销售为主题进行培训，您的主要内容如何安排？

（3）在工作过程中，您是如何开发新客户和维持老客户的？

5. 求职动机：您为什么来应聘这个职位？

（1）道德品质。如果您的一位客户无意中落下了一个文件夹，里面有很多对您来说很重要的商业信息，您打算怎么做？

（2）团队合作。一位同事工作能力和业绩都不如您，可最近得到了提升，您如何对待此事？

（3）工作主动性。请举一个本属于您的上级领导分内的工作而他没有做，您主动完成的事例。

（4）情绪控制能力。对客户进行推销时遭到多次拒绝，您如何调整自己的心态？

（5）应变能力。您做出了一个较大的决定，而事情的发展却事与愿违，您如何处理？

8.3.5 客服人员面试题实例

客户服务类工作需要具备良好的工作态度和心理素质，HR 在面试客户服务类人员时，针对其各种能力编制的面试考题如下。

1. 服务理念

（1）您是如何理解"客户就是上帝"这句话的？

（2）您认同"向全流程服务要效益"的说法吗？

（3）您是如何看待海底捞的服务理念的？

2. 沟通能力

（1）请举一个事例。您是如何将起初非常不满意您公司的服务的人转为忠实客户的？

（2）请举一个事例。您如何成功地处理了一个 VIP 客户的投诉？

3. 工作原则性

（1）当客户提出明显不合理的要求时，您通常怎么处理？请举例说明。

（2）当下一级分销商提出一个明显不合理的要求时，您如何处理？请举例说明。

4. 工作经验

（1）您觉得作为服务型行业，服务的重点在哪些方面？

（2）针对如此庞大的客户服务群体，您是如何理解和运用"二八"原则的？

（3）为了给客户提供针对性的服务，按照您的以往经验或者理解，客服人员应该如何对客户进行划分？请举例说明。

第 9 章

如何做好校园招聘

校园招聘也称上门招聘，指的是企业的招聘人员通过到学校进行宣讲、参加毕业生交流会等形式，实现直接人才招募到位的活动。

校园招聘属于企业外部招聘的方法，通常用来选拔工程、财务、会计、计算机、法律以及管理领域的专业化初级水平人员。一般来看，工作经验少于 3 年的专业人员约有 50% 是从校园中招聘到的。

应届毕业生在知识结构、技能水平、心理特征等方面与具备相关工作经验的社会人才有较大的差异，企业通过校园招聘人才主要基于两个方面的考虑：

（1）大学生具有文化易塑性。在校学生接触社会和企业相对较少，尚未形成职业化行为、核心职业理念等，相对容易接受并融入新企业文化。

（2）大学生被看作最具发展潜质的群体，对组织来说，校园招聘中用于评价其潜质的信息相对完整，可信度较高。

除了定期宣传、参加招聘会以外，不少企业还通过赞助校园文化活动、学术活动、社会活动等扩大知名度，吸引优秀人才。一些知名企业还设立奖学金、助学金、科研项目基金，与学校建立长期稳定的关系，使学校成为未来员工的培养阵地。另外，让学生到本企业实习也是一种行之有效的吸引人才的方式。

9.1 校园招聘准备与考题设计

9.1.1 校园招聘的 3 种模式

企业采取何种形式的校园招聘与其所从事的行业、企业类型、发展阶段、岗位设置要求以及企业文化息息相关，企业应该对自身进行明确和清晰的定位，运用最合适的校园招聘方式。校园招聘主要有 3 种模式：企业到校园招聘、学生提前到企业实习以及企业和学校联合培养，具体内容如

表 9-1 所示。

表 9-1 校园招聘的 3 种模式

序号	方式	具体说明
1	企业到校园招聘	(1) 企业直接派招聘人员到校园进行公开招聘，可与所需专业学生的院系直接联系，或是参加学校举办的招聘会，现场设置招聘台 (2) 这种招聘通常在每年 2—6 月进行，招聘人员一般要对校园生活、校园环境、大学生的心理状态有相当的了解，便于直接联系和沟通
2	学生提前到企业实习	(1) 企业可有针对性地邀请部分大学生在毕业前（大约毕业前半年的时间）到企业实习，参加企业的部分工作 (2) 企业的部门主管直接对其进行考察，从而了解学生的能力、素质、实际操作能力等。这种考察一般实地进行，收集的信息较全面
3	企业和学校联合培养	(1) 企业针对其所需，与学校联合培养，学生毕业后全部到参与培养的企业工作，这种方式通常用于招聘某些特殊专业的专门人才 (2) 在一般情况下，学生在校期间所学科目在参考企业对所需人才的能力要求下由学校确定，并由培训师授课，学生每年有 1～2 个月的时间到企业实习，毕业后全部进入该企业工作

9.1.2 校园招聘的 4 项准备工作

企业进行校园招聘的具体流程主要包括以下 3 个环节：招聘准备工作、设计面试考题和招聘考核工作。

校园招聘的准备工作主要涉及校园招聘手册、选择学校和专业、招聘小组组成方式和招聘小组组成人员等 4 个方面。

(1) 校园招聘手册。编制、印刷介绍公司概况及校园招聘情况的材料，企业可以根据自己的经营管理风格、要求等决定手册的内容和规格。

(2) 选择学校和专业。企业应根据自身的规模、发展阶段、薪酬水平、需求专业、需求的人才层次、企业社会形象等因素选择合适的招聘院校。

(3) 招聘小组组成方式。通常企业选择的学校不止一所，而是国内若干所高校或职业院校，因此企业可以采取 2 种形式组建招聘小组，具体内容如图 9-1 所示。

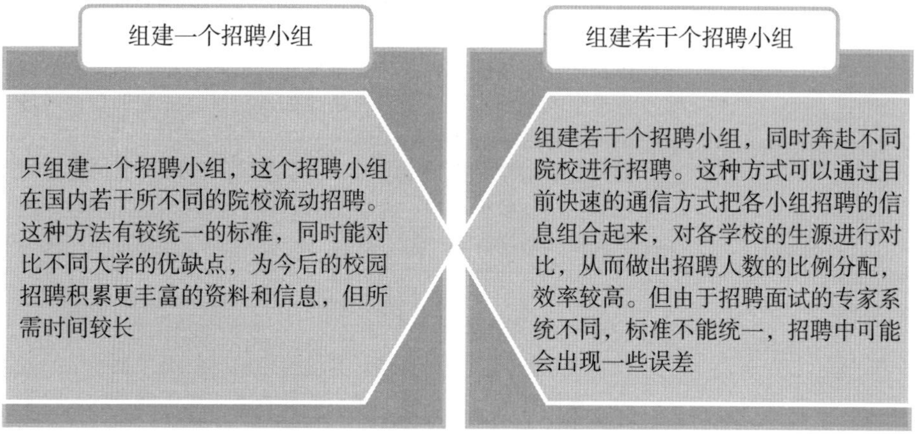

组建一个招聘小组

只组建一个招聘小组，这个招聘小组在国内若干所不同的院校流动招聘。这种方法有较统一的标准，同时能对比不同大学的优缺点，为今后的校园招聘积累更丰富的资料和信息，但所需时间较长

组建若干个招聘小组

组建若干个招聘小组，同时奔赴不同院校进行招聘。这种方式可以通过目前快速的通信方式把各小组招聘的信息组合起来，对各学校的生源进行对比，从而做出招聘人数的比例分配，效率较高。但由于招聘面试的专家系统不同，标准不能统一，招聘中可能会出现一些误差

图 9-1　组建招聘小组的 2 种形式

（4）招聘小组组成人员。企业 HR，尤其是招聘经理控制招聘流程、提供培训、安排细节；人才需求部门的主管人员，着重考察应聘者的专业技能，针对岗位工作情况答疑解惑等；了解学校情况的人，比如以往招聘的成功校友可以进行现身说法的宣讲，以吸引更多优秀大学生应聘。

9.1.3　校园招聘面试考题实例

在进行校园招聘时，企业应准备几组面试考题。由于校园的学生进入企业通常必须从基础岗位做起，因此面试通常要达到的目标也比较简单，只是测试学生的知识面、应变能力、素质和潜力，对于社会阅历、工作经验、组织和领导能力等可以暂不加考察。

企业在校园招聘时可以向学生提问的面试考题具体如表 9-2 所示。

表 9-2　校园招聘面试考题设计

序号	面试问题
1	您最喜欢的格言是什么？它给您怎样的人生启迪？
2	您的课余时间是如何安排的？有什么管理工具可以分享一下吗？

续表

序号	面试问题
3	您最喜欢的休闲活动是什么？为什么喜欢？
4	您最崇敬的人是谁？能简单介绍一下他的事迹吗？为什么？
5	您参加过社会实践吗？参加过的话，您学到了什么？没参加的话，原因是什么？
6	您所学过的课程最喜欢的是哪一门？为什么喜欢？
7	您觉得自己的学习能力够强吗？您的实际学习能力和取得的成绩一致吗？
8	您是学生会干部或者班干部吗？如果不是，那您觉得自己适合当什么干部？为什么？
9	您最满意的事是什么？取得了什么成果？别人是如何评价的？
10	您最受挫折的事是什么？是如何解决的？
11	如果用三个关键词来概括一下自己的性格，它们分别是什么？
12	您对自己的职业生涯是如何规划的？您觉得其中最大的障碍可能是什么？如何解决？

9.2 校园招聘的注意事项

9.2.1 筛选材料的 3 大问题

HR 在筛选应届生的相关材料时应注意避免出现 3 大问题，具体如表 9-3 所示。

表 9-3 筛选材料的 3 大问题

序号	问题	具体分析
1	淘汰大多数投递简历者	（1）许多企业为节约后续劳动量，仅从大量简历中挑选极少数候选人参加笔试或面试。这样虽然减少了下一步的劳动量，但很可能将优秀的学生遗漏，因为简历只是企业的初步甄选工具，不可能仅通过它就对应聘者有充分的了解 （2）企业应按所招人数确定一个适当的比例，在后续的选拔工作中逐步挑选

续表

序号	问题	具体分析
2	过分看重专业、分数及学历	（1）很多企业错误地认为，该学生学什么专业，在这一领域就一定会做得比非本专业的出色；或者该学生分数、学历越高，就越能胜任这份工作 （2）要做好一份工作，最重要的是他对工作的兴趣及基本素质
3	歧视问题	（1）可能出现的歧视主要有性别歧视、生源歧视等，很多企业的招聘需求都指明所需性别或生源限制等 （2）企业在校园招聘时应该按照相关法律法规执行，不可出现招聘歧视的情况

9.2.2 组织面试的 4 大问题

HR 在校园招聘中组织面试时，应当注意防范 4 种情况发生，如表 9－4 所示。

表 9－4 组织面试的 4 大问题

序号	问题	具体分析
1	招聘人员无法胜任面试工作	（1）校园招聘与其他招聘方式相比有其独特之处和特殊的困难 （2）招聘人员在与毕业生进行面谈时，常常要依靠主观判断，这往往使许多招聘者无法胜任
2	面试内容不确定	（1）许多招聘者在面试时会循着学生的简历等材料提供的信息进行提问，如学生的自我评价、专业及技术知识、实践经验及曾参与的活动描述等。但在制作简历等应聘材料时，大部分学生已准备好了这些问题的答案 （2）招聘面试考官应根据岗位的资格要求多提一些有关行为描述式的问题
3	滥用压力性面试	（1）有的企业为考察大学生的心理承受能力，故意把气氛弄得很紧张，采取追问法提问 （2）在招聘毕业生时，最好使用非压力性面试，以使学生能正常发挥，展现他们的能力
4	不切实际的自夸	在校园招聘中，有些招聘者为使招聘成功，故意夸大企业和岗位的优点，这样只能产生较低的职业满足感和较高的流失率

9.3 校园招聘表单设计与实施

9.3.1 校园招聘记录表

在校园招聘面试时，企业招聘人员通过提问得到应聘者的相关信息并做专门记录。因此，在面试前企业应编制校园招聘记录表，以便于对学生的信息进行统一记录和比较。招聘人员应参考面试问题要点和企业需要获取的应聘者信息来设计记录表，具体包括以下两个方面。

（1）应聘者的基本信息，如姓名、专业、成绩等。

（2）企业招聘人员通过面试，经考察分析得到的应聘者所具备的能力情况。

由于面试评价带有一定的主观性，因此要求招聘人员自身具有较高的素质。校园招聘记录表的结构化程度比较高，就降低了对招聘人员自身素质的要求，因为使用表格（见表9-5）收集基本上不需要招聘人员另外记录毕业生的信息。

表9-5 校园招聘记录表

姓名		性别		地点		时间	
学校				专业		学位	
申请岗位				工作地点			
考核因素		评分					
仪表言谈	外表、衣着、言谈举止、语调、音色				1□ 2□ 3□ 4□ 5□			
态度	向上、合作、活跃				1□ 2□ 3□ 4□ 5□			
沟通技巧	诚恳、机智、说服力、印象深刻				1□ 2□ 3□ 4□ 5□			
智力	洞察力、创造力、想象力、推理能力				1□ 2□ 3□ 4□ 5□			
执行能力	从容不迫、有条不紊、表现突出				1□ 2□ 3□ 4□ 5□			
领导能力	自信、负责任、讲求效果、能够把握分寸				1□ 2□ 3□ 4□ 5□			
独立性	独立思考能力、情感成熟、影响他人				1□ 2□ 3□ 4□ 5□			
激励方向	兴趣与岗位符合、进取心、激励可能性				1□ 2□ 3□ 4□ 5□			
教育	所学的课程与工作的契合程度				1□ 2□ 3□ 4□ 5□			

续表

家庭背景	家庭环境对工作的积极意义		1□ 2□ 3□ 4□ 5□
综合得分			
考官签字		日期	

9.3.2 校园招聘实施方案实例

以下是某公司的校园招聘实施方案，供读者参考。

一、校园招聘的目标

××公司致力于成为通信及其延伸服务行业的领跑者，对专业技术人才的要求较高。为了更快速地发展，公司决定通过校园招聘筛选出一批具有一定专业技术知识的人才。

二、招聘计划的制定

根据公司需要招聘的对象、公司自身的规模及发展阶段等实际情况，制定的校园招聘计划如表9-6所示。

表9-6 校园招聘计划

招聘岗位	学校名称	专业名称	学历要求	人数	时间
工程设计	××大学	××	硕士研究生	5	月 日— 月 日
工程督导	××大学	××	本科及以上	6	月 日— 月 日
技术支持	××大学	××	本科及以上	8	月 日— 月 日
设备生产	××大学	××	本科及以上	4	月 日— 月 日
软件开发	××大学	××	本科及以上	10	月 日— 月 日

三、招聘的准备工作

（一）招聘资料的准备

主要包括公司简介文件的准备，相关设备、仪器的准备，其他相关的宣传工具、面试试题的准备，人员测评工具的准备等。

(二)招聘小组人员的确定

参加校园招聘的工作人员由四部分组成,分别是公司高层领导、用人部门主要负责人、人力资源部经理、具有校友身份的员工或了解学校情况的人员。

(三)校园招聘前期的宣传

主要包括与学校的沟通、企业招聘事宜的宣传两大项工作。公司招聘事宜的宣传可以是通过校园网站、公司网站发布招聘信息或直接派人发放相关资料等。

四、校园招聘的流程

(一)校园宣讲

校园招聘小组根据事先安排好的时间、地点,由公司总经理或者相关高级经理在校园招聘会的现场进行演讲,演讲的内容主要包括公司的发展情况,企业文化,薪酬福利,用人政策,大学生的发展机会,校园招聘工作的流程、时间安排等。

(二)双方沟通

求职者根据公司前期的宣传或通过其他方式对公司有一个初步的了解后,结合公司招聘的要求及自身的情况,提交个人简历及其他相关资料。求职者与招聘工作负责人在现场就招聘的相关事宜进行沟通。

(三)人才选拔

1. 简历筛选

公司对求职者应聘资料的收集主要有两种渠道:一是校园招聘会上收集信息;二是求职者登录公司网站,在线申请职位时提交应聘材料。

公司将基本资料(如学校、专业、外语水平、计算机水平)、价值取向及部分行为特征等要求作为选择的初步标准。经过筛选后保留计划招聘人数的300%进入第二轮测试。

2. 笔试

校园招聘小组工作人员通知初步筛选合格的人员进行第二轮测试——笔试。

笔试主要是对求职者进行专业能力测试和综合素质测试,时间为60分钟,测试后保留计划招聘人数的200%进入第三轮面试。

3. 面试

公司的面试分为3个环节：初试、复试和终试（第三轮面试）。

（1）对笔试合格人员的初试采取集体面试的方式进行，时间30～45分钟。一般采取如下3种方式进行，在实施过程中任选其一即可。

1）以辩论的形式展开讨论，将应聘人员分成两组，就某一有争议的话题，双方展开辩论。

2）将应聘人员分成不同的两组，让其解决同一个问题。

3）案例分析——应聘人员根据所提供的试题，发表自己的观点或意见。

（2）根据应聘人员在初试中的表现，经过筛选后保留计划招聘人数的150%进入复试。

复试主要采用结构化面试的方式进行，时间为30分钟左右。面试主要考察应聘者的求职动机、思维逻辑性、语言表达能力、应变能力、团队合作能力五个方面。

（3）进入第三轮面试的人员数量大致为计划招聘人数的120%，第三轮面试由人力资源部经理、用人部门经理、公司高层领导组成面试小组。

五、人才录用

校园招聘小组根据对应聘者以上几轮的考核结果，确认录用人选并报总经理审核，人力资源部根据审核后的结果及时通知相关应聘人员，并与其签订劳动合同。对未被公司录用的人员，人力资源部也应及时委婉地告知并向他们表示感谢。

六、招聘的后续工作

招聘的后续工作主要包括以下5个方面。

（1）新员工报到。被公司录用的人员于__月__日到公司报到并办理相关手续。

（2）新员工引领。人力资源部安排专人引领新员工熟悉工作环境、安排工位、发放相关物品等。

（3）招聘工作总结与效果评估。

（4）新员工入职培训和上岗培训。

（5）签订劳动合同并进行试用期考核。

第 10 章

如何办理新员工入职手续

笔者多年从事人力资源管理工作，并负责或参与人力资源管理精细化咨询项目。笔者发现，很多企业因不注重新员工入职手续的规范化管理，为日后劳动争议的产生埋下了一个又一个不定时炸弹。

比如，有的企业对新员工不进行背景调查，即使是核心岗位或者年薪几十万元的员工；有的企业没有关于新员工体检的规定和要求；有的企业不审核新员工的身份证明、学历证书、上岗资格证等；有的企业设计的录用通知书隐患重重。

再如，有的企业新员工入职登记表上竟然写着"先签订试用期合同，3个月后再签订正式劳动合同"，有的竟然写着"员工自愿放弃社保，每月补偿500元现金"等。《中华人民共和国劳动法》《中华人民共和国劳动合同法》等法律法规均不认可"试用期合同"。试用期合同无效，等于企业一方放弃了试用期约定，试用期后签订的就是第2次劳动合同，再签就是无固定期限劳动合同了；"五险一金"是法定福利，企业要为员工缴纳，劳资双方各自按照规定的比例缴纳，员工应该缴纳的部分企业可以代扣代缴，协商"放弃社保加补偿"无效。

可见，HR在为新员工办理入职手续阶段存在不少劳动争议隐患，同样，在为老员工办理离职与交接手续时也存在诸多风险，会在第22章为各位HR和读者朋友详细解析。针对签订劳动合同、绩效合同、外派培训、辞退员工以及人事外包、劳务派遣的劳动用工风险管理，会在第23章进行系统的讲解。

10.1　新员工入职管理规范

10.1.1　新员工入职手续办理规范的6大环节

一般来说，新员工入职手续办理主要包括以下6大环节：入职准备、入职报到、手续执行、入职培训、转正评估和试用结束。

企业新员工入职手续的办理规范如表 10-1 所示，供读者参考。

表 10-1 新员工入职手续的办理规范

序号	规范环节	具体内容
1	入职准备	(1) 人力资源部向合格者发送录用通知书 (2) 确认新员工报到日期，通知新员工明确报到需注意的事项，包括所需资料、体检以及其他须知 (3) 通知人事助理新员工报到日期，人事助理准备好新员工入职手续办理所需表单并负责依据新员工入职通知单的内容落实各项工作： • 用人部门负责安排工位，申领电脑、电话、员工证等 • 行政部负责发放办公用品 • 信息部负责开通邮箱、账号，调试电脑设备等
2	入职报到	(1) 人力资源部向新员工发放新员工报到工作单，并按要求办理入职手续 (2) 用人部门负责以下工作： • 安置座位，介绍并帮助新员工熟悉工作环境 • 指定专人作为新员工辅导员，介绍岗位职责和工作流程
3	手续执行	(1) 填写员工履历表 (2) 发放向新员工介绍公司情况及管理制度的《规章制度汇编》《员工手册》，使其具备基本工作知识，要求其通过公司内部网络进一步了解情况 (3) 按照新员工入职手续清单逐项办理入职手续 (4) 确认该员工调入人事档案的时间 (5) 向新员工介绍管理层人员 (6) 带领新员工到所属部门，介绍给部门经理 (7) 更新员工通讯录 (8) 入职一个月内签订劳动合同
4	入职培训	(1) 组织和设计有关新员工培训项目 (2) 不定期举行企业发展历程、企业文化、各部门职能与员工关系等方面的培训
5	转正评估	(1) 一般员工的转正由用人部门和人力资源部进行审批并办理有关手续 (2) 新员工实习期满，由人力资源部组织转正评估。员工对自己试用期的工作进行自评，由直接经理对其进行评估。直接经理的评估结果将对该员工的转正起到决定性作用
6	试用结束	新员工根据新员工报到工作单的要求，待各项工作落实后，于试用期结束时将此表单签字后，提交到人力资源部

10.1.2 新员工入职信息采集的 4 个方面

对于新员工而言，其所有的入职信息都需要采集，尤其是新员工招聘过程和进入企业初期的信息。一般来说，新员工入职信息采集的内容主要包括 4 个方面：新员工的历史材料、新员工的招聘材料、新员工进入单位后的材料以及新员工的个人材料，具体如表 10 - 2 所示。

表 10 - 2　新员工入职信息采集的内容

序号	采集内容	具体说明
1	新员工的历史材料	比如背景调查表，具体包括新员工在进入本企业之前的工作经历和表现
2	新员工的招聘材料	在招聘此新员工过程中产生的相关记录表单等，具体包括： (1) 新员工求职时递交的简历 (2) 新员工面试前填写的应聘申请表 (3) 新员工参加的笔试、面试相关材料 (4) 选拔新员工过程中的评价和录用的理由等表单 (5) 录用通知书以及身份证、毕业证、资格证等原件、复印件的相关材料
3	新员工进入单位后的材料	新员工在进入公司后（主要是试用期内）产生的相关记录表单等，具体包括： (1) 试用期的工作表现 (2) 工作业绩考核结果 (3) 所在部门对其表现的反馈信息
4	新员工的个人材料	新员工的个人信息，主要包括 4 个方面： (1) 个人简介，包括姓名、性别、特长、教育水平、专业技能等 (2) 现任岗位名称 (3) 薪酬及相关收入 (4) 职业生涯规划

10.2　新员工入职管理设计

10.2.1　录用通知书设计实例

录用通知书是企业发给应聘者确定已录用的要约。录用通知书的设计要点主要包括岗位说明、收入说明、入职时间以及入职需提交的相关材料等。

以下是某公司的员工录用通知书，供读者参考。

录用通知书

尊敬的_____先生/女士：

我们非常高兴地邀请您加入_____公司，成为继续开创我们激动人心的事业的一员。我们相信公司能够为您提供一个施展才能、合作共赢的舞台和迎接挑战与快速成长的机会。

1. 我们邀请您担任的初始职位为_____，向_____汇报。您在公司的进一步发展将取决于公司的发展速度，您的个人绩效、知识、技能/能力、职业素养和意愿态度。

2. 岗位职责，详见岗位说明书。

3. 您的年总收入＝年度基本收入＋业绩提成＋福利及补助。

4. 您的每月固定工资为_____元（税前，含个人承担的法定保险、住房公积金等）。

5. 在您与原公司终止劳动关系并办理入职手续后公司将为您缴纳社会保险。

6. 根据国家规定和公司的休假政策，您在入职第一年可享受_____个工作日的带薪年假。

7. 根据公司政策的规定，您可以享受以下额度的费用报销或补贴：

午餐补贴____元/工作日；通讯补贴____元/月；交通补贴____元/月。

8. 您的劳动合同将与_____公司签订，劳动合同期限为____年，合同期中含试用期____个月，试用期工资_____元（税前）。工资、奖金、提成均为税前金额，国家规定的相关税费由个人承担。

9. 公司实行严格的薪酬保密制，请您对上述数据信息进行严格保密，违者将解除劳动关系。

10. 本公司的工作时间为星期一至星期五上午____：____～下午____：____，午餐时间____小时。

11. 加入_____公司以后，公司要求您遵守公司的一切政策和规定；公司不允许您为其他公司做兼职工作或从事与本公司利益发生冲突的商业活动。

如果您愿意接受此录用通知，我们期望您于____年____月____日____：____～____：____来公司报到，并携带以下材料办理入职手续：

- 原单位离职证明，由原单位加盖公章。
- 身份证原件及复印件3张。
- 学历证书、学位证书、职业资格证书、职称证书原件及复印件各2张。
- 近期（半年内）免冠照片3张。
- 近3个月内的体检报告。

××公司人力资源部
年　月　日

10.2.2　新员工入职报到登记表

新员工入职要填写报到登记表，人力资源部需要审核，即与新员工之前提交的简历、应聘申请表和各证书原件、复印件对照，并且存入新员工个人档案中，这也是为日后因录用资格产生争议时保留的一类证据。

新员工入职报到登记表范本如表10-3所示。

10.2.3　新员工背景调查表

企业人力资源部在对候选人实施背景调查之前，应当根据新录用员工的不同职位和具体情况设计合适的问题，并做好充分的工作准备。

新员工背景调查样表范本如表10-4所示。

表10-3 新员工入职报到登记表

基本资料

姓名		性别		出生日期		照片
入职时间		部门		职位		
籍贯		民族		政治面貌		
学历		职称		工作年限		
婚姻状况		档案所在地		身份证号		
户口所在地						

社会保险状况：□养老 □医疗 □失业 □工伤 □生育 □公积金 □无保险 □在外地 □其他公司已缴纳保险

家庭资料

姓名	与本人关系	电话	地址

教育经历（按最高学历填写）

起止时间	学校	专业	学历	学位

续表

培训情况

起止时间	培训课程	所得成果

工作记录（按时间倒叙填写）

起止时间	公司名称	职位	主要职责	离职原因	证明人及电话

语言能力及技能

第一外语及水平	
第二外语及水平	
其他技能	

健康状况

身体健康状况：

视力：良好／近视／散光／弱视（　　）

是否有过重大疾病：

续表

职业生涯规划
您的个人爱好与兴趣：
您认为从最近的工作中得到的最大收获：
您希望在本公司收获：
请描述您未来5年的职业发展计划：
入司渠道： □网站　□招聘会　□纸媒　□内部介绍 (姓名：　　　关系：　　　)　□其他：
个人声明
本人谨申明以上提交的一切资料真实、准确、合法有效，如有不实，可作为立即解除劳动关系的理由，而公司无须做出任何赔偿。本人按照国家法律法规和公司的规章制度承担一切不利后果。 签字： 年　月　日

表 10-4　新员工背景调查表

被调查人			调查时间	
应聘岗位			所属部门	
工作经历调查	调查公司		联系人	
	联系人职务		联系方式	
	您好！贵公司前员工_____先生／女士正在申请到我公司工作，我们想证实他提供的信息，希望贵公司能配合我们的工作。			
	1. 他／她是哪年哪月加入贵公司又是哪年哪月离开的，怎么离开的？ 2. 他／她在贵公司担任何种职务，主要工作职责有哪些？ 3. 他／她在工作期间的表现如何？ 4. 他／她在工作期间与同事和上级的关系如何，得到过哪些奖惩？ 5. 他／她在工作期间的薪酬如何？ 6. 他／她离职的真正原因是什么？ 7. 如果从整体表现上给他／她打分，10 分为满分，贵公司会给他／她打几分？ 8. 非常感谢您的配合，您还有其他情况要补充吗？			
学习经历调查	调查学校		联系人	
	联系人职务		联系方式	
	您好！我想证实贵校毕业生_____先生／女士提供的信息，他正在申请到我公司工作，希望您能配合我们的工作。			
	1. 他／她是哪一年入学的，学习的是哪个专业？ 2. 他／她在校期间的表现如何，学习成绩怎么样？ 3. 他／她在校期间与同学和老师的关系如何？ 4. 他／她在校期间担任过班级、系内或社团的何种职务，得到过哪些奖惩？ 5. 您认为，他／她最突出的优点是什么？ 6. 非常感谢您的配合，您还有其他情况要补充吗？			
毕业、身份证件核实	毕业证	□属实	□不属实	
	身份证	□属实	□不属实	
	核实单位				
	核实人员		核实时间	

第 11 章

如何做好新员工入职引导

新员工加入一家新企业，一切都要重新开始，新员工适应新公司的这个过程被称为组织社会化。组织社会化是一个复杂而又漫长的过程，成功的组织社会化对员工个人和组织都很重要。新员工成功的组织社会化不仅需要员工自己努力，也需要公司在员工入职初期给予一定的引导和帮助。所以，在公司层面上，针对新员工入职引导这一工作人力资源部和用人部门都要做好充分的准备。

准备新员工入职引导内容的要求：一是帮助新员工解决初进企业面临的问题；二是达到企业对新员工快速适应环境、融入团队、熟悉工作的要求。从企业规范化、制度化管理的角度出发，HR可以将入职引导工作的相关内容编制成《新员工入职引导手册》，帮助新员工快速融入公司大家庭。

11.1 入职引导的内容和事项

11.1.1 入职引导的3个板块

入职引导是企业对新员工开展的有关企业文化、岗位职责、行为准则等方面的入职教育、培训和指导，目的是使员工快速适应企业环境，尽快进入岗位角色。入职引导的内容包含以下3个方面。

1. 与环境相关的内容

与工作环境相关的入职引导内容包括企业宏观环境和工作微观环境两个方面，具体如图11-1所示。

2. 与制度相关的内容

企业规章制度的培训是入职引导的重点部分，也是占用时间较长的部分，且关系到员工的切身利益，包括企业各项人力资源管理制度（招聘、绩

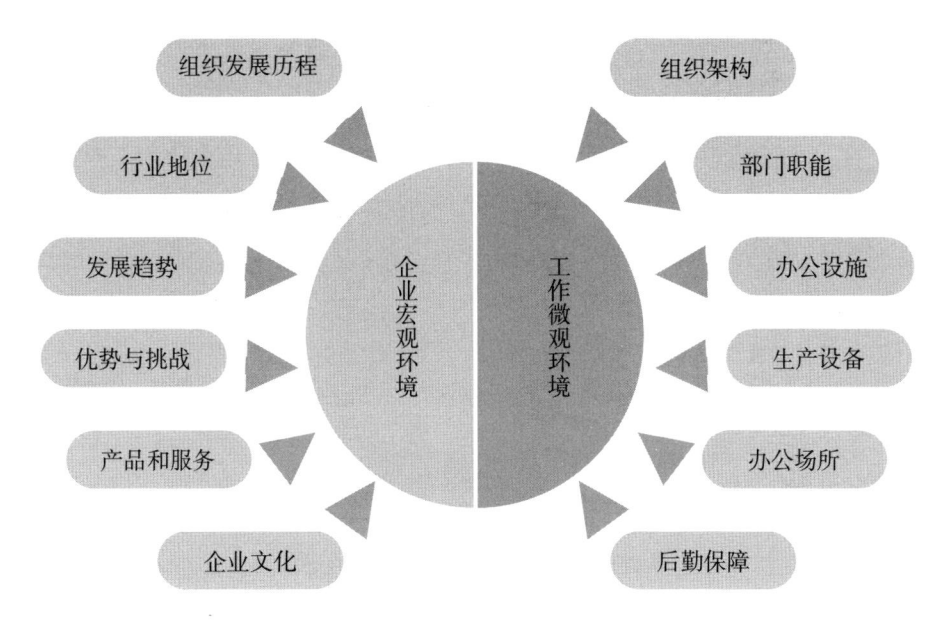

图 11-1　与工作环境相关的入职引导内容

效、薪酬、培训等），以及行政办公管理制度、奖惩管理制度、财务管理制度、安全管理制度等。

3. 与岗位相关的内容

根据岗位说明书，向新员工介绍其所在岗位的主要职责、上级主管、工作任务、工作流程及绩效考核的具体规定等。对于技术性较强的岗位，还应安排新员工进行实操训练。

此外，与工作岗位相关的入职引导还应包括员工行为标准、着装要求、工作场所行为规范、工作休息制度、礼仪仪表等方面的培训。

11.1.2　人力资源部的入职引导事项

人力资源部除了为新员工办理入职相关手续、及时签订劳动合同外，还应对新员工做适当的引导和介绍。人力资源部有责任使新员工了解企业的各项政策和规定，以及企业的整体概况。人力资源部对新入职的员工引导到位后，再分配给用人部门。

图 11-2 是人力资源部需告知新员工的事项，供读者参考。

- 工作时间
- 休息时间/用餐时间
- 上下班打卡规定
- 事假、病假规定
- 迟到/早退说明与处罚
- 试用期及相关规定
- 发薪方式/时间
- 薪酬调整政策
- 绩效考核制度

- 激励制度/绩效提成、奖金
- 加班政策
- 奖惩制度
- 教育培训制度
- 安全卫生规定
- 公司财产保护及员工职责
- 交通/餐厅服务项目
- 限制性规定（如禁止吸烟等）
- 紧急事件处理程序

人力资源部的入职引导

图 11-2　人力资源部的入职引导事项

11.1.3　用人部门的入职引导事项

当人力资源部带领一位新员工向其所在部门报到时，部门主管应负责引介新员工，原则上该引导要一直到他对工作环境、工作本身的调适达到满意的程度，并且了解他本身的工作与企业整体运作的关系为止。

也许有些项目在人力资源部的入职引导中已经介绍过，但不断重复对新员工而言是必要的。表 11-1 是用人部门入职引导事项的具体说明，供读者参考。

表 11-1　用人部门入职引导事项汇总表

时间	负责人	引介内容
第1天	直接主管	**准备工作** 1. 在新员工报到之前，先与资深同事及引导人讨论工作分配及时间进度 2. 注意公司举办的新员工培训的日期，以便安排新进人员参加 3. 安排一些具体工作，让主管与新员工在最初的 2 周内每天至少有 3 次接触沟通的机会，让新员工遇到问题随时都可以解决 **欢迎新员工** 1. 询问其上班交通工具、求学经历、工作经验以及工作动机 2. 将自己的姓名、职务、电话告诉新员工 3. 带领新员工参观办公环境，告诉其办公桌的位置 4. 介绍部门内其他主管及同事给新员工认识

续表

时间	负责人	引介内容
第1天	直接主管	**部门介绍** 1. 部门设立目的及工作目标 2. 组织结构及工作流程 3. 本部门与其他部门之间的关系 **工作内容** 1. 讨论新员工的工作职责及绩效标准 2. 强调该项工作与部门内其他工作的相关性 3. 提醒新员工在工作中可能要支持其他同事的工作 4. 讨论公司对新员工的期望 5. 提供标准作业手册 6. 介绍公司的呈报系统 **纪律规定** 1. 准时上下班及出勤。当天缺勤时，应在上班半小时内向主管电话说明 2. 上下班打卡的程序、中午休息及用餐时间 3. 下班离开办公室时需要注意的事项 4. 穿着要求，保持工作环境清洁的规定 5. 工作保密事项说明 **其他事项** 1. 讨论紧急事件处理程序及工作安全的重要性，告诉新员工医务室或急救箱的位置 2. 在第1天下班前半小时再关注一下新员工，看是否有什么事情需要说明或提供帮助 3. 适当地给新员工一些鼓励
	资深同仁	1. 介绍个人衣柜、洗手间、公布栏、餐厅设施的位置 2. 说明申请办公用品的程序 3. 邀请几位同事与新进人员共进午餐
	部门经理	1. 欢迎新员工加入本部门 2. 说明本部门的工作项目及与公司整体之间的关系 3. 强调其直接主管的角色——带训人及顾问 4. 说明本部门的工作目标及培训计划
第2天	直接主管	**重申薪酬制度** 1. 薪酬计算方式及时限 2. 年度或绩效调薪机制 3. 薪酬等级及晋升方式 4. 薪酬保密制度 5. 加班及加班费给付规定 6. 工作绩效评定方式

续表

时间	负责人	引介内容
第2天	直接主管	**员工职业规划** 1. 公司内部晋升政策 2. 公司教育培训计划 **其他事项** 将试用期结束后要考核新员工的项目列出来，当场解答新员工的问题，并让其了解要完成的目标及评定标准
第2天	引导人	**正式训练** 1. 与新员工讨论并说明未来3个月的训练内容 2. 帮助新员工熟悉工作，并达成工作目标 3. 正式训练课程介绍及时间日期 **非正式训练** 1. 准备岗位说明书及作业流程书或其他书面的作业手册 2. 告诉新员工工作的重要性，以及工作表现好时将会得到何种奖励 3. 简要介绍训练、学习方式，并进行操作示范 4. 由新员工自行操作每一步骤的工作并随时评价其优缺点，以使新员工充分了解正确的工作方式 5. 让新员工独立作业，并提出疑问，由其同事、直接主管或带训人负责回答 6. 追踪一个月以后再观察新员工是否在用正确的方法工作
第2周	直接主管	1. 了解训练的进度，观察新员工对工作的适应情况 2. 由新员工提出一些问题，以及需要特别说明或解释的地方 3. 告诉新员工有关公司合理化建议奖金制度的做法并介绍一些员工活动
第5周	直接主管	1. 与新员工讨论他在过去4周中工作及学习的进度，告知有哪些优点和需要改进的地方 2. 与新员工讨论他所选择的医疗、保险福利 3. 重新说明特别休假规定 4. 说明员工分红或入股规定
第8周	直接主管	1. 完成新员工试用期工作进度考核表 2. 给出是否同意新员工转正的意见，并报部门经理批准 3. 人力资源部办理相关的转正或辞退手续

在新员工入职引导过程中，人力资源部和用人部门需要相互沟通和配合，帮助新员工完成试用期的顺利过渡。将科学、合理的入职引导工作流程形成书面的制度，进行管理和执行即形成员工入职管理制度。

11.2 入职引导表单与手册设计

11.2.1 新员工转正申请与核定表

企业需要给予试用期员工客观明确的评分和建议，可以使用新员工转正申请与核定表，如表 11-2 所示。

表 11-2 新员工转正申请与核定表

新员工试用信息	姓名		性别	□男 □女	用人部门	试用期	年 月 日— 年 月 日
	籍贯		年龄			工作项目	
	地址					工作情形	
	学历					评语	
	专长					担任职务	
	部门					其他	
	原岗位					直接主管	
	个人述职				关联部门		
人力资源部	甄选方式	□公开招考 □推荐挑选			相关人员评价	直接主管评价	
	试用期限	年 月 日— 年 月 日					
	试用岗位						
	试用期工资	试用期工资＿＿＿ 元/月				部门经理评价	
	转正后岗位名称					人力资源部经理评价	
	定级工资					主管副总经理评价	
	考勤记录					总经理评价	
	其他意见					董事长评价	

11.2.2 新员工入职引导手册实例

为明确在新员工入职引导工作过程中各相关部门的职责、分工，使新员工入职引导工作有据可依，一般企业都编制新员工入职引导手册。

以下是某公司的新员工入职引导手册，供读者参考。

第 1 章　总则

第 1 条　目的

为规范试用期员工的管理和辅导工作，营造良好的试用期工作环境，加速试用期员工的成长和进步，特编制本手册。

第 2 条　适用范围

本手册适用于公司处于试用期的员工及入职引导人。

第 2 章　员工试用规定

第 3 条　试用期起止时间

1. 自员工报到之日起至人力资源部确认员工转正之日止。

2. 员工试用期限以劳动合同约定的期限为准，但本公司有权根据试用期员工的具体表现提前或推迟转正。

第 4 条　福利待遇

1. 工资核算时间从到岗工作之日起计算，工资标准和五险一金等按照公司薪酬福利管理办法执行。

2. 新员工若从外地来报到，差旅费按不超过火车硬卧标准实额报销。

3. 过节费按正式员工的 1/2 发放。

4. 按正式员工标准发放劳保用品及防暑降温费等补助。

第 5 条　休假

1. 试用期内累计事假不能超过 3 天，如遇特殊情况超过 3 天需报集团领导批准。

2. 可持相关证明请病假，请假程序与正式员工一致。

第 3 章　员工入职准备

第 6 条　试用期员工本人准备

1. 入职时，员工须准备好下列个人资料：

（1）身份证复印件一份，原件待查；

（2）学历证明复印件一份，原件待查；

（3）半年内有效的体检报告；

（4）4张一寸彩照；

（5）本市××银行存折/卡；

（6）部分职位（如出纳、收银员等）试用期员工还需准备本人房产证明、户口本、直系亲属身份证复印件。

2.接受新员工入职培训，了解集团、公司、部门和团队的基本情况，做好入职准备。

第7条 人力资源部准备工作

1.招聘时让试用期员工真正了解企业目前的情况、工作的性质和内容，使试用期员工在入职前对公司和自己的工作职责有较真实、准确的了解。

2.招聘人员与试用期员工进行入职洽谈，明确其岗位所在的部门、薪酬和福利待遇、工作时间、职责、入职报到需准备的事项等。

3.招聘人员就新员工的入职时间、入职指引人等与用人部门做好协商工作，并准确填写入职事项准备清单，交行政部。

4.招聘人员在新员工报到前一天准备好入职时签订的劳动合同、劳动合同补充协议及入职申明、参保确认书。

5.准备好并发放《员工手册》，引导员工签字和学习。

第8条 行政部准备工作

行政部在新员工报到前一天按照入职事项准备清单准备行政物资。

第9条 用人部门准备工作

1.部门负责人事先了解试用期员工的工作经历、教育水平与其所受专业训练。

2.人力资源部协助用人部门准备好试用期员工岗位说明书。

3.部门做好试用期员工入职后的工作安排。

第4章 试用期员工指引

第10条 试用期员工指引

1.员工入职后，应严格遵守公司各项规章制度。

2. 员工入职后，应遵照各岗位工作流程和操作规范严格要求自己。

第 11 条　人力资源部工作指引

1. 签订劳动合同、劳动合同补充协议、入职申明、参保确认书，解答试用期员工的疑问。

2. 收取试用期员工应交资料，装订存档。

3. 建立试用期员工档案，同时在办公自动化系统中录入相关资料，公告试用期员工相关信息。

4. 每月第 1 周的星期三组织当月入职员工进行入职培训，课程内容包括公司简介、企业文化、薪酬福利、职业生涯规划和商务礼仪。

第 12 条　行政手续

1. 待人事手续办理完毕后，由行政专员向试用期员工发放办公物品。

2. 为试用期员工录入考勤指纹。

3. 将试用期员工带至用人部门，并向新员工介绍其入职指引人，由入职指引人指导其开展工作。

4. 当日下班后，由相关人员带领试用期员工至员工宿舍。

第 13 条　用人部门指引

1. 试用期员工直接上级担任其入职指引人，部门资深人员如有意愿，可兼做入职指引人。

2. 入职指引人的职责如下所示：

（1）带领试用期员工熟悉本部门及其他各部门，向其介绍今后工作中要紧密合作的部门及员工，同时介绍企业内公共场所的位置，包含会议室、阅览室、停车场、安全出口和洗手间等。

（2）与试用期员工进行入职面谈，商讨其入职后的具体安排，并向试用期员工描述其所工作部门的组织结构、岗位名称、职位、岗位职责等，简单介绍将来的职业发展方向和目前工作会遇到的实际问题。

（3）教会试用期员工操作办公自动化、钉钉、客户关系管理等软件系统。

（4）公司有活动时及时告知试用期员工，邀请其一起参加，让其尽快融入企业。

（5）与试用期员工进行正面沟通，引导其工作，及时了解试用期员工在工作和生活中存在的问题并帮助其解决，或向部门负责人、人力资源部反映，并就问题解决情况及时答复试用期员工。

（6）在试用期员工转正申请表上对试用期员工做出客观且明确的评分和建议。

第14条　试用期员工的沟通指引

1. 员工关系专员在试用期员工入职的第1天对其进行简单的电话访问及跟踪。

2. 试用期员工入职第1周、第4周和试用期结束，员工关系专员负责安排与试用期员工面谈并做好员工与直接上级正式沟通的书面记录。

3. 面谈程序

（1）第1周面谈：首先由面谈人向试用期员工的入职引导人了解其生活和工作情况，再针对所了解的情况与试用期员工进行面谈。

（2）第4周面谈：由面谈人与试用期员工进行沟通，指明试用期员工目前较好与不足之处，询问其是否需要帮助等。如有必要，可以安排试用期员工与其直接上级进行面谈。

（3）试用期结束面谈：由面谈人将试用期员工是否可以转正及其原因告知本人，如可以转正，还要告知转正后的待遇等相关情况，并了解试用期员工对《试用期管理办法》的意见和建议。

第15条　试用期员工的相关考核指引

1. 试用期满前两周，试用期员工可以从办公自动化系统中依据转正流程申请转正。

2. 试用期满前，试用期员工直接上级会就试用期间该员工的绩效、能力、态度等进行评估，并与其面谈。

3. 试用期员工直接上级应填写评估表交予部门经理/总监，由部门经理/总监依据该员工个人评估、直接上级评估及日常工作了解对其进行综合评估，也可以直接面谈评估。

第5章　附则

第16条　本手册由人力资源部负责解释，集团总裁签字后公布生效。

第17条　本手册由人力资源部集中修改意见，集团总裁批准通过后修改。

第 12 章

如何组织新员工入职培训

新员工入职培训是企业在新员工入职时向其讲解企业的概况、文化、组织结构等，使员工明确自己工作的职责、程序、标准，从而帮助他们顺利地适应企业环境和新的工作岗位，使他们尽快进入角色的过程。新员工的入职培训工作与新员工所在部门紧密相连，只有各部门分工协作才能达到预期的培训效果。

人力资源部作为新员工入职培训的主要负责部门，具体职责包括：制定、执行、发布、更新新员工入职培训制度和流程；制定新员工入职培训方案；主导、跟踪、监督、协调新员工入职培训的整个过程；执行、监督入职培训考核，存档培训及考核结果；进行新员工入职培训效果评估。

在新员工入职培训工作中用人部门和人力资源部是相互支持、相互配合的关系，用人部门的职责包括：协调、配合人力资源部进行新员工入职培训计划的制定和执行；承担入职培训计划中与岗位相关课程的培训和考核，如岗位职责、部门业务、业务流程、业务知识和技能等；提高新员工的岗位实操技能，并将考核结果交人力资源部存档；根据培训需求更新部门内部的培训课件、考核方法、考核试卷等，并交人力资源部存档。

当然，希望 HR 组织的新员工入职培训不要局限于此，在做好下述新员工培训调研、建立好新员工培训机制和开发好新员工培训课程的同时，还可以远远超出大家的预期，设计适用的培训管理系统，开发基于胜任素质模型的培训课程体系，绘制出包括自己在内的全员学习地图。

12.1　新员工培训调研

12.1.1　新员工培训需求调查问卷实例

以下是某公司的新员工培训需求调查问卷，供读者参考。

尊敬的新员工：

此次新员工培训需求问卷调查的结果将是公司制定新员工培训方案的重要依据。调查问卷采用匿名方式，恳请您坦率而自由地发表意见，非常感谢您的合作与支持！

一、基本信息

岗位：_____　　部门：_____　　入职时间：_____

年龄：_____　　性别：_____

二、培训基本问题（不定项选择）

1. 您认为每次新员工的培训时间多长为宜？

□ 1 天　　　□ 3 天　　　□ 5 天　　　□ 依照培训需求而定

2. 您希望培训地点放在哪里？

□ 工作现场　　□ 多功能厅　　□ 办公室　　□ 外部培训机构、培训基地

□ 其他：_____

3. 您希望培训师资的来源是？

□ 内部培训师　　□ 各部门经理　　□ 外聘培训师　　□ 总经理

4. 您愿意接受的培训方法是？

□ 讲授法　　　□ 讨论法　　　□ 经验交流　　　□ 游戏法

□ 情景模拟　　□ 视听法　　　□ 实地参观　　　□ 其他：_____

三、开放性问题

5. 您认为新员工急需哪些方面的培训？

_____

6. 您参加的培训中印象最深的是哪一次？为什么？

_____

7. 您对新员工培训工作有什么意见和建议？

_____

12.1.2　培训课件 PPT 制作的 6 个步骤

专业 HR 在新员工入职培训工作中经常用到演示文稿（PowerPoint，PPT）工具，尤其是制作新员工培训课件时。培训课件 PPT 可以在投影仪或者计算

机上进行演示，也可以打印出来，制作成新员工培训手册供新员工自学。

另外，在做工作总结、工作提案、工作汇报、企业宣传、产品推介、项目竞标和年终述职等日常工作时，HR 也经常用到 PPT。学好包括 PPT 在内的 Office 办公系统中的各项软件对于提高工作效率大有裨益。

培训课件 PPT 制作的 6 个步骤如图 12-1 所示。

评价调试	包括逻辑、内容、页面布局、色调等
程序设计	PPT讲解内容的先后顺序要有明确的逻辑
制作平台选择	模板统一、文字简洁、图片标准、体现专业性
素材收集整理	素材可自行编写、从印刷品获取、从网络下载、从资料库查找
脚本编写	布局整个PPT的框架体系，逻辑关系（并列、递进等）要明确
目标确定	明确受训者，确定培训目的，选取主要内容

图 12-1 培训课件 PPT 制作的 6 个步骤

12.2 新员工培训机制设计

12.2.1 新员工三级培训体系实例

为使新员工培训规范化、系统化，使新员工尽快了解公司基本情况，熟悉公司基本流程和制度并掌握岗位职能，同时增强新员工的组织纪律性、团队精神，加速新员工与公司的融入度，需搭建新员工三级培训体系。

1. 新员工三级培训组织

（1）公司层面培训：由人力资源部组织公司层面一级培训，公司内部培训师授课，负责向新员工介绍企业文化、规章制度、产品简介等，并由人力资源部负责组织新员工考核。

（2）部门层面培训：由各部门组织二级培训，各部门内部成员授课，负责向新员工介绍部门职责、工作流程、部门规定等。

（3）主管层面培训：由直接主管负责组织"一带一"师徒指导培训，即由部门指定老员工对新员工进行岗前培训，并由人力资源部与用人部门负责对师徒指导效果进行评估，评估结果将直接影响对老员工师傅的考核以及新员工徒弟的转正定薪。

2. 新员工三级培训课程

新员工三级培训课程如表 12-1 所示。

表 12-1 新员工三级培训课程

培训层级	课程类别	授课方式	课时安排
公司层面一级培训	企业及产品介绍	授课	__课时
	企业制度	授课与讨论	__课时
	商务礼仪	授课与现场操练	__课时
	面对面销售技巧	授课与角色扮演	__课时
部门层面二级培训	部门内部制度	授课与讨论	__课时
	部门内部各岗位职能文化	授课	__课时
主管层面三级培训	岗前技能培训	带教	__课时
	岗位职责	带教	__课时

12.2.2 "师带徒"培训机制实例

为进一步加强技能操作队伍建设，提高技能操作人员素质，规范技能操作人员"师带徒"管理，结合公司工作实际，可设计如下"师带徒"培训机制。

1. 徒弟层次划分

第一层次：热爱本职工作，有很强的责任心，谦虚好学，工作勤奋；有较丰富的技能操作实践经验，能综合分析和解决一些生产过程中的难题；具备高级工及以上资格。

第二层次：热爱本职工作，责任心强，有独立顶岗能力；具备实践操作经验；具备初级工、中级工资格。

第三层次：新录用人员、转岗人员和其他人员。

2. "师带徒"培训目标

第一层次：系统掌握本工种专业理论知识，技能操作达到较高水平，能够创造性地工作，解决生产过程中的一些关键难题。

第二层次：在掌握本工种基础理论知识的同时，以"一专多能"为培训重点，技能操作水平明显提升，能综合分析和解决一些生产难题。

第三层次：熟悉本岗位基本知识和技能，能独立完成日常操作。

3. "师带徒"培训实施程序

（1）公布"师带徒"培训计划。第一层次人员比例不高于技能操作人员的____%，第二层次人员在师傅资源许可的条件下，组织尽可能多的人员参加"师带徒"活动，第三层次人员全部参加"师带徒"活动。

（2）初步确定受训者。符合条件的技能操作人员个人提出申请报车间审查，车间根据生产发展需要和员工个人职业发展需要提出审查意见并确定培训层次。

（3）师傅遴选。根据各培训层次对象的技能水平、个人能力、综合素质、工作业绩、培训计划和目标等情况，确定师傅推荐人选。可以由徒弟选择师傅，组织确认，也可以由组织直接指定。每名师傅原则上可以指导1～2名徒弟，采取"一带一"或"多带一"的形式。

（4）师徒结对。师傅和徒弟按工种对口原则结对，制定培训计划、目标和措施。

（5）签订"师带徒"培训协议并组织实施。师徒关系审核确定后，按要求签订"师带徒"培训协议书和"师带徒"培训任务书，并认真组织实施。

12.3　新员工培训课程设计

12.3.1　新员工通用培训计划实例

一般而言，对新员工的通用培训，由人力资源部事先制定日程，做好相应的计划安排。某企业新员工通用培训的内容及计划如表 12-2 所示。

表 12-2　某企业新员工通用培训的内容及计划表

培训模块	实施时间	培训地点	培训师	培训方式	培训主要内容
企业概况	2个课时	集团学院	培训中心培训师	集中授课	1. 企业的经营理念和发展概况 2. 组织结构、管理体系和部门职能 3. 企业的经营业务和主要产品 4. 企业在同行业中的竞争力状况
企业规章制度	4个课时	集团学院	培训中心培训师或人力资源部工作人员	集中授课	1. 薪酬福利制度 2. 员工日常行为规范及奖惩制度 3. 员工考勤制度 4. 劳动关系制度 5. 财务报销相关制度
企业文化	2个课时	集团学院	培训中心培训师或人力资源部工作人员	集中授课	1. 企业价值观 2. 企业战略 3. 企业道德规范
职业生涯规划	2个课时	集团学院	培训中心培训师或人力资源部工作人员	集中授课	1. 职业目标的设立 2. 目标策略的实施 3. 内外部环境分析 4. 自我评估
人际沟通技巧	4个课时	集团学院	培训中心培训师或人力资源部工作人员	集中授课	1. 沟通的意义 2. 沟通的障碍 3. 沟通的技巧 4. 沟通的原则
职业礼仪	2个课时	集团学院	培训中心培训师或人力资源部工作人员	集中授课	1. 个人仪容仪表规范 2. 待人接物行为规范 3. 社交礼仪
安全知识	2个课时	集团学院	培训中心培训师	集中授课	消防安全知识、设备安全知识、紧急事件处理程序等
介绍交流	4个课时	集团学院	—	以讨论会、交流会的形式展开	企业领导、优秀员工与学员进行开放式的互动交流
企业参观	0.5天	企业办公场所	人力资源部工作人员	现场参观	企业工作现场参观

12.3.2 新员工心态调整课程框架

心态调整课程是新员工入职培训方案中重要的课程之一，企业安排新员工学习心态调整课程的目的如图 12-2 所示。

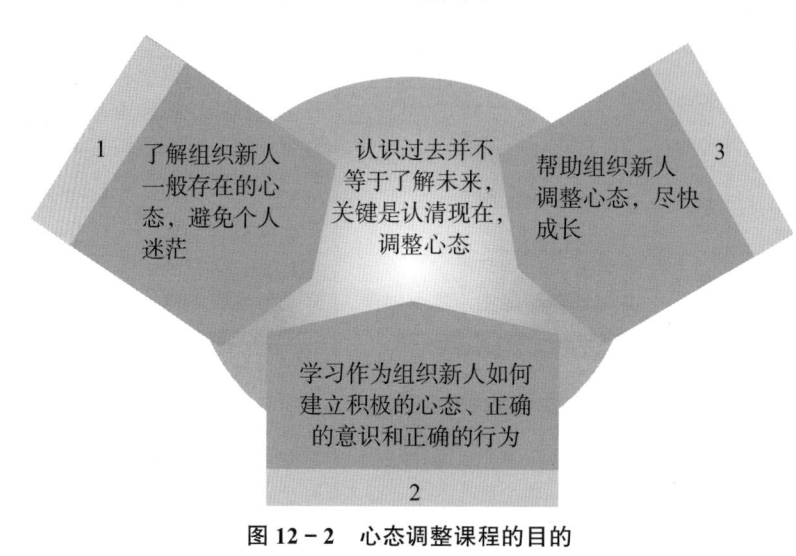

图中内容：
1. 了解组织新人一般存在的心态，避免个人迷茫
2. 学习作为组织新人如何建立积极的心态、正确的意识和正确的行为
3. 帮助组织新人调整心态，尽快成长

认识过去并不等于了解未来，关键是认清现在，调整心态

图 12-2　心态调整课程的目的

新员工心态调整课程的内容具有通用性，但不同的企业也可根据企业自身的实际情况适当地增减课程内容。图 12-3 是通用性的课程内容，供读者参考。

积极的心态
- ◎ 认识心态：人们对待事物的心理态度，如意识、观念、动机、情感
- ◎ 心态的类型：积极的心态，消极的心态
- ◎ 不同心态特征：积极心态的特征，消极心态的特征
- ◎ 如何培养积极心态：转变思维，全面看待问题，采取积极的思维模式，明确要主要关注的目标，培养坚定的信念

正确的意识
- ◎ 问题意识：从零开始、思考问题、发现不足、努力成长
- ◎ 新人意识：熟悉环境、学习业务、遵守规则、团队协作
- ◎ 场所意识：服务意识、团队意识、竞争意识、结果意识

正确的行为
- ◎ 了解岗位：职责、权利、义务、结果、流程、上级期望
- ◎ 遵守规则：时间意识、结果导向、工作计划性、用心专心、节约成本
- ◎ 积极接受任务，及时准确汇报，把握细节，总结提升，双向沟通

图 12-3　心态调整课程框架

心态调整课程可采用课堂教学、小组讨论、案例分享、游戏互动等形式的教学方式，以使课程达到最佳的学习效果。

12.3.3 新员工沟通技巧课程设计

沟通是人与人之间、人与群体之间思想与感情的传递和反馈的过程，以求思想达成一致和感情通畅。新员工沟通技巧课程设置的主要目的是让新员工掌握沟通技能，迅速融入新组织，为新员工未来职业发展奠定基础。

为了让新员工快速掌握职场中的沟通技巧，应主要从 5 个方面设计沟通技巧课程，具体内容如表 12-3 所示。

表 12-3 新员工沟通技巧课程设计

方面		具体内容
定义		沟通是双方或多方，通过语言、表情、体态和辅助工具，在个人或群体之间传递思想、意见和情感，并达到既定目的的过程
内涵		信息传递；信息接收，并被充分、准确地理解；双向互动
类型	语言沟通	口头语言、书面语言
	肢体语言沟通	表情、动作、眼神
技巧	听	记住对方的名字、专注、跟随、保持公正
	说	选择话题、注意场合和对象、美化声音、运用非语言暗示、沉默是金
	问	让对方有话可谈、旁敲侧击
应用		与上级沟通的技巧、与同事沟通的技巧、与客户沟通的技巧

沟通技巧是一门实用性较强的课程，重在沟通技巧的学习和应用，其授课方式可在理论传授的基础上重点采用沟通游戏和角色扮演等参与度比较高的形式。

12.3.4 新员工职业化课程体系

职业化是一种工作状态的标准化、规范化、制度化，即在合适的时间、合适的地点，用合适的方式说合适的话、做合适的事，是为使员工在知识、技能、观念、思维、态度、心理上符合职业规范和标准，提高工作效率，提升公司的形象而开设的职业化课程。

新员工职业化课程体系包括4个部分：职业化技能、职业化形象、职业化心态、职业化道德，如图12-4所示。

职业化技能
- 自我管理技能
- 时间管理技能
- 高效沟通技能
- 团队协作技能
- 目标管理技能

职业化心态
- 融入的心态
- 付出的心态
- 合作的心态
- 宽容的心态
- 感恩的心态

职业化形象
- 外在形象
- 内在形象
- 职业仪态

职业化道德
- 职业道德
- 职业态度
- 职业意识

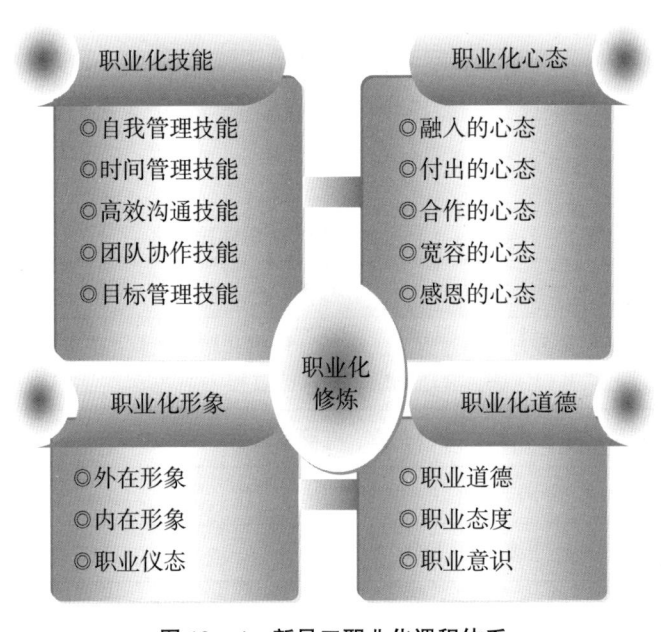

（中心：职业化修炼）

图12-4　新员工职业化课程体系

职业化课程主要讲述在职场中应注意的相关细节，首先需要知道作为智慧职场中的专业人士在一些情景下该怎样做，然后应用在自己的工作实践中，即它是一个理论指导实践，并在实践中总结理论的过程。所以，职业化课程可采用课堂授课、情景模拟、案例分享等形式的教学方式。

12.3.5　销售新员工岗前培训实例

以下是某公司的销售岗位新员工岗前培训课程体系，供读者参考。

针对本企业营销部门的发展要求，销售岗位新员工需要进行岗前培训，考虑到部分老员工未经过系统、规范的岗位培训，存在经验不足或者考核结果不理想等情况，老员工也需要参加岗位培训。

一、培训方式与培训方法

1. 培训方式：销售岗位培训采取集中学习与自学相结合的方式。
2. 培训方法：销售岗位培训方法包括讲授、研讨、案例分析、问卷调查、游戏、多媒体录像培训等。

二、培训师及课程

1. 培训师：培训师由企业外部培训师与企业内部培训师组成。
2. 课程设置：根据销售岗位所需的共性知识和必须掌握的技能，以及本企业销售人员存在的主要问题，共开设10门销售相关课程，具体如表12-4所示。

表12-4 培训课程设置

序号	课程类别	培训师	培训方法	课时安排
1	如何提高销售技能	单位：__ 姓名：__	讲授与演练	__课时
2	销售岗位职责与作用	单位：__ 姓名：__	讲授	__课时
3	市场营销基本理念	单位：__ 姓名：__	讲授	__课时
4	市场分析	单位：__ 姓名：__	研讨	__课时
5	营销策划战略	单位：__ 姓名：__	案例分析	__课时
6	客户管理	单位：__ 姓名：__	研讨	__课时
7	有效沟通技巧	单位：__ 姓名：__	视频与演练	__课时
8	调动积极性与集体观念	单位：__ 姓名：__	讲授	__课时
9	商务礼仪与职业道德	单位：__ 姓名：__	讲授与演练	__课时
10	相关法律知识	单位：__ 姓名：__	案例分析	__课时

第 13 章

如何做好新员工试用期管理

劳动法明确规定，劳动者与企业建立劳动关系，应签订劳动合同。劳动合同中根据岗位性质约定劳动合同期限及对应的试用期限。限定试用期的目的是给劳动者和企业约定一个熟悉与选择的过程。从个人角度就是看劳动者是否适合从事某个岗位，是否有意愿继续在某企业工作；从企业角度就是看在一段时间内劳动者是否胜任岗位，即试用期考核。

试用期是指在劳动合同期限内规定的一个阶段性的试用时间段，在此阶段用人部门可全面考察被录用员工是否真正符合聘用条件、满足公司岗位需求。同时新员工也可进一步了解公司的工作条件及环境，自己能否适合或胜任所承担的工作，从而决定是否继续保持劳动关系。

试用期考核首先要依照公司试用管理制度要求由人力资源部和用人部门沟通协商，按照安排项目逐次进行；考核过程中要与试用员工进行及时有效沟通并根据考核结果采取相应的管理措施。同时试用期考核人要根据考核结果填写对应的表格，作为评价依据。

在员工试用期阶段，人力资源部和用人部门要与员工定期进行沟通，企业了解员工动态的同时员工也及时了解企业的要求。对于不同表现的员工也要采取不同的激励管理手段，如提前转正、到期转正、延长试用期、辞退等。

同时，试用期考核最重要的就是设计应用考核表格，一目了然的考核结果记录可以提高工作效率。所以，HR要根据企业实际工作流程和需要设计出专业、实用的考核表格。本章13.2节将提供在试用期考核中经常用到的新员工试用表、新员工试用期考核表、新员工转正表和面谈沟通记录表。

13.1 试用期管理措施

13.1.1 双向沟通与单向沟通

公司一般通过设置试用期员工入职引导人，对新员工的试用过程进行工作指导、记录及考核。试用期考核注重客观性和真实性，以新员工试用期阶段的工作表现记录为依据，避免出现考核中的近期效应及受主观因素影响。试用期考核应设置合理的考核指标，着重强调能力、态度及对本公司企业文化的认同程度。试用期考核采取入职引导人考核、调查问卷考核相结合的方式，并分别设置不同的权重。

沟通按照是否进行反馈，可分为单向沟通和双向沟通，单向沟通不重视反馈，只在特定的情况下适用；入职引导人对新员工进行试用期管理应善于运用双向沟通。双向沟通的内涵和优点如图 13 - 1 所示。

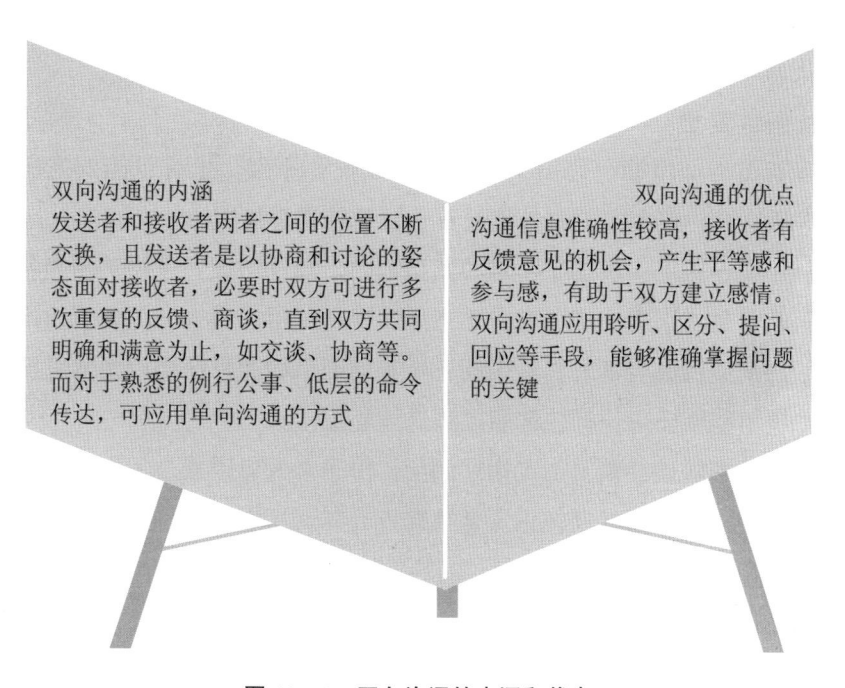

双向沟通的内涵
发送者和接收者两者之间的位置不断交换，且发送者是以协商和讨论的姿态面对接收者，必要时双方可进行多次重复的反馈、商谈，直到双方共同明确和满意为止，如交谈、协商等。而对于熟悉的例行公事、低层的命令传达，可应用单向沟通的方式

双向沟通的优点
沟通信息准确性较高，接收者有反馈意见的机会，产生平等感和参与感，有助于双方建立感情。双向沟通应用聆听、区分、提问、回应等手段，能够准确掌握问题的关键

图 13 - 1 双向沟通的内涵和优点

13.1.2 试用期考核的 4 种结果

1. 到期转正

劳动合同中根据劳动期限均会约定新员工的试用期。对于在试用期内无重大违法违纪行为，经过试用期的培训、考核能够胜任岗位本职工作的新员工，试用期到期日前填写相关资料并经审批后可办理相关转正手续，即到期

转正。

试用期员工转正与否等事宜，人力资源部应和用人部门进行沟通并依据试用期的考核和考核表记录的实际情况执行。

2. 提前转正

若在试用期内新员工工作勤奋，掌握工作要领及时、适当，工作表现突出，并且认同企业文化，能够很快融入工作团队，用人部门负责人可与人力资源部沟通提出缩短试用期的建议，双方协商，经总经理审批后生效，此即提前转正。但新员工试用期最短不应少于 1 个月。新员工提前转正所需填写的资料表格和审批流程与到期转正相同。提前转正是对新员工工作等方面的高度认可，能够很好地激励新员工继续努力。

3. 协议变更

在新员工试用期阶段由于个人原因或企业原因，也有可能发生协议变更，一般导致协议变更的有推迟转正、延期转正等情况。

（1）推迟转正：员工在约定的试用期内，经过培训、考核，不能胜任工作，但鉴于员工工作态度良好，愿意继续学习试用，用人部门负责人经与人力资源部沟通可适当延长其试用期。延长到期后如能胜任岗位按转正流程执行，如仍不能胜任岗位则按辞职或辞退流程执行。

（2）延期转正：新员工试用期满后，由于个人原因或公司原因没能及时办理转正手续，称为延期转正。延期转正者其试用期自动调整到转正手续办理完毕为止。

4. 辞职辞退

试用期辞职是指在试用期内员工经过对新环境的了解及新工作的熟悉和接触，感觉自身对新工作不适应或由于其他原因不愿继续在公司工作，主动提出离职要求。

试用期辞退是指在试用期内由于新员工有重大违法违纪行为、严重违反公司规章制度、不能胜任工作且态度不端正、不认同企业文化等一种或几种情况发生，用人部门负责人经与人力资源部沟通，依法律规定终止对该员工的试用。

13.2 试用期考核表单设计

13.2.1 新员工试用表

新员工试用期内转正前，用人部门负责人应填写新员工试用表交人力资源部审核并存档，同时人力资源部通过新员工试用表初步了解用人部门对试用员工的试用结果。新员工试用表如表 13-1 所示。

表 13-1 新员工试用表

姓名		所属部门		入职日期	
年龄		毕业院校		专业	
招聘方式	□ 社会招聘　　□ 校园招聘　　□ 内部推荐或晋升					
试用情况	[试用职位]		[督导人员]			
	[试用期限]		[督导方式]			
	[试用薪酬]		[督导项目]			
	[试用期职责]		[督导人员职责]			
试用结果	[出勤情况] [工作态度] [工作能力]				
督导人意见	□ 拟正式任用　　□ 拟予辞退 □ 其他：_____ 　　　　　　　签字：　　　　日期：　　年　月　日				
备注					

13.2.2 新员工试用期考核表

新员工能否转正，要综合其在试用期内各方面的表现最终确定。一般在新员工试用期到期前人力资源部会提前和用人部门沟通，对新员工进行试用期考核。考核内容含员工自我评价、直接上级工作评定、用人部门和人力资源部综合评价，考核结果作为新员工是否转正的书面依据之一。新员工试用期考核表可参照表 13-2 进行设计。

表 13-2　新员工试用期考核表

姓名		职位		职位编号	
所属部门		直接上级		试用期间	
自我鉴定			签字：	日期：　年　月　日	
工作任务完成情况评定（满分 100 分）	工作任务		考核指标	考核评分	
	(1)				
	(2)				
	直接上级评价		签字：	日期：　年　月　日	
所在部门鉴定	考勤情况		□优秀　□良好　□一般　□较差		
	工作主动性		□优秀　□良好　□一般　□较差		
	工作责任感		□优秀　□良好　□一般　□较差		
	工作效率		□优秀　□良好　□一般　□较差		
	工作质量		□优秀　□良好　□一般　□较差		
	待人接物		□优秀　□良好　□一般　□较差		
	遵规守纪		□优秀　□良好　□一般　□较差		
部门总体评价			签字：	日期：　年　月　日	
人力资源部鉴定			签字：	日期：　年　月　日	

13.2.3　新员工转正表

在新员工试用期结束前，经过对其进行试用期鉴定、考核后，人力资源部会和用人部门负责人及新员工直接上级沟通，由用人部门依据前期考核、鉴定结果填写新员工转正表，并经总经理批准后执行。新员工转正表如表 13-3 所示。

表 13-3 新员工转正表

姓名		性别		出生年月	
专业		毕业院校		籍贯	
试用岗位		所在部门		试用期	
试用期薪酬			转正后薪酬		
直接上级考核意见	□试用期成绩优良，请以＿＿等＿＿级＿＿元/月工资办理转正手续（自＿＿月＿＿日起） □试用期满，请照原工资标准办理聘用手续（自＿＿月＿＿日起） □需要继续试用 □试用不合格，请另行安排 附：鉴定报告一份 　　　　　　　　　　　签字：　　　　日期：　年　月　日				
部门经理意见	□同意考核意见，准予任用 □不予任用，不再另行签约 □延长试用期＿＿天，延至＿＿月＿＿日 　　　　　　　　　　　签字：　　　　日期：　年　月　日				
人力资源部意见	□依照用人部门意见自＿＿年＿＿月＿＿日起以等级工资＿＿元/月正式任用 □依用人部门意见延长试用期＿＿天，延至＿＿月＿＿日 □试用不合格，发试用期工资，拟自＿＿月＿＿日起辞退 　　　　　　　　　　　签字：　　　　日期：　年　月　日				
总经理审批	签字：　　　　日期：　年　月　日				

13.2.4　面谈沟通记录表

试用期间要求直接主管与新员工进行多次正式面谈，对沟通过程要详细记录并且存档。新员工面谈沟通记录表如表13-4所示。

表13-4 面谈沟通记录表

员工姓名		考核周期	
入职日期		面谈重点	
沟通内容		面谈记录	
1. 您在试用期间取得了哪些成绩				
2. 您工作中有哪些需要改进的地方				
3. 您还计划学习哪些培训课程				
4. 您认为自己的工作在本部门和公司处于什么状况				
5. 您对本次考核有什么意见或建议				
6. 您认为本部门哪位同事的工作表现比较好				
7. 您在工作中形成了哪些可以分享或可标准化的工具、方法				
8. 您下一步的工作计划是什么				
面谈实施者评议				
面谈实施者签字			日期	
备注				

第 14 章

如何设计绩效管理系统

企业管理行为的开始是以目标的确定为依据的，管理行为的执行过程是以目标有效性为指针的，管理行为的结束则是以目标的完成度来评价管理效果的。

企业应紧紧围绕目标管理和绩效管理，认真按照"目标引领、考核推进"的思路，积极构建绩效管理体系，对企业绩效管理的全过程进行规范，确保绩效计划、绩效辅导、绩效评估、绩效面谈、绩效改进、绩效评估结果使用等环节有序衔接。

目标与绩效管理制度图谱如图 14-1 所示。

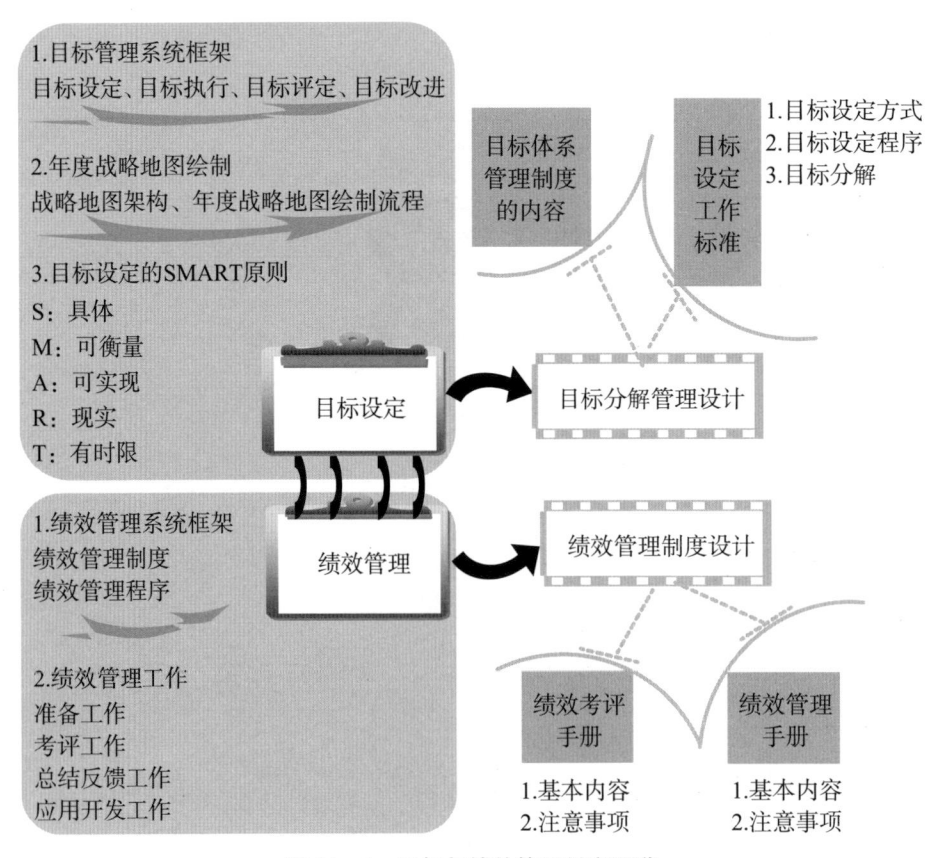

图 14-1 目标与绩效管理制度图谱

14.1 绩效管理系统框架

14.1.1 绩效管理系统模型

企业成功的绩效管理活动，是基于绩效计划、绩效辅导、绩效评估、绩效面谈、绩效改进等基本环节互相影响、互相作用、互相适应、互相调整、循环往复的动态过程，绩效管理系统模型如图 14-2 所示。

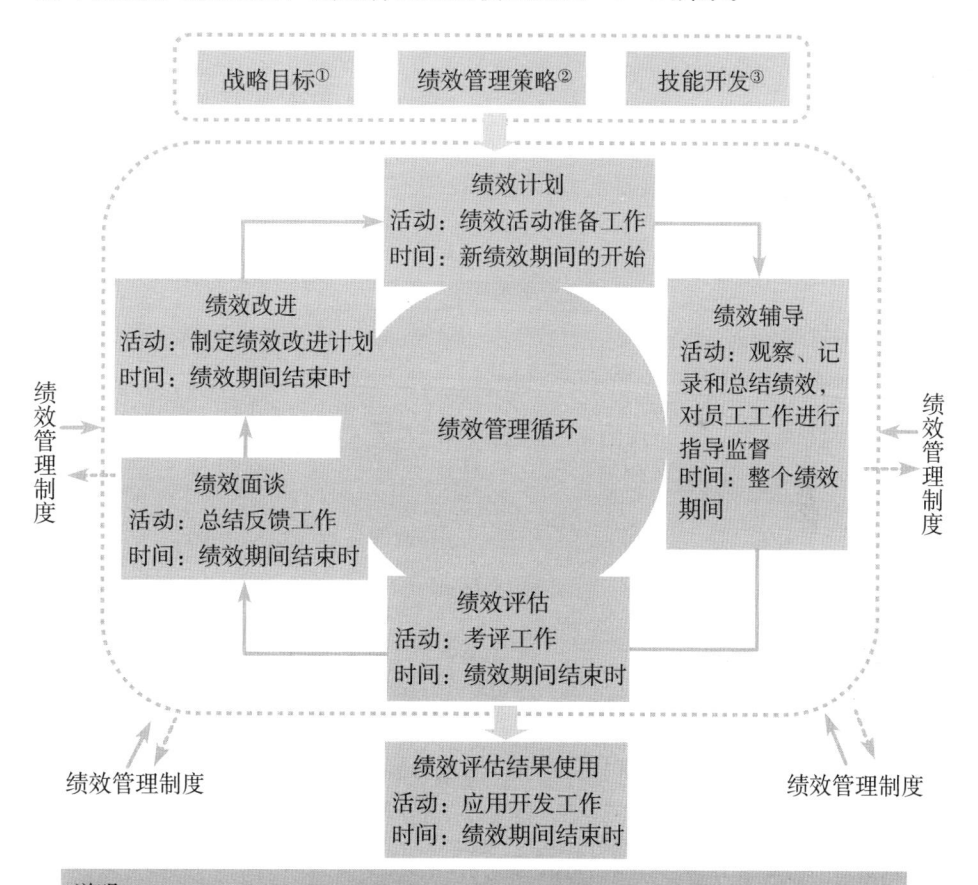

```
                    战略目标①    绩效管理策略②    技能开发③

                              绩效计划
                              活动：绩效活动准备工作
                              时间：新绩效期间的开始

            绩效改进                              绩效辅导
            活动：制定绩效改进计划                 活动：观察、记录和总结绩效，
            时间：绩效期间结束时                    对员工工作进行指导监督
绩效                    绩效管理循环                时间：整个绩效期间        绩效
管理                                                                       管理
制度        绩效面谈                                                        制度
            活动：总结反馈工作
            时间：绩效期间结束时

                              绩效评估
                              活动：考评工作
                              时间：绩效期间结束时

                              绩效评估结果使用
            绩效管理制度       活动：应用开发工作      绩效管理制度
                              时间：绩效期间结束时
```

说明：
①战略目标：绩效管理系统应当将员工的工作活动与组织的战略目标联系起来。
②绩效管理策略：企业在多项经营管理决策中都会用到绩效管理信息，如薪酬决策、晋升决策、培训决策等。
③技能开发：绩效管理的一个重要环节就是绩效面谈，当某位员工的工作没有达到要求的水平时，管理者会通过绩效面谈的形式，与员工一起分析工作中存在的优缺点，从而制定绩效改进计划，在提升员工绩效的同时，开发员工的能力。

图 14-2　绩效管理系统模型

14.1.2 目标任务分解图谱实例

目标任务分解对目标任务的执行起着重要作用，目标任务分解得越细致、越清晰，对工作的指导意义越大。

某公司的目标任务分解图谱如图 14-3 所示。

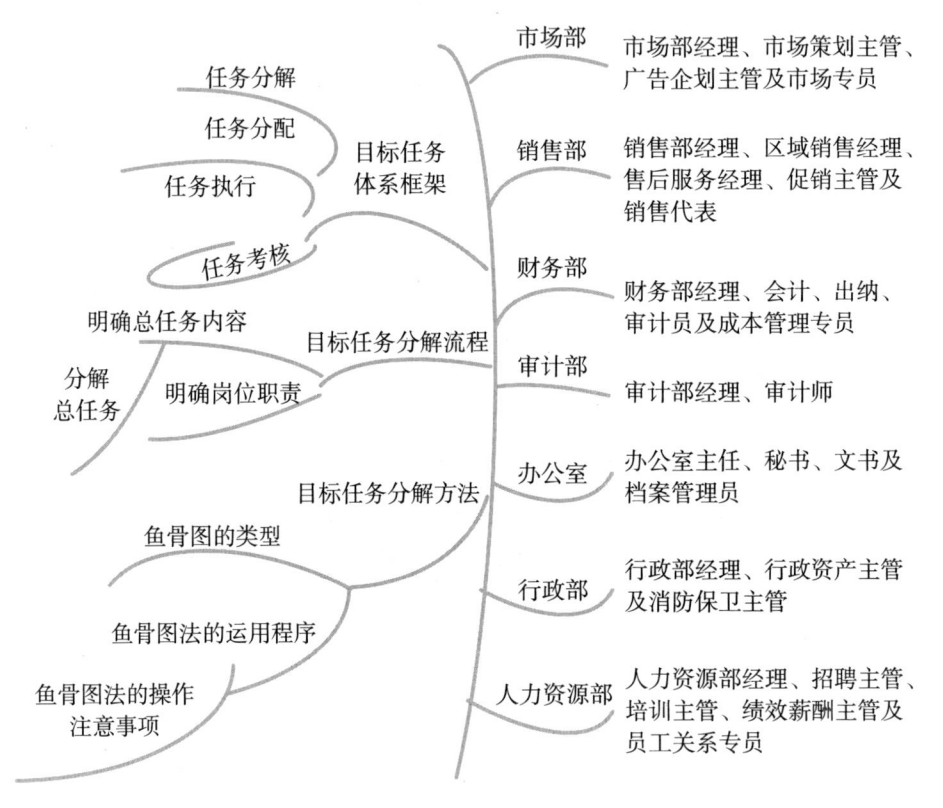

```
                      任务分解
                      任务分配        目标任务        市场部 —— 市场部经理、市场策划主管、
                      任务执行        体系框架                广告企划主管及市场专员
                      任务考核
                                                      销售部 —— 销售部经理、区域销售经理、
         明确总任务内容                                        售后服务经理、促销主管及
    分解                    目标任务分解流程                    销售代表
    总任务   明确岗位职责
                                                      财务部 —— 财务部经理、会计、出纳、
                          目标任务分解方法                      审计员及成本管理专员

                                                      审计部 —— 审计部经理、审计师
              鱼骨图的类型
                                                      办公室 —— 办公室主任、秘书、文书及
                                                                档案管理员
              鱼骨图法的运用程序
                                                      行政部 —— 行政部经理、行政资产主管
              鱼骨图法的操作                                     及消防保卫主管
              注意事项
                                                    人力资源部 —— 人力资源部经理、招聘主管、
                                                                培训主管、绩效薪酬主管及
                                                                员工关系专员
```

图 14-3 目标任务分解图谱

14.1.3 绩效面谈与申诉图谱实例

绩效面谈与申诉是绩效管理实施过程中不可缺少的重要环节，通过绩效面谈与申诉对绩效管理信息进行沟通与反馈，能够使员工了解自己的绩效，明确改进的方向，同时提出绩效目标完成中遇到的困难，得到上级的指导和帮助。

某公司的绩效面谈与申诉图谱如图 14-4 所示。

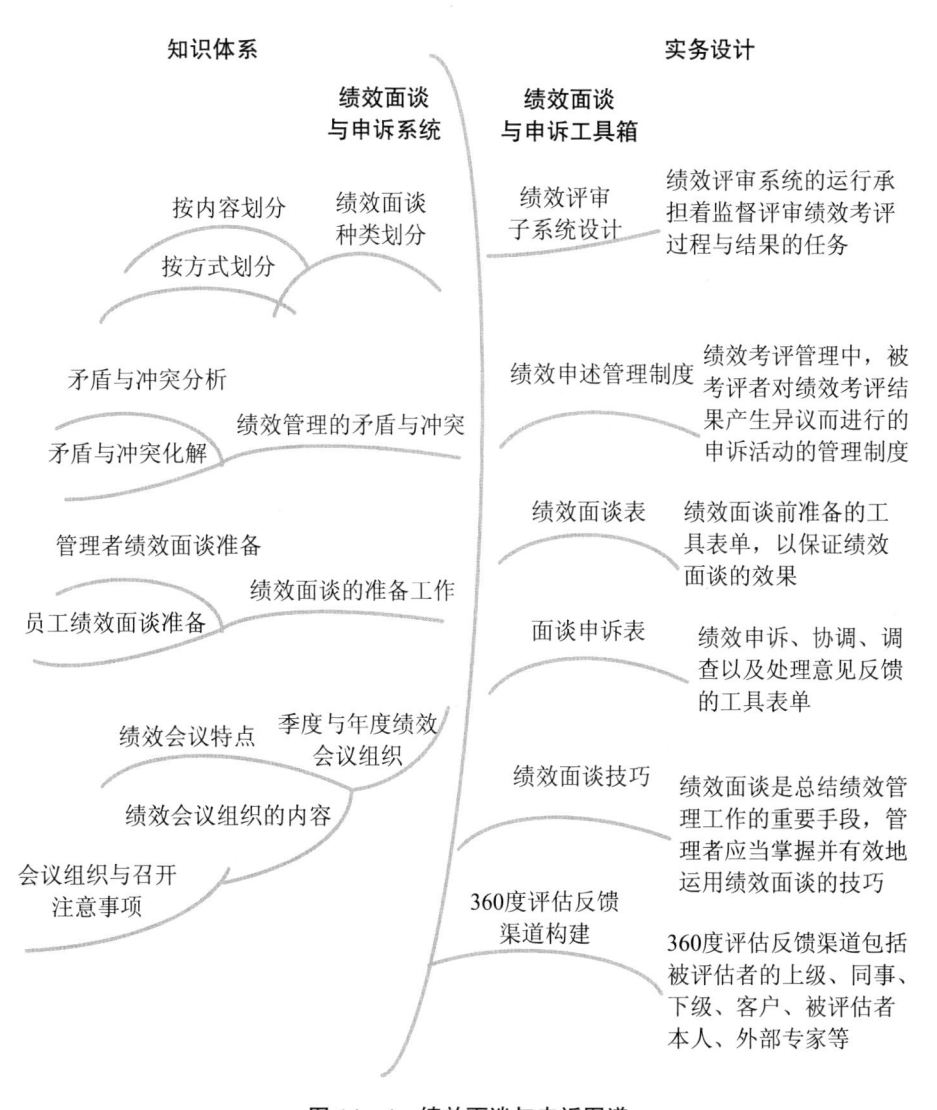

图 14－4　绩效面谈与申诉图谱

14.2　绩效面谈与实效设计

14.2.1　绩效面谈的 3 大技巧

针对不同类型的员工，绩效面谈的技巧有所不同，HR 应该指导用人部门的考评者或员工的直接主管与 3 种不同绩效类型的被考评者进行有针对性的绩效面谈。

1. 绩效优秀的员工

优秀的员工在职责范围内的工作通常做得比较好，主管要及时对员工的优异表现加以肯定，同时总结优秀员工的典型行为，以便推广。

主管在进行绩效面谈时应多了解优秀员工对其未来的发展设想，这样可以为他们创造更好的发展空间，在职业发展上给予优秀员工更多的晋升空间和机会。

2. 绩效低下的员工

主管要谨慎对待与绩效低下员工的绩效面谈，员工可能不愿意接受绩效低下这个事实，容易和考评者产生冲突。对待绩效较差的员工，主管一定要帮助其分析绩效差的原因，提供必要的指导与培训，帮助其制定绩效改进计划。

另外，对绩效较差的员工应进行适度的鼓励，哪怕是微小的进步都值得表扬。但是，也应该对长期绩效无起色的员工进行必要的批评与说明，促使其提高绩效。

3. 一直无明显进步的员工

对于绩效一直无明显进步的员工，主管应开诚布公地与其进行交流，找出绩效停滞不前的原因，根据不同情况提出解决方案。

对于这一类员工，主管应主动给予辅导和帮助，在绩效面谈中和员工一起找出存在的问题，从员工的工作态度、工作能力及工作方法等方面入手分析和解决问题。

14.2.2 "填表游戏"的终结

企业所有经营管理活动的最终目的都是改进和提升企业业绩，也就是说所有的活动都可以体现在绩效管理中。然而有些企业的绩效管理往往无法起到应有的作用，甚至流于形式，其绩效考评的操作步骤一般为人力资源部发放绩效表格，各考评主体填写绩效表格，人力资源部催收绩效表格，各考评主体加急填写表格，人力资源部收集、统计绩效表格，人力资源部发放绩效工资。这样的操作就把企业的绩效管理演变成了一场"填表游戏"。

一般而言，绩效管理流于形式是以下原因导致的，具体如图14-5所示。

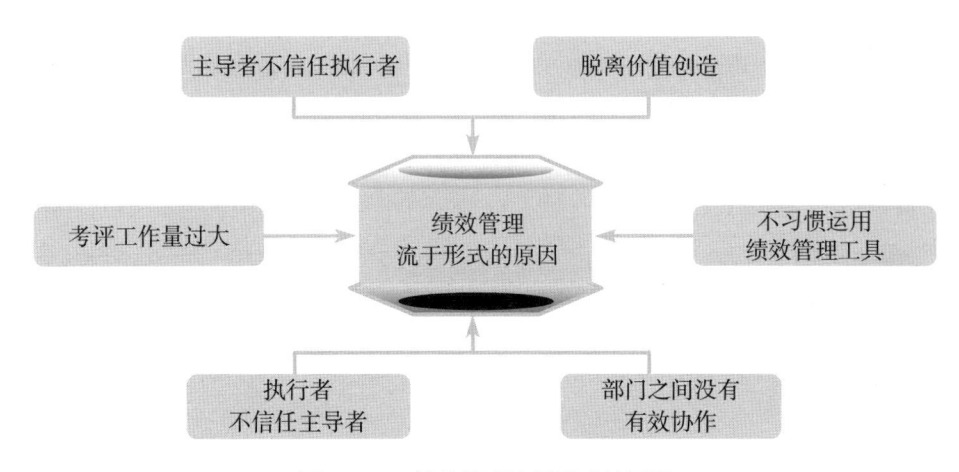

图14-5 绩效管理流于形式的原因

终结"填表游戏"的关键就是要使绩效管理体系具备可操作性和便利性，使主导者和执行者真正感受到考评工具的价值所在，操作的关键点包括以下4个方面。

1. 优化组织结构

在企业实际运作中，往往多个部门同时承担部分绩效管理的职能，相互间只是角度或作用的区别。多个不协调的监督系统会使企业管理陷于混乱，使各个部门疲于应付更多的指标、更多的表格，而这些指标和表格还有可能是重叠或矛盾的。因此企业必须优化组织结构，梳理部门业务，明确各个部门的管理职能，使部门之间达成协作，有效地执行绩效管理。

2. 提高员工的信任和参与度

信任和参与是绩效管理实施的首要条件。在导入绩效管理体系之初，要建立信任，倡导员工参与，具体措施如图14-6所示。

3. 关注企业业绩和能力成长

企业应通过制定绩效管理制度提升价值创造能力。绩效管理制度可以从三个方面关注和提升企业的业绩和能力，具体如图14-7所示。

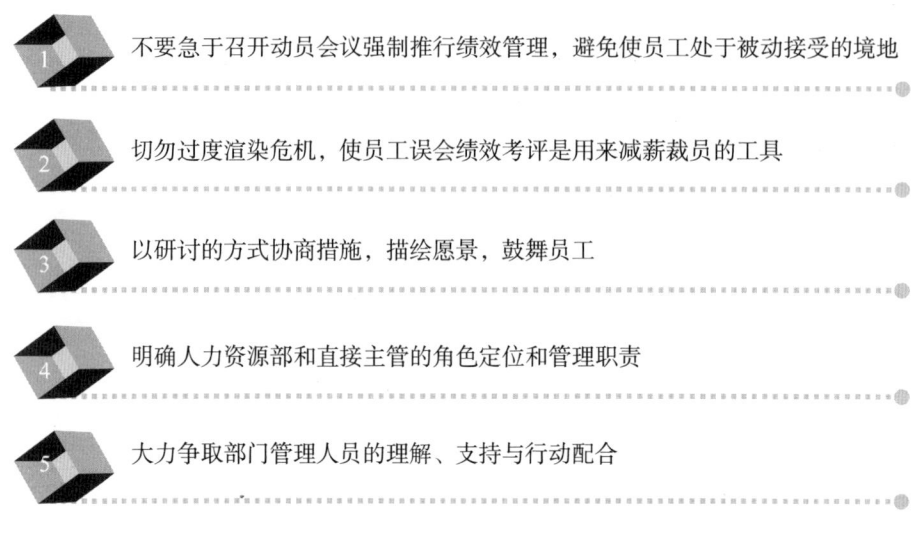

1. 不要急于召开动员会议强制推行绩效管理，避免使员工处于被动接受的境地

2. 切勿过度渲染危机，使员工误会绩效考评是用来减薪裁员的工具

3. 以研讨的方式协商措施，描绘愿景，鼓舞员工

4. 明确人力资源部和直接主管的角色定位和管理职责

5. 大力争取部门管理人员的理解、支持与行动配合

图14-6　提高员工的信任和参与度的措施

1. 提炼企业成功要素与战略要素，总结绩效提升经验

2. 优化流程并划分关键成果领域，优化实现经营目标的业务模式

3. 通过考核反馈，有针对性地对员工进行培训、改善，以提高员工的能力

图14-7　提升企业业绩和能力的措施

4. 设计实用的绩效管理表单

表单以直观的表格与简洁的文字将文本内容中的关键节点以表格的形式展现出来，表单的设计过程本身就是对文本的理解和对过往经验的总结。

将文本内容制作成工作表单，员工按照工作表单执行项目，一方面可以避免文本理解差异导致的工作成果的不稳定，大大降低执行成本；另一方面员工作业时，只需按照工作表单规定的步骤和内容执行即可，不需要靠对文本的记忆来执行，从而使复杂问题简单化。

14.3 营销人员管理表单设计

14.3.1 营销团队目标管理卡

营销团队目标管理卡的范本如表 14-1 所示。

表 14-1 营销团队目标管理卡

部门：　　　　　　　　负责人：　　　　　　　考评期间：

序号	目标名称	计划达成目标	完成日期	进度控制					完成情况		困难及不可控因素	考评分数
				项目	1～3月	4～6月	7～9月	10～12月	完成数	百分比		
1	新客户开发（个）		月底	计划								
				实际								
2	订单达成数（项）		月底	计划								
				实际								
3	销售总额（万元）		月底	计划								
				实际								
4	销售收入增长率（%）		月底	计划								
				实际								
5	销售回款率（%）		月底	计划								
				实际								
6	…		…	…								
考评等级				整体目标完成率					考评总得分			

考评人：　　　　　　　时间：　　　　　　　复核人：　　　　　　　时间：

14.3.2 营销人员业绩统计表

营销人员业绩统计表的范本如表 14-2 所示。

表 14-2 营销人员业绩统计表

销售员：　　　　　　　统计员：　　　　　　　监督员：

月份	销售业绩		回款业绩		客户管理	
	计划（元）	实际（元）	计划（元）	实际（元）	上月客户数	本月客户数
1						
2						
3						
4						
5						
6						
7						
8						
9						
10						
11						
12						
合计						

14.3.3　营销人员业绩分析报告实例

营销人员业绩分析报告的范本如表 14-3 所示。

表 14-3　营销人员业绩分析报告

姓名		部门		岗位	
报告类型	□日报　□周报　□月报　□季报			提交日期	
报告项目	调查情况说明					
销售量						
回款情况						

续表

客户拜访情况	
销售费用	
广告促销费用	
重点客户情况	
新客户情况	
异常客户情况	
待开发客户情况	
竞争对手动态	
下期客户开发计划	

第 15 章

如何选择绩效考评方法

选择绩效考评方法的过程中往往存在这样的误区：别家企业用什么方法就用什么方法，目前流行什么方法就选择什么方法。殊不知，每种绩效考评方法都有其优缺点、适用范围和操作注意事项。

一方面，员工的绩效表现应服从正态分布，即绩效最好和最差的员工占少数，绩效一般或中等水平的员工占大多数，而在现实的绩效考评中，往往会出现绩效考评结果不服从正态分布的情形。最常见的误差是分布误差，分布误差又分为宽厚误差、严苛误差、集中趋势和中间倾向3种类型。"工欲善其事，必先利其器"，这就需要绩效管理人员设计并准确选择适用的考评方法。

分布误差的类型及其避免方法如图15-1所示。

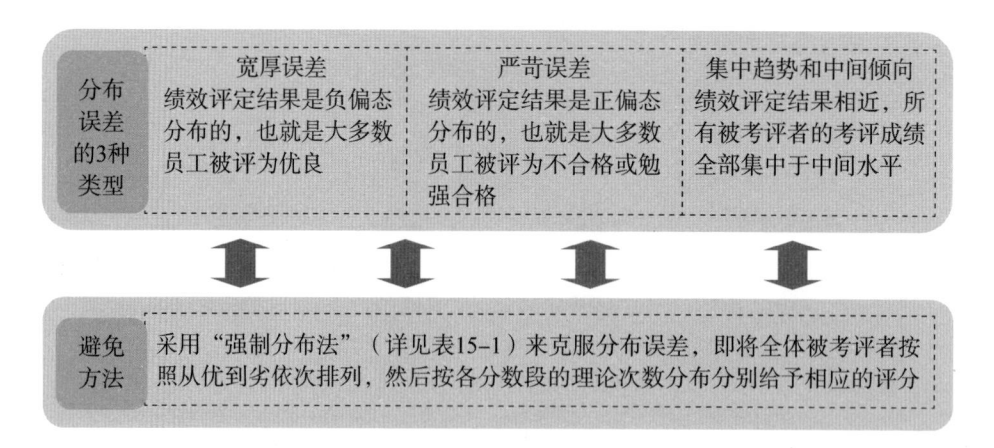

分布误差的3种类型	宽厚误差 绩效评定结果是负偏态分布的，也就是大多数员工被评为优良	严苛误差 绩效评定结果是正偏态分布的，也就是大多数员工被评为不合格或勉强合格	集中趋势和中间倾向 绩效评定结果相近，所有被考评者的考评成绩全部集中于中间水平
避免方法	采用"强制分布法"（详见表15-1）来克服分布误差，即将全体被考评者按照从优到劣依次排列，然后按各分数段的理论次数分布分别给予相应的评分			

图15-1　分布误差的类型及其避免方法

另一方面，员工的绩效还具有多因性、多维性和动态性3个方面的基本特征，在设计和选择绩效考评方法时，可以根据被考评对象的性质和特点，分别采用品质导向型、行为导向型和结果导向型3类绩效考评方法。

15.1 绩效考评方法的 3 种类型

15.1.1 品质导向型考评方法

品质导向型考评方法采用特征性效标，以考评员工的潜质为主，着眼于"他这个人怎么样"，重点考量该员工是具有何种潜质（如心理品质、能力素质）的人。

品质导向型的考评涉及员工的信念、价值观、动机、忠诚度、诚信度，以及一系列能力素质，比如领导能力、人际沟通能力、组织协调能力、理解能力、判断能力、创新能力、改善能力、企划能力、研究能力、计划能力等。

由于品质主导型的考评需要使用如忠诚、可靠、主动、创造性、自信心、合作精神等定性的形容词，因此很难具体掌握，而且考评可操作性及信度和效度较差。

15.1.2 行为导向型考评方法

行为导向型考评方法采用行为性效标，以考评员工的工作行为，着眼于"干什么""如何去干"，重点考量员工的工作方式和工作行为。行为导向型考评方法的主要内容如表 15 - 1 所示。

表 15 - 1 行为导向型考评方法的主要内容

分类	方法	定义及程序
主观考评方法	排列法	亦称排序法、简单排列法，是绩效考评中比较简单易行的一种综合比较方法。它由上级主管根据员工工作的整体表现，按照优劣顺序进行排序
	选择排列法	1. 首先在所有员工中挑出最好的员工 2. 然后挑出最差的员工，将两者作为第一名和最后一名 3. 接着在剩下的员工中再选择出最好和最差的，分别排列在第二名和倒数第二名，依次类推 4. 最终将所有员工按照优劣的先后顺序全部排列完毕
	成对比较法	亦称配对比较法、两两比较法等 1. 根据某种考评要素如工作质量，将所有参加考评的人员逐一比较，按照从最好到最差的顺序对被考评者进行排序 2. 再根据下一个考评要素进行两两比较，得出本要素被考评者的排列次序 3. 依次类推，经汇总后求出被考评者所有考评要素的平均排序数值，得出最终考评排序结果

续表

分类	方法	定义及程序
主观考评方法	强制分布法	亦称强迫分配法、硬性分布法
		假设员工的工作行为和工作绩效整体呈正态分布，那么按照正态分布的规律排列，员工的工作行为和工作绩效好、中、差的分布存在一定的比例关系，在中间的员工应该最多，好的、差的是少数。强制分布法就是按照一定的百分比，将被考评的员工强制分配到各个类别中
客观考评方法	关键事件法	亦称重要事件法
		在某些工作领域内，员工在完成工作任务的过程中有效的工作行为导致了成功，无效的工作行为导致了失败。关键事件法的设计者将这些有效或无效的工作行为称为关键事件，考评者要记录和观察这些关键事件，因为它们通常描述了员工的行为以及工作行为发生的具体背景条件
	行为锚定等级评定法	亦称行为定位法、行为决定性等级量表法
		将关键事件和等级评价有效地结合在一起，通过一张行为等级表展示。在同一个绩效维度中存在一系列行为，每种行为分别表示这一维度中的一种特定绩效水平，将绩效按等级量化，可以使考评结果更有效、更公平
	行为观察法	亦称行为观察评价法、行为观察量表法、行为观察量表评价法
		首先确定员工某种行为出现的概率，要求评定者根据某一工作发生的概率或次数来对被评定者打分
	加权选择量表法	用一系列形容词或描述性语句，说明员工具体的工作行为和表现，并将这些语句分别列入量表中，作为考评者评价的依据。在打分时，如果考评者认为被考评者的行为符合量表中所列的项目，就做相应的标记

15.1.3 结果导向型考评方法

结果导向型考评方法以实际产出为基础，考评的重点是员工工作的成效和劳动成果。结果导向型考评方法主要有 4 种不同的表现形式：目标管理法、绩效管理法、直接指标法和成绩记录法，主要内容如图 15-2 所示。

目标管理法
◎ 由员工和主管共同协商制定个人目标，个人目标依据企业战略目标及部门目标层层分解而定，并尽可能保持一致
◎ 该法以可观察、可测评的工作结果作为衡量员工工作绩效的标准，以制定的目标作为对员工进行考评的依据，从而使员工个人的目标与公司、部门目标保持一致
◎ 目标管理是领导者与下属双向互动的过程

绩效管理法
◎ 采用直接的工作绩效衡量指标，通常适用于非管理岗位的员工，它采用的指标具体、合理、明确，要有时间、空间、数量、质量的限制，要规定完成目标的先后顺序，保证目标与组织目标一致

直接指标法
◎ 在员工的衡量方式上，将可监测、可核算的指标构成的若干考评要素作为对下属的工作表现进行评估的主要依据
◎ 对于非管理人员可以衡量其生产率、工作数量、工作质量等
◎ 对于管理人员可以通过对其所管理的下属进行考评衡量，如员工的缺勤率、流动率等指标

成绩记录法
◎ 适用于从事科研工作的人员，因为他们的工作内容是不同的，无法用固定的指标进行考核
◎ 先由被考评者自己把与工作职责相关的成绩填写在一张记录表上，然后由其上级主管来验证真实性，最后由外部专家评估、确定工作绩效

图 15-2　结果导向型考评方法的主要内容

15.2　常用的 7 种考评方法

15.2.1　目标管理

目标管理（management by objectives，MBO）被称为"管理中的管理"，由美国管理学家彼得·德鲁克于 1954 年在《管理的实践》一书中提出。它是一种结合以工作为中心和以人为中心的管理方法。目标管理是以泰勒的科学管理和行为科学理论为基础，后经德鲁克发展而成的一个完整体系。

目标管理是组织高层管理者根据组织所面临的内外部形势需要，制定出一定时期内经营活动所要达到的总目标，然后由组织内各部门和员工根据总目标确定各自的分目标及保证措施，形成一个目标体系，并将目标完成情况

作为考评依据的管理模式。

企业导入 MBO 需要具备一定的前提条件，主要包括组织结构合理、部门职能清晰、岗位职责明确、工作流程标准等，具体如图 15-3 所示。

组织结构合理	组织结构包括企业的权责结构、控制结构、反馈结构和资源配置结构，组织结构的有效建设和部门职能的清晰划分，对目标管理的运行具有十分重要的保障作用
部门职能清晰	建立基于战略的部门职能，让各部门清楚地知道本部门应该完成什么工作，清晰地界定各部门之间的职能接口，明确各部门之间的衔接注意事项等，这些都对导入和实施目标管理有所帮助
岗位职责明确	岗位职责包括企业设置该职位的目的、工作任务、任职条件和行为准则等内容。明确岗位职责，尤其是理清交叉职责，将有助于为各项工作目标的制定提供依据，也是员工实现自我管理的基础
工作流程标准	对企业经营管理当中反复出现的、有一定结构的、可以通过一定程序解决的活动制定相应的作业流程规范，对不能程序化的工作要规范决策权限，从而达到工作程序标准化和将结果控制变为过程控制的目的

图 15-3　企业导入 MBO 的 4 个条件

15.2.2　平衡计分卡

平衡计分卡（balanced scorecard，BSC）是由哈佛商学院罗伯特·卡普兰（Robert Kaplan）和戴维·诺顿（David Norton）于 1992 年发明的一种绩效管理和绩效考评工具。

平衡计分卡是指依据组织战略，把对企业业绩的评价从财务、客户、内部运营、学习与成长 4 个维度落实为可操作的衡量指标和目标值的一种绩效管理体系。它不仅是一个指标评价系统，还是一个战略管理系统，是企业进行战略执行与管控的有效工具。

因此，人们通常称平衡计分卡是加强企业战略执行力的最有效的战略管理工具。图 15-4 具体说明了平衡计分卡 4 个维度之间的关系。

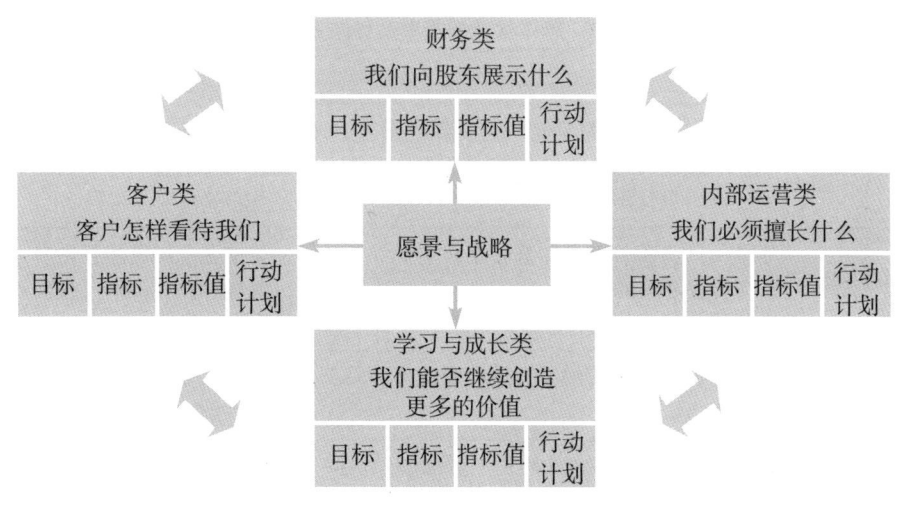

图 15 – 4　平衡计分卡的 4 个维度

BSC 与关键绩效指标相结合可以使企业战略目标与各部门绩效指标之间形成关联性和牵引性，按照 BSC 的 4 个维度将战略目标层层分解到每个部门和岗位上，形成关键绩效指标体系或考评量表，实现企业绩效考评维度的全面化、绩效指标的可量化、绩效管理效用的最大化。

15.2.3　关键绩效指标

关键绩效指标（key performance indicators，KPI）是用来衡量企业内部某一岗位员工工作绩效的具体的、量化的指标，可以对工作完成结果进行直接衡量。KPI 源于对企业总体发展战略目标的分解，并反映最能有效影响企业价值创造的关键驱动要素。

KPI 体系将组织目标进行层层分解，由公司 KPI、部门 KPI 和员工 KPI 构成。企业在构建 KPI 体系时，应注意对 KPI 的选择与绩效产出原则的把握，并与传统绩效体系进行区别。

在导入 KPI 管理之前，企业利益相关者应该达成共识，要充分理解重大的组织变革和文化变革之间的关系，接受变革并了解这些变革是怎样实施的。企业绩效管理相关者包括高层管理者、中层管理者、工会、员工、关键的供应商及关键的客户。为了有效地导入 KPI 管理，需要在这些相关者之间建立一种有效的合作伙伴关系（见表 15 – 2）。

表 15-2　绩效管理相关者合作关系的表现

项目	说明
高层支持	高层支持是推行的前提。企业高层领导必须对 KPI 管理有充分的理性认识，且愿意将这套系统推广到企业中，并为之投入足够的人力、物力和财力，同时也身体力行，模范地遵守和执行 KPI 管理的各种规范和程序
中层投入	企业中间各层管理者的全心投入是重点之一。企业中各个层级的管理者是 KPI 管理活动的中坚力量，他们既是被考评者，也是考评者。中层管理者的作用发挥得如何，直接关系到 KPI 管理活动的质量和效果
工会认同	企业承诺就 KPI 管理事项建立并且维护与工会、员工代表以及员工之间有效的沟通机制
员工理解	KPI 管理一定要赢得一般员工的理解和认同。企业的一般员工是绩效管理的基本对象，绩效管理对他们来说是一种压力。一旦新的绩效管理系统建立，员工就需要有更多的投入和更多的关注，才能取得较好的业绩
实践指导	企业要引入最佳的实践活动，制定共同发展战略
关系扩展	企业推行 KPI 管理，不仅要重视内部合作关系的建立，而且要把合作关系的概念扩展到企业与关键供应商和关键客户之间的合作中，通过与他们的沟通解决问题或寻找突破点

15.2.4　关键过程领域

从人力资源管理角度来讲，关键过程领域（key process area，KPA）可以理解为关键绩效行动（key performance action）或关键绩效领域（key performance area）。

这里的关键过程领域是指企业需要集中力量去改进并解决问题的过程。同时，这些关键过程领域指明了为达到某项能力成熟度所需要解决的具体问题。

在企业绩效管理系统中，KPI 与 KPA 有着非常密切的关系。如果将 KPA 与 KPI 结合起来，KPA 可以理解为企业整个绩效量化过程的量化执行阶段，KPI 可以理解为量化考评阶段。

当一件工作任务暂时没有找到可以衡量的 KPI 或一时难以进行量化的时候，可以对关系到完成任务的几个关键分解动作进行强化性要求，并形成多个目标。然后，需要对多个目标进行检查，达到可以量化的结果。

同时，KPA 是企业做好周计划和日计划的常用工具。通过对 KPA 的量化和统计，可以将每一个工作任务从 KPI 中梳理出来。

15.2.5 关键成果领域

关键成果领域（key result areas，KRA）是对企业使命、愿景与战略目标等的实现起着至关重要的影响和有着较为直接的贡献作用的领域，是企业关键要素的集合。KRA 在第 2 章中提到过，这里主要探讨如何运用 KRA 去分析和寻找 KPI。

KRA 与 KPI 是基于企业愿景及战略目标的，企业需要弄清楚到底要在哪些领域特别关注，才能不断提升公司的运营管理水平，持续地向企业愿景迈进。同时，这个过程也是寻找 KRA 的过程。

确定 KRA 后，接下来需要定义每个 KRA 的关键成功要素，并设计相应的衡量指标，即企业级 KPI。每个 KRA 都涵盖了几个 KPI，KRA 和 KPI 是把企业的战略目标分解为可操作的工作目标的工具，是企业绩效管理的基础，建立明确的切实可行的 KPI 体系是做好绩效管理的关键。

KPI 与 KRA 的关系具体如图 15-5 所示。

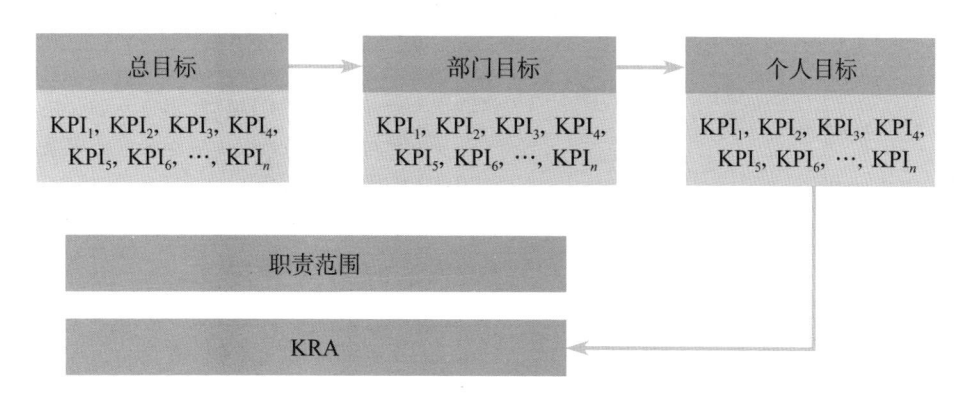

总目标	部门目标	个人目标
KPI_1, KPI_2, KPI_3, KPI_4, KPI_5, KPI_6, ···, KPI_n	KPI_1, KPI_2, KPI_3, KPI_4, KPI_5, KPI_6, ···, KPI_n	KPI_1, KPI_2, KPI_3, KPI_4, KPI_5, KPI_6, ···, KPI_n

职责范围

KRA

图 15-5　KPI 与 KRA 的关系图

15.2.6　360 度绩效考评方法

360 度绩效考评是全方位、立体化地对员工的业绩进行评估的方法，是在20世纪80年代由被称为"美国力量象征"的典范企业英特尔（Intel）首先提出并加以运用的。360度绩效考评1993年经美国《华尔街日报》与《财富》杂志引用之后，立即在美国与全球形成一股组织绩效管理风潮。之后这一方法被《财富》世界1000强中的大多数企业采用，其中包括通用电气、美孚石油（Mobil Oil）、杜邦（DuPont）、联合包裹服务公司（UPS）等大型组织。

但是，将360度绩效考评运用在我国企业绩效管理中也会"水土不服"，因此，目前国内企业在实施360度绩效考评时，一定要注意进行本土化改造，避其害，趋其利。360度绩效考评主体众多，权重设置上需要考虑各主体的优缺点，如表15-3所示。

表15-3 360度绩效考评主体的优点与缺点

考评主体	优点	缺点
上级考评	1. 考评结果可以与晋升、加薪、奖惩等相结合 2. 有机会与下属更好地沟通，了解下属的需求和想法，发现下属的潜力	1. 被考评者心理负担较重 2. 可能存在一定的心理误区，如近因效应、晕轮效应等，不能保证考评的客观公正性
同级考评	1. 比较了解被考评者的真实工作情况 2. 促使同事之间互帮互学，有利于全面提高企业绩效	1. 可能会造成激烈竞争的局面或出现因其他原因扭曲事实的情形 2. 因顾及朋友关系或同事交情等，影响考评结果的客观性
下级考评	1. 对上级产生一定程度上的权力制衡效果 2. 帮助上级完善其管理才能	下级员工可能对位高的上级有所顾虑而无法真实反映其不足之处；或者对上级的工作了解不全面，容易产生片面的看法
自我考评	1. 员工心理压力相对前几种较轻 2. 可以使上级深入了解员工的具体情况，调动员工自我管理的积极性	可能将自己估计过高，与上级或同事做出的评价差距较大；或者易受个人语言表达和演讲能力的限制
外部客户考评	与员工有产品或服务上的接触，可以提供客户满意度相关的感受或评价	考评的客观性受外部客户与员工接触频次的限制，有的岗位很少与外部客户接触

15.2.7 目标与关键成果法

目标与关键成果法（objective & key results，OKR）也是由英特尔公司发明的，目前被包括谷歌和 Zynga 等在内的互联网企业广泛应用。目标与关键成果是在一定周期内为企业和团队设定的战略和目标。在每一个周期结束时，要对团队目标的执行和完成情况进行评估。Uber 和 YouTube 声称就是靠 OKR 把团队拧成一股绳的。

OKR 更适合互联网企业或项目主导型企业，其实施程序包括 4 个步骤，如图 15-6 所示。

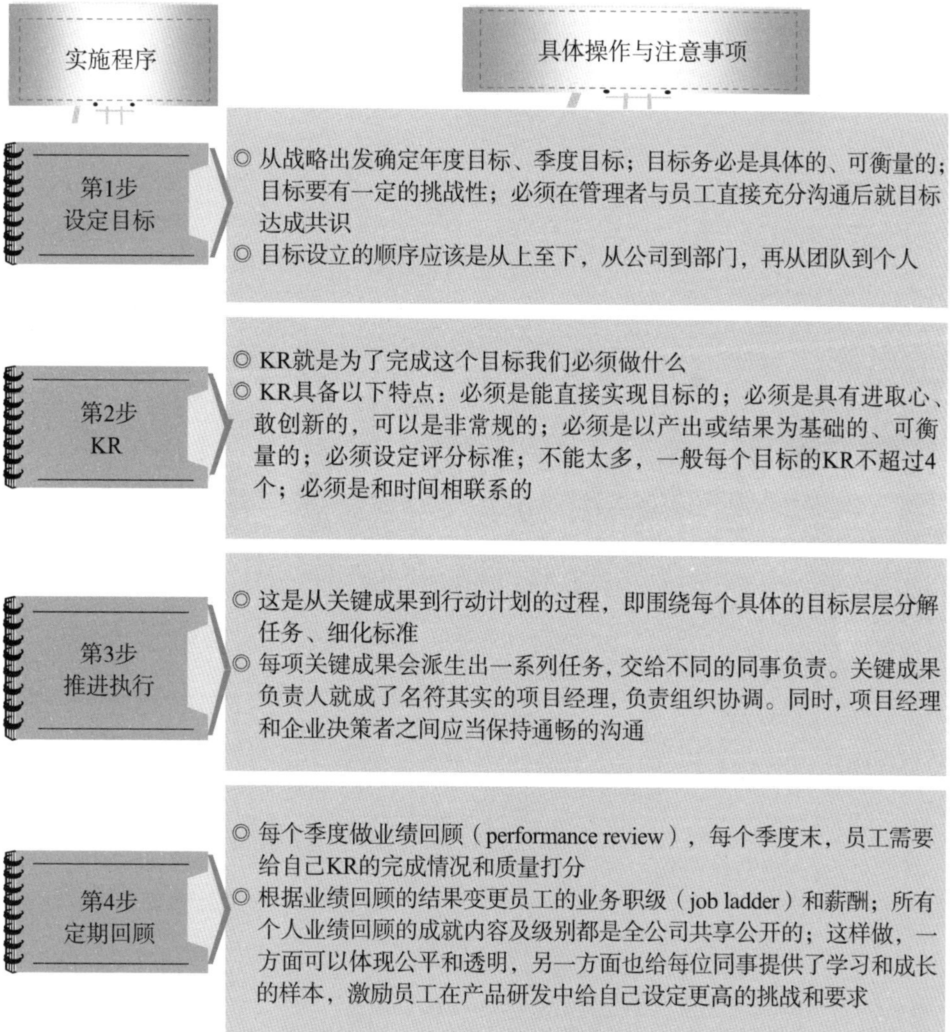

实施程序	具体操作与注意事项
第1步 设定目标	◎ 从战略出发确定年度目标、季度目标；目标务必是具体的、可衡量的；目标要有一定的挑战性；必须在管理者与员工直接充分沟通后就目标达成共识 ◎ 目标设立的顺序应该是从上至下，从公司到部门，再从团队到个人
第2步 KR	◎ KR就是为了完成这个目标我们必须做什么 ◎ KR具备以下特点：必须是能直接实现目标的；必须是具有进取心、敢创新的，可以是非常规的；必须是以产出或结果为基础的、可衡量的；必须设定评分标准；不能太多，一般每个目标的KR不超过4个；必须是和时间相联系的
第3步 推进执行	◎ 这是从关键成果到行动计划的过程，即围绕每个具体的目标层层分解任务、细化标准 ◎ 每项关键成果会派生出一系列任务，交给不同的同事负责。关键成果负责人就成了名符其实的项目经理，负责组织协调。同时，项目经理和企业决策者之间应当保持通畅的沟通
第4步 定期回顾	◎ 每个季度做业绩回顾（performance review），每个季度末，员工需要给自己KR的完成情况和质量打分 ◎ 根据业绩回顾的结果变更员工的业务职级（job ladder）和薪酬；所有个人业绩回顾的成就内容及级别都是全公司共享公开的；这样做，一方面可以体现公平和透明，另一方面也给每位同事提供了学习和成长的样本，激励员工在产品研发中给自己设定更高的挑战和要求

图 15-6　OKR 的实施程序

第 16 章

如何设计 KPI 量表

KPI 是影响企业战略及年度经营计划达成的关键因素。通过系统分析，我们发现 KPI 主要来自 10 个方面，如图 16-1 所示。

KPI的来源
- 从企业战略及公司各产品业务单元的业务计划中提取
- 从部门职能及工作目标中分解，还有一些部门之间存在交叉职能
- 通过现有工作绩效汇报系统筛选与公司战略及计划密切相关的
- 参照国际同行业企业、国内主要竞争对手的KPI和考核标准
- 从监管标准及行业经济技术指标中摘选
- 从组织结构设计与变革过程、岗位分工与协作任务中筛选
- 从各个岗位的岗位说明书中直接转化
- 从工作最需要改进的薄弱环节或者绩效短板中选取
- 从内部客户合作或者流程配合中，需要畅通整个业务运作流程控制的关键输入、输出点处转化或者设计
- 从防范性扣分指标、安全指标、事故指标、稽查指标，以及一票否决指标等中选定

图 16-1　KPI 的 10 大来源

KPI 量表是企业绩效管理的主要工具，是绩效考评的主要抓手，是考评者与被考评者之间制定目标、过程沟通和评分的依据，所以，HR 要花精力认真设计 KPI 量表。

KPI 既包括定量指标，也包括定性指标；既有能力指标，也有态度指标。KPI 量表设计的项目主要包括筛选指标维度、提取 KPI、界定 KPI 的公式或进行释义、确定权重。

16.1 KPI 的分类与对比

16.1.1 定性指标与定量指标

根据指标可否量化，KPI 可以划分成定性指标与定量指标。

1. 定性指标与定量指标的界定

定性指标是指企业无法通过直接的数据对考核内容进行计算、分析与评价，而是需要对评价对象进行客观描述以及分析来反映评价结果的指标。

定量指标是指能将考核内容进行数量定义、精确衡量并设定绩效目标的考核指标。在定量评价体系中，各指标的评价基准是该项指标是否符合生产的基本要求。

2. 定性指标与定量指标的联系和区别

定性指标与定量指标应该是统一的、相互补充的。定性指标是定量指标的基本前提，没有定性的定量是一种盲目的、毫无价值的定量；定量指标的确定使定性指标更加科学、准确，它可以促使定性指标反映出更广泛和深入的结果。

定性指标和定量指标的联系和区别具体如表 16-1 所示。

表 16-1　定性指标与定量指标的联系和区别

对比项目	定性指标	定量指标
指标来源	主要凭借指标制定者的直觉、经验，参照分析对象过去和现在的延续状况及最新的信息资料，对指标对象的性质、特点、发展变化规律做出判断	依据统计数据，建立数学模型，并用数学模型计算出分析对象的各项指标及其相关数值、公式
着眼点	注重考核内容的质的方面	注重考核内容的量的方面
特性	重视对考核内容意义的理解，强调考核对象的主观意向性，通过解释进行建构	注重预测控制，强调事实的客观实在性，通过经验进行实证
准确性	较为粗糙，是在数据资料不够充分或分析者数学基础较为薄弱时建立的指标	指标制定和考核更科学，但需要具备较强的数学知识，具有更广泛易得的数据资料

16.1.2 态度指标与能力指标

根据考核的内容分类，KPI 可分为业绩指标、能力指标、态度指标。

工作态度是工作能力向工作业绩转换的"媒介"，能力强只是具备了能够取得好的工作业绩的基础，但也不是绝对的。态度指标一般包括纪律性、协作性、积极性、团队精神、进取精神、敬业精神、责任感、荣誉感、忠诚度等。因此，可以对员工工作的负责程度、认真程度、努力程度、工作主动性、积极性等方面进行指标的定性考核。

能力指标是根据岗位说明书对岗位的要求，对员工在其工作岗位上显示和发挥出来的能力实施评价的指标。能力指标一般包括健康状况、专业知识水平、反应判断能力、组织表达能力、创新能力、操作能力等。

员工能力与业绩在本质上存在较为显著的差异，能力具有较强的内在性特征，难以衡量和比较；而业绩是外在的，业绩指标能够较好地进行把握。因此，企业绩效管理实践中可以量化的 KPI 大多指业绩指标。

例如，销售型企业的业绩方面一般可以考察 8 个 KPI：营业收入增长率、资本保值增值率、资本积累率、总资产增长率、净利润增长率、技术投入产出比、营业收入 3 年平均增长率和资本 3 年平均增长率。

16.2 销售部门各岗位 KPI 量表设计

16.2.1 销售部经理 KPI 量表实例

销售部经理 KPI 量表的范本如表 16-2 所示。

表 16-2 销售部经理 KPI 量表

指标维度	KPI 名称	指标公式或释义	权重
产品销售	产品销售量	考核期内各项产品销售总量	5%
	销售计划达成率	销售计划达成率 = $\dfrac{\text{实际销售额或销售量}}{\text{计划销售额或销售量}} \times 100\%$	5%
	销售毛利率	销售毛利率 = $\dfrac{\text{销售收入} - \text{销售成本}}{\text{销售收入}} \times 100\%$	10%
	核心产品市场占有率	公司的核心产品销量占整个市场中该类产品销售总量的比率	10%

续表

指标维度	KPI 名称	指标公式或释义	权重
产品销售收入	销售收入	企业商品销售和其他销售取得的收入	10%
	销售回款率	销售回款率 = $\dfrac{\text{本期实收销售款}}{\text{本期销售收入}} \times 100\%$	10%
产品销售费用	销售费用率	销售费用率 = $\dfrac{\text{销售费用}}{\text{销售收入}} \times 100\%$	10%
客户开发与维护	新客户开发达成率	考核客户开发数量的重要指标	10%
	老客户保有率	考核客户关系维护情况的重要指标	10%
	客户满意度	考核销售服务质量的重要指标	10%
	客户投诉次数		
部门员工管理	培训计划完成率	培训计划完成率 = $\dfrac{\text{实际完成的培训课时}}{\text{计划完成的培训课时}} \times 100\%$	5%
	部门员工任职资格达标率	部门员工任职资格达标率 = $\dfrac{\text{期末考核达标人数}}{\text{本部门参与考核的总人数}} \times 100\%$	5%

16.2.2 渠道经理 KPI 量表实例

渠道经理 KPI 量表的范本如表 16-3 所示。

表 16-3 渠道经理 KPI 量表

指标维度	KPI 名称	指标公式或释义	权重
收入与费用	销售收入	企业商品销售和其他销售取得的收入	15%
	渠道拓展费用	企业用于产品渠道拓展的总费用额	15%
渠道拓展	渠道拓展计划完成率	渠道拓展计划完成率 = $\dfrac{\text{实际拓展渠道数量}}{\text{计划拓展渠道数量}} \times 100\%$	10%
	当期新产品渠道铺货率	当期新产品渠道铺货率 = $\dfrac{\text{实际上有产品陈列的店头数量}}{\text{产品所应陈列的店头数量}} \times 100\%$	10%
	销售回款率	销售回款率 = $\dfrac{\text{实际回款金额}}{\text{计划回款金额}} \times 100\%$	10%

续表

指标维度	KPI 名称	指标公式或释义	权重
渠道拓展	经销商覆盖率	经销商覆盖率 = $\dfrac{\text{签约经销商数量}}{\text{计划开发经销商数量}} \times 100\%$	5%
	区域代理商覆盖率	区域代理商覆盖率 = $\dfrac{\text{签约区域代理商数量}}{\text{计划开发区域代理商数量}} \times 100\%$	5%
渠道开发	渠道成员满意度评分	渠道成员对企业产品服务质量的满意程度	10%
	零售商开发成功率	考核期内新增合作零售商的比率	5%
	新增渠道成员数量	考核期内新开发的所有销售渠道成员数量	15%

16.2.3 大客户经理 KPI 量表实例

大客户经理 KPI 量表的范本如表 16-4 所示。

表 16-4 大客户经理 KPI 量表

指标维度	KPI 名称	指标公式或释义	权重
回款与费用	销售账款回收率	销售账款回款率 = $\dfrac{\text{实际回款金额}}{\text{计划回款金额}} \times 100\%$	10%
	部门费用控制率	部门费用控制率 = $\dfrac{\text{部门费用预算} - \text{实际发生的部门费用}}{\text{部门费用预算}} \times 100\%$	10%
销售目标	销售目标完成率	销售目标完成率 = $\dfrac{\text{实际销售数量}}{\text{计划销售数量}} \times 100\%$	15%
	销售增长率	= $\dfrac{\text{当期销售额或销售量}}{\text{上期（或去年同期）销售额或销售量}} \times 100\% - 1$	10%
客户管理	大客户流失率	大客户流失率 = $\dfrac{\text{考核期大客户流失数量}}{\text{已有大客户数量} + \text{考核期大客户流失数量}} \times 100\%$	10%
	大客户满意度评分	考核大客户经理销售服务质量的重要指标	10%

续表

指标维度	KPI 名称	指标公式或释义	权重
客户管理	目标大客户开发数量	考核期内计划开发大客户的数量	15%
	大客户有效投诉次数	考核期内企业大客户对销售工作不满意投诉总次数	10%
学习发展	核心员工保有率	核心员工保留率 $= \dfrac{\text{期末核心员工数} - \text{期内新增核心员工数}}{\text{期初核心员工数}} \times 100\%$	5%
	培训计划完成率	培训计划完成率 $= \dfrac{\text{实际完成的培训课时}}{\text{计划完成的培训课时}} \times 100\%$	5%

16.2.4 区域主管 KPI 量表实例

区域主管 KPI 量表的范本如表 16-5 所示。

表 16-5 区域主管 KPI 量表

指标维度	KPI 名称	指标公式或释义	权重
销售管理	区域销售额	考核期内企业产品区域销售总额	20%
	区域销售回款率	区域销售回款率 $= \dfrac{\text{实际回款金额}}{\text{计划回款金额}} \times 100\%$	10%
	区域销售费用率	区域销售费用率 $= \dfrac{\text{产品销售费用}}{\text{产品销售收入}} \times 100\%$	10%
市场开发	区域市场拓展完成率	区域市场拓展完成率 $= \dfrac{\text{区域市场实际拓展数量}}{\text{区域市场计划拓展数量}} \times 100\%$	20%
	区域内市场占有率	区域内市场占有率 $= \dfrac{\text{企业产品销售额}}{\text{市场同类产品销售额}} \times 100\%$	10%
	所辖区域开展市场推广活动次数	考察期内企业产品区域开展市场推广活动的总次数	10%
客户管理	本区新增大客户数	考察期内区域新增加大客户总数	10%
	客户有效投诉次数	客户有效投诉次数是经分析确认有效投诉公司销售部门或人员的次数	10%

16.2.5 销售专员 KPI 量表实例

销售专员 KPI 量表的范本如表 16-6 所示。

表 16-6 销售专员 KPI 量表

指标维度	KPI 名称	指标公式或释义	权重
销售任务	销售计划达成率	销售计划达成率 = $\dfrac{\text{实际销售额或销售量}}{\text{计划销售额或销售量}} \times 100\%$	30%
	销售收入增长率	销售收入增长率 = $\dfrac{\text{本期销售收入} - \text{上期销售收入}}{\text{上期销售收入}} \times 100\%$	15%
账款回收	销售回款率	销售回款率 = $\dfrac{\text{实际回款金额}}{\text{计划回款金额}} \times 100\%$	10%
	销售坏账率	销售坏账率 = $\dfrac{\text{坏账损失}}{\text{主营业务收入}} \times 100\%$	5%
销售费用	销售费用率	销售费用率 = $\dfrac{\text{销售费用}}{\text{销售收入}} \times 100\%$	10%
客户开发	新客户开发率	新客户开发率 = $\dfrac{\text{新开发订货用户数}}{\text{访问新用户数}} \times 100\%$	5%
	接待客户率	接待客户率 = $\dfrac{\text{接待总次数}}{\text{访问总次数}} \times 100\%$	
	拜访的陌生客户数量	考核期内销售专员进行第一次拜访的客户数量	5%
	客户回访次数	考核期内客户对企业产品或服务回访的次数	5%
	老客户流失率	老客户流失率 = $\dfrac{\text{老客户流失数量}}{\text{全部消费产品或服务顾客数量}} \times 100\%$	5%
	客户投诉次数	考核期内客户对产品和服务的投诉发生次数	5%
合同执行与单据	合同执行、单据填写出错次数	考核期内销售专员执行合同和填写单据过程中出现错误的次数	5%

第 17 章

如何设计薪酬管理系统

薪酬管理是企业人力资源部的重要工作内容之一，科学合理的薪酬管理体系将会帮助企业有效控制人工成本或经营成本，且使企业的费用支出高效化。当然，薪酬设计属于一种激励设计，其中的薪酬变革，因为涉及全员尤其是既得利益者的利益，所以实际操作中难度较大。

薪酬设计者要宣贯好薪酬管理的共赢理念，要让经营者、股东、员工都明白，薪酬分享不是分企业的存量，而是增量。HR作为企业薪酬管理的主要责任人，在日常实施薪酬管理时，应重点抓好6件事，具体如图17-1所示。

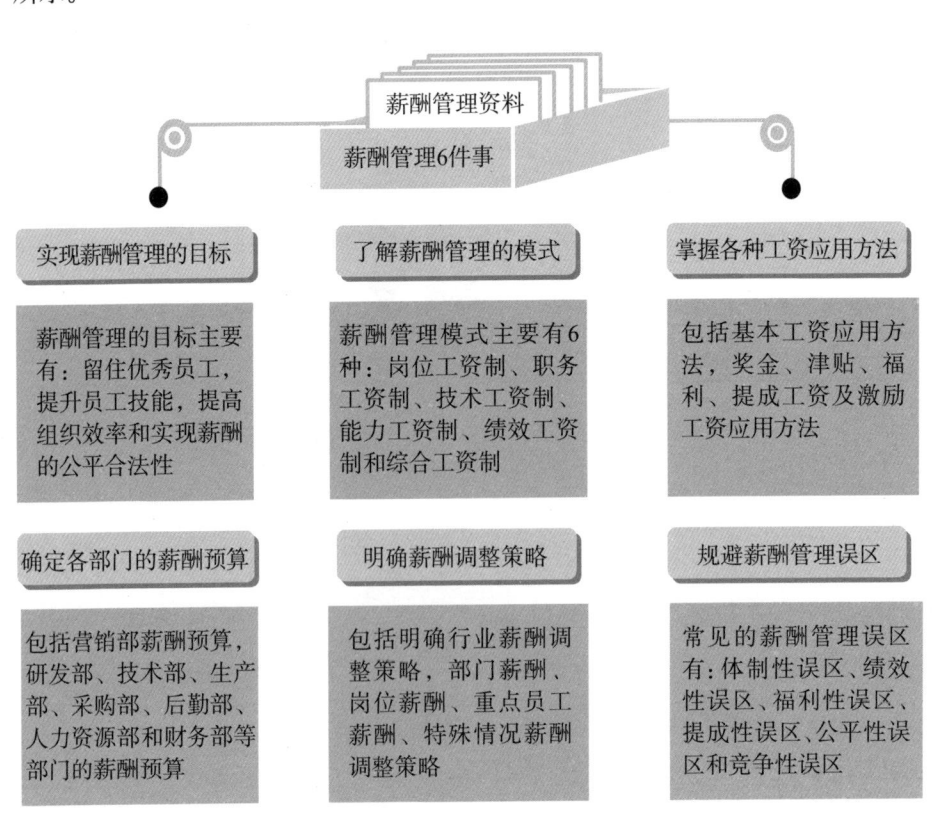

薪酬管理资料

薪酬管理6件事

实现薪酬管理的目标

薪酬管理的目标主要有：留住优秀员工，提升员工技能，提高组织效率和实现薪酬的公平合法性

了解薪酬管理的模式

薪酬管理模式主要有6种：岗位工资制、职务工资制、技术工资制、能力工资制、绩效工资制和综合工资制

掌握各种工资应用方法

包括基本工资应用方法，奖金、津贴、福利、提成工资及激励工资应用方法

确定各部门的薪酬预算

包括营销部薪酬预算，研发部、技术部、生产部、采购部、后勤部、人力资源部和财务部等部门的薪酬预算

明确薪酬调整策略

包括明确行业薪酬调整策略，部门薪酬、岗位薪酬、重点员工薪酬、特殊情况薪酬调整策略

规避薪酬管理误区

常见的薪酬管理误区有：体制性误区、绩效性误区、福利性误区、提成性误区、公平性误区和竞争性误区

图17-1 薪酬管理要抓好的6件事

17.1 薪酬管理模型与激励机制

17.1.1 薪酬管理模型

薪酬管理制度是企业在市场薪酬调研、岗位评价等工作后，确定本企业的薪酬水平，明确本企业薪酬支付办法、调整措施及日常管理规范的文件。企业就是通过建立按劳分配、同工同酬的分配制度，规范公司薪酬管理，为员工创造公平、公正、公开的竞争环境和激励机制，增进员工工作积极性，提高公司经济效益。薪酬管理模型如图 17-2 所示。

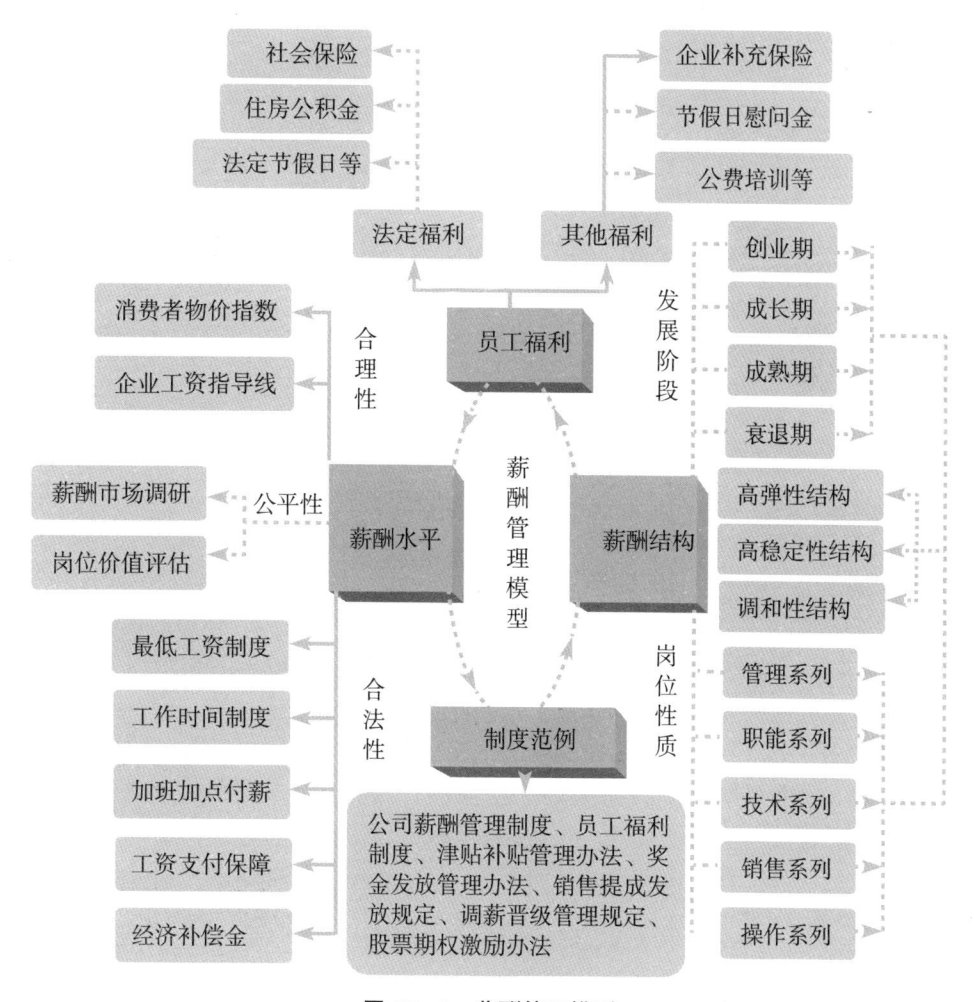

图 17-2 薪酬管理模型

17.1.2 薪酬激励机制模型

激励机制是指在组织中，激励主体运用多种激励手段并使之规范化和相对固定化，同时与激励客体相互作用、相互制约的结构、方式、关系及演变规律的总和。

薪酬激励机制是企业将组织目标转化为具体事实的连接手段。通过激励，企业能够运用各种有效的方法去调动员工的积极性和创造性，使员工努力完成组织的任务，实现组织的目标。薪酬激励机制模型如图17-3所示。

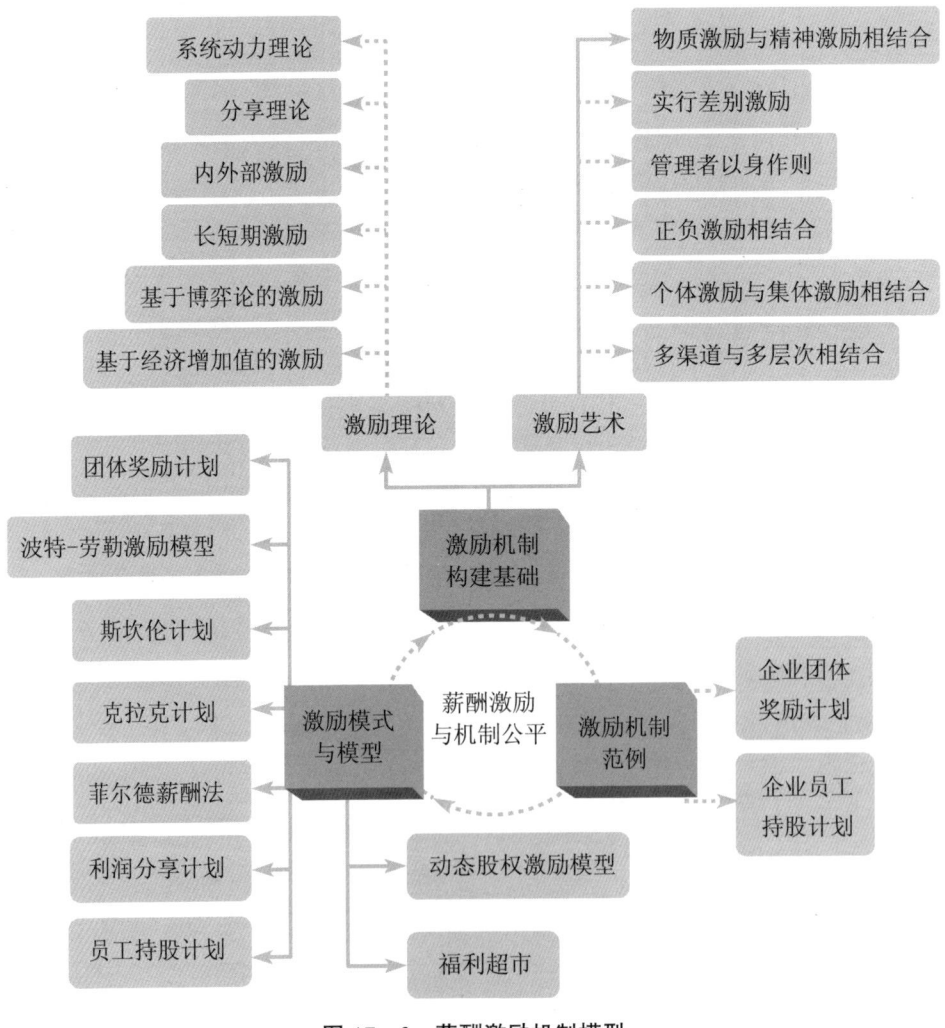

图 17-3 薪酬激励机制模型

17.2 薪酬调查与报告

17.2.1 员工薪酬满意度调查问卷实例

以下是某公司的员工薪酬满意度调查问卷，供读者参考。

为了及时了解公司目前薪酬管理工作中存在的不足和员工在薪酬方面的真实想法和建议，逐步提高公司的薪酬管理水平，提高员工的工作积极性，满足公司快速发展的需要，人力资源部特组织开展本次薪酬满意度调查。

请全体员工积极配合本次调查，认真、详细地填写本调查表，并于____年__月__日前交到人力资源部。谢谢合作！

一、员工基本信息

员工姓名：_____ 性别：_____ 年龄：_____ 学历：_____
担任岗位：_____ 所属部门：_____ 入职时间：_____ 目前薪酬：_____

二、薪酬现状调查（请根据您的真实情况在合适的方框内划"√"）

1. 您对于自己目前的薪酬水平：
□非常满意 □比较满意 □一般 □不满意，希望薪酬达到____元/年

2. 您认为自己的薪酬与岗位相比：
□非常相称 □基本相称 □不相称 □不确定

3. 您觉得现在的薪酬能反映您对公司的贡献吗？
□完全可以 □基本可以 □不可以 □不确定

4. 您觉得公司的薪酬水平在同行业中是否有竞争力？
□竞争力很强 □竞争力较强 □竞争力一般 □竞争力较弱

5. 您对目前公司薪酬管理客观科学性的评价是：
□非常科学合理 □较科学合理 □不够科学合理 □不确定

6. 您对目前公司薪酬制度对人才吸引力的评价是：
□非常有吸引力 □较有吸引力 □吸引力不够 □几乎没有吸引力 □不确定

7. 您认为现有的薪酬制度公平吗？
□非常公平 □比较公平 □一般 □不公平

8. 您认为公司实行的薪酬激励措施：
□有非常强的激励性 □有较强的激励性 □不确定 □激励性不够

9. 您认为公司薪酬制度所倡导的分配机制是：
□ 向勤奋及优秀的员工倾斜　□ 按劳分配　□ 平均主义

10. 您清楚公司员工的薪酬组成吗？
□ 非常清楚　□ 比较清楚　□ 不清楚　□ 无所谓

11. 您觉得公司目前的薪酬管理有改革的必要吗？
□ 非常有必要　□ 希望改革　□ 目前的状态还可以　□ 没有必要

12. 您认为还有哪些措施可能使您受到激励（可多选）？
□ 明确晋升机制　□ 给予员工培训　□ 完善福利体系　□ 开展集体活动
□ 其他：（请注明）_____

13. 您希望哪方面的工作做出改进：
□ 薪酬方面　□ 福利方面　□ 部门配合方面　□ 企业文化方面
□ 员工行为规范方面
□ 其他：（请注明）_____

14. 您对公司福利政策及建设的看法是：
□ 有一些福利项目，但不够完善合理　□ 不太令人满意　□ 不确定
□ 其他：（请注明）_____

15. 除薪酬外，您最看重：
□ 提高自己能力的机会　□ 好的工作环境　□ 和谐的人际关系
□ 工作的成就感
□ 其他：（请注明）_____

16. 您对公司薪酬管理有什么意见与建议？
_____
_____
_____

17.2.2　外部薪酬水平调查报告实例

以下是某公司的外部薪酬水平调查报告，供读者参考。

一、调查背景

市场竞争日益激烈，公司原有的薪酬体系不再符合现代企业管理的要

求，为了建立更科学合理的薪酬管理体系，激发员工工作积极性与上进心，吸引更多的优秀人才，人力资源部自____年__月__日起开始外部薪酬水平调查工作，并于____年__月__日全面完成薪酬调查任务。

二、调查对象

为了保证调查数据具备可参照性和调查结果具备可执行性，本次薪酬调查主要选择以下 2 种类型的公司。

1. 同行业 500 强列表中的前 100 家公司。
2. 同行业与本公司有竞争关系的 10 家公司。

三、调查方式与渠道

本次调查主要采用下列 4 种渠道相结合的方式实施。

1. 收集、查看政府部门发布的薪酬调查资料。
2. 委托××咨询公司开展调研。
3. 从本公司流动人员中进行了解。
4. 开展问卷调查。

四、调查结果说明与分析

（一）薪酬调查情况说明

1. 样本的层级薪酬结构说明。
2. 样本的各类别人员薪酬状况说明。
3. 样本的福利概况说明。
4. 样本的学历及工作经验分布。
5. 调查重点数据说明。

（二）重点调查对象的薪酬状况分析

调查人员根据薪酬调查统计分析的结果，将调查的同一类岗位薪酬数据由高至低排列，计算出列在中间位置的数据，即 25%点处、50%点处（1家）、75%点处（6家）、90%点处（3家）。

（三）整体情况分析

1. 本公司所属的行业总体薪酬水平较上一年度增长____%，纵观最近几年的薪酬调查结果，整体薪酬水平呈稳步增长趋势。
2. 本公司所属的行业上一年度平均薪酬水平为____元，本公司平均薪酬水平为____元，高出市场平均薪酬水平____个百分点。

3. 本公司在关键岗位或核心人才的薪酬管理上还存在不足之处，主要表现为薪酬结构设计不太合理。

五、调查结果应用

通过对本次薪酬调查结果与公司目前薪酬状况进行比较，公司应从如下3个方面改进薪酬管理工作：

1. 根据公司经营效益适时调整本公司的整体薪酬水平。

2. 结合外部薪酬水平及本公司实际情况，对关键或重要岗位、部门薪酬水平与结构进行重新设计。

3. 着手开展弹性福利制度的设计工作。

17.3　物质激励与精神激励

17.3.1　物质激励的4种方法

激励是指通过各种有效的手段，充分挖掘员工潜力，使其全力达到预期目标的过程。在激励过程中，管理者对员工的各种需要予以不同程度的满足或者限制，以激发和调动员工的需要与动机，从而使员工达到某一特定目标，并在追求这一目标的过程中保持高昂的情绪和持续的积极状态。

物质激励是指运用物质的手段使员工得到物质上的满足，从而进一步调动其积极性、主动性和创造性的一种激励模式。物质需要是员工的第一需要，也是基本需求，所以物质激励是激励的主要模式，具体方法如图17－4所示。

企业采取物质激励模式进行员工激励时应注意两方面的问题，如图17－5所示。

17.3.2　精神激励的11种方式

精神激励是相对于物质激励而言的，精神激励是企业激励体系的重要构成部分，精神激励设计的11种方式如图17－6所示。

第 17 章 如何设计薪酬管理系统

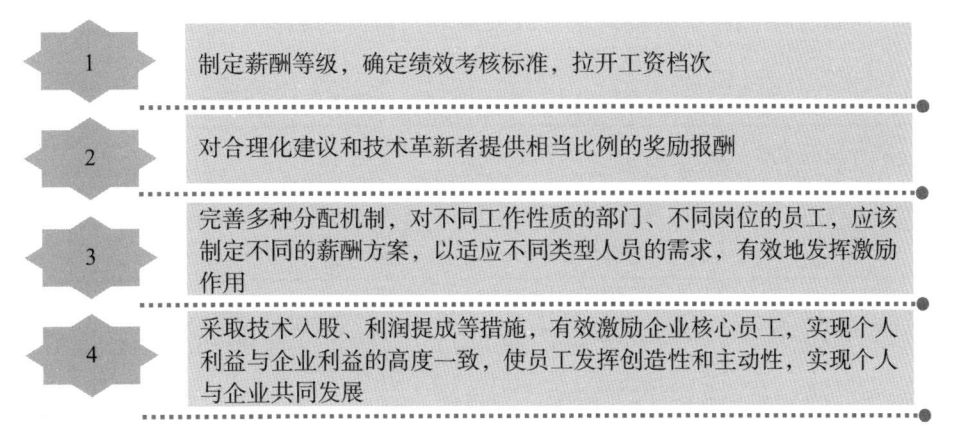

1	制定薪酬等级，确定绩效考核标准，拉开工资档次
2	对合理化建议和技术革新者提供相当比例的奖励报酬
3	完善多种分配机制，对不同工作性质的部门、不同岗位的员工，应该制定不同的薪酬方案，以适应不同类型人员的需求，有效地发挥激励作用
4	采取技术入股、利润提成等措施，有效激励企业核心员工，实现个人利益与企业利益的高度一致，使员工发挥创造性和主动性，实现个人与企业共同发展

图 17-4 物质激励改善分配制度的方法

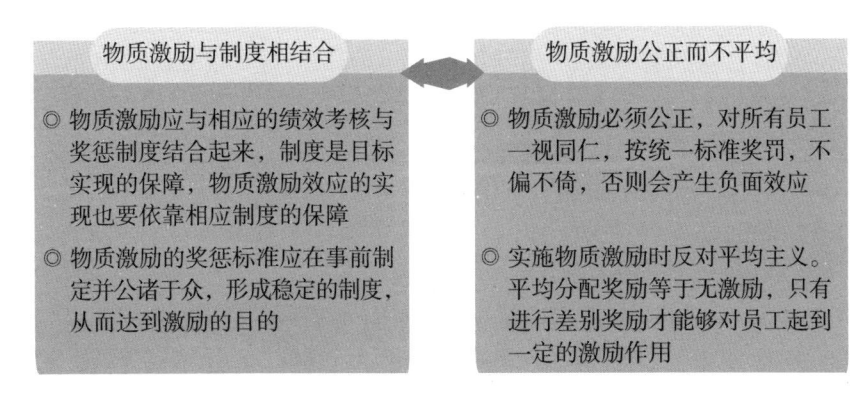

物质激励与制度相结合
◎ 物质激励应与相应的绩效考核与奖惩制度结合起来，制度是目标实现的保障，物质激励效应的实现也要依靠相应制度的保障
◎ 物质激励的奖惩标准应在事前制定并公诸于众，形成稳定的制度，从而达到激励的目的

物质激励公正而不平均
◎ 物质激励必须公正，对所有员工一视同仁，按统一标准奖罚，不偏不倚，否则会产生负面效应
◎ 实施物质激励时反对平均主义。平均分配奖励等于无激励，只有进行差别奖励才能够对员工起到一定的激励作用

图 17-5 物质激励的注意事项

职务激励　参与激励　情感激励
尊重激励　榜样激励　成就感激励　信任激励
荣誉激励　内部竞争激励　奖惩激励　授权激励

图 17-6 精神激励设计的 11 种方式

为满足不同精神激励需求可以采取的具体措施如表 17-1 所示。

表 17-1 精神激励的具体措施

精神激励需求	具体措施
信任	不实施苛刻的考勤制度；开放相关的资源；不对员工事假和病假的证明做出硬性要求；营造自主自由的工作环境
"主人翁"	绝不轻易裁员或降薪；相信员工是使企业持续发展壮大的根本；创建"以企为家""员工是主人翁"的工作氛围；创造条件让员工学习其他技能；增强岗位的吸引力
尊重	实行个人与企业共同发展的经营理念；明确的职业前途；开放的沟通途径；和谐的工作氛围；充分的隐私空间；足够的培训机会；人性化的离职安排等
工作乐趣	增加员工参与管理和提出建议的机会；采取措施激发员工的创造潜力；为员工设计可行、合理的职业发展路径；实行"轮岗"工作制度
成就感	营造鼓励创新的氛围；员工有权选择目标岗位；员工有机会尝试自己感兴趣的工作；员工有权规划自己的未来；设立针对特殊贡献的奖励大会或其他公开奖励方式
保持士气	经常向员工问好，增加亲和力；建立与员工定期交谈的规定；及时针对员工良好的工作态度和工作业绩进行表扬；建立公正、客观的晋升机制，一旦符合要求，立即晋升；提供各种轮岗机会，丰富员工的工作经验，消除倦怠感

17.4 福利管理台账设计

17.4.1 福利项目台账实例

员工福利目前已被越来越多的企业重视，福利项目的费用支出占据了企业经营费用的较大比重，为加强对企业福利项目的科学严格管理，企业应及时建立福利费用支付台账。

需要注意的是，福利项目台账中要将所有能用货币形式表示的福利支出信息包含进来，并将福利项目分类列明，还要体现每项福利的费用支付额度、福利项目实施的具体时间以及福利费用支出合计等内容。

企业年度福利管理台账的范本如表 17-2 所示。

表 17-2　20×× 年福利管理台账

月份	福利项目	福利性质		费用支出	支付日期	
		法定福利	企业福利	___元	___月	___日
1						
2						
3						
4						
5						
6						
7						
8						
9						
10						
11						
12						

17.4.2　保险基金台账实例

根据国家的规定，企业和员工个人必须缴纳各项社会保险。因此，这也是一项确定的企业支出项目，是企业人工成本的重要组成部分。企业在建立保险基金台账时，要将所有的保险基金信息包括在内，如保险项目、合计支出费用、单项支出费用以及发生月份等。

保险基金台账的范本如表 17-3 所示。

表 17-3　20×× 年度保险基金台账

月份	员工姓名	身份证号	养老保险（元）		医疗保险（元）		失业保险（元）		工伤保险（元）		生育保险（元）		总计（元）
			企业	个人	企业	个人	企业	个人	企业	个人	企业	个人	
1													
2													
3													
4													
5													
6													
7													
8													
9													
10													
11													
12													
合计	___人		___元		___元		___元		___元		___元		___元

第18章
如何设计薪酬结构模式

薪酬结构主要涉及企业总体薪酬所包含的固定部分（主要指基本工资）和浮动部分（主要指奖金和绩效薪酬）所占的比例。可供企业选择的薪酬结构模式主要包括 3 种，其特点具体如表 18-1 所示。

表 18-1　薪酬结构模式及其特点

薪酬结构模式	界定	特点
高弹性模式	绩效薪酬是薪酬结构的主要组成部分，基本薪酬等处于次要的地位，即薪酬中固定部分比例比较低，而浮动部分比例比较高	这是一种激励性很强的薪酬结构模式，员工薪酬的多少完全取决于工作绩效的好坏。当员工绩效优秀时，薪酬则高；而当员工绩效差时，薪酬则低甚至为零
高稳定模式	基本薪酬是薪酬结构的主要组成部分，绩效薪酬等处于次要的地位，所占的比例非常低，即薪酬中固定部分比例比较高，浮动部分比例比较低	这是一种稳定性很强的薪酬结构模式，在这种模式下，员工的收入非常稳定，努力不努力不重要，完成岗位职责就能获得全额的薪酬
调和型模式	绩效薪酬和基本薪酬各占一定的比例。当两者的比例不断变化时，这种模式既可以演变为以激励为主的模式，也可以演变为以稳定为主的模式	这是一种灵活的薪酬结构模式，既有激励性又有稳定性，对员工有一定的激励作用，也使员工有一定的安全感

18.1　全面薪酬管理

18.1.1　全面薪酬的框架

全面薪酬不仅包括企业向员工提供的货币性薪酬，也包括为企业员工创造的良好工作环境及工作本身的内在特征、组织特征等带来的非货币性激励效应。全面薪酬的表现形式包括精神的与物质的、有形的与无形的、货币的与非货币的、内在的与外在的。

全面薪酬的构成框架具体如图 18-1 所示。

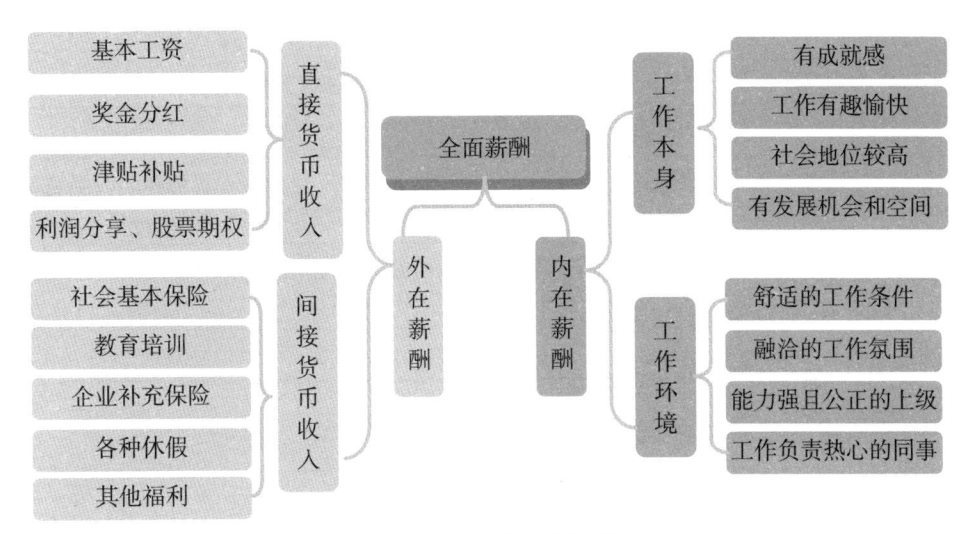

图 18-1　全面薪酬的构成框架

全面薪酬的实施是一项艰巨复杂的工程，必须制定对应的管理策略。全面薪酬实施的 5 大策略如图 18-2 所示。

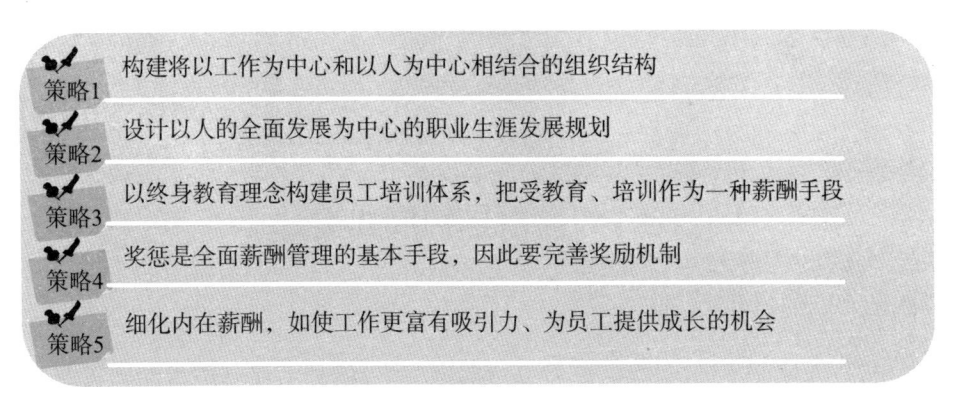

策略1　构建将以工作为中心和以人为中心相结合的组织结构
策略2　设计以人的全面发展为中心的职业生涯发展规划
策略3　以终身教育理念构建员工培训体系，把受教育、培训作为一种薪酬手段
策略4　奖惩是全面薪酬管理的基本手段，因此要完善奖励机制
策略5　细化内在薪酬，如使工作更富有吸引力、为员工提供成长的机会

图 18-2　全面薪酬实施的 5 大策略

18.1.2　工资标准分析

1. 高层管理人员工资标准

高层管理人员的薪酬水平一般由企业薪酬委员会确定，确定依据是上一年度的企业总体经营业绩和外部市场薪酬调查数据的分析结果。根据企业高

层管理人员的工资构成及职务性质分析确定各组成部分的比例，具体组成比例及相关说明如表 18-2 所示。

表 18-2 企业高层管理人员的工资标准及说明

工资组成	具体说明
基本年薪	基本年薪是高层管理人员一个稳定的收入来源，是由个人资历和职务确定的，该部分的比重通常占高层管理人员全部收入的 30%～40%
年终效益奖	年终效益奖是对高层管理人员经营业绩的一种短期激励，一般以货币的形式于年底支付，该部分薪酬占高层管理人员全部薪酬的 15%～25%
股权激励	该激励手段非常重要，主要有股票期权、虚拟股票、限制性股票等

2. 普通员工工资标准

普通员工工资标准的确定方法如图 18-3 所示。

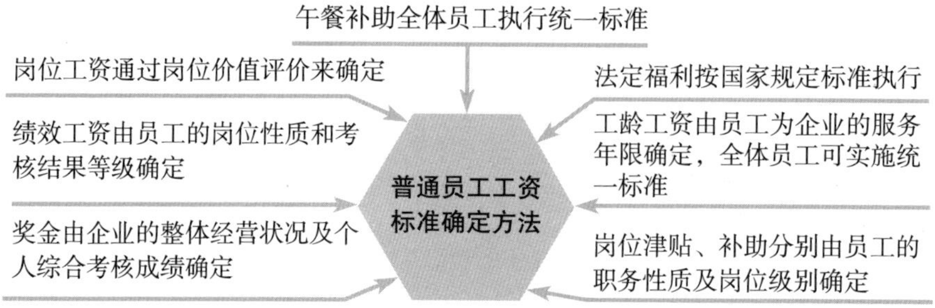

图 18-3 普通员工工资标准的确定方法

- 午餐补助全体员工执行统一标准
- 岗位工资通过岗位价值评价来确定
- 法定福利按国家规定标准执行
- 绩效工资由员工的岗位性质和考核结果等级确定
- 工龄工资由员工为企业的服务年限确定，全体员工可实施统一标准
- 奖金由企业的整体经营状况及个人综合考核成绩确定
- 岗位津贴、补助分别由员工的职务性质及岗位级别确定

18.2 薪酬结构模式设计

18.2.1 销售提成制

销售提成制强调以业绩为导向，按劳分配为原则，通过销售提成管理充分调动销售人员的积极性，创造更大的销售业绩。销售提成制分析主要包括薪酬结构分析、底薪及补贴分析、销售提成分析 3 部分内容。

1. 薪酬结构分析

实施销售提成制的企业，薪酬结构主要由底薪、补贴及销售提成构成。

2. 底薪及补贴分析

（1）底薪。底薪可以根据企业薪酬预算结果、销售人员资质及行业薪酬水平共同确定。

（2）补贴。对销售人员的补贴主要包括交通补贴、通讯补贴和住房补贴等。

3. 销售提成分析

（1）销售提成可以隔月结算，货款未收回部分暂不结算，直至货款全部收回。

（2）销售提成考核。可根据完成销售任务的比例设定销售提成百分比。

（3）提成计算办法。销售提成可根据以下公式计算：

销售提成 = 净销售额 × 销售提成百分比 + 高价销售提成额

净销售额 = 当月发货金额 − 当月退货金额

（4）销售提成比例。可以根据销售任务完成的百分比来确定不同档次的提成比例。例如，完成100%，提成0.7%；完成60%及以上，提成0.5%。

（5）低价销售提成。销售人员必须按企业规定的产品最低价格范围销售产品，特殊情况需低价销售的，必须向销售经理或以上领导申请，企业根据实际情况重新制定销售提成百分比。

（6）高价销售提成。如果销售人员以高于企业规定的最高价格范围销售产品，企业可以设定高出部分的____%作为高价销售提成的部分。

18.2.2　技术等级工资制

技术等级工资制是根据技术复杂程度、劳动熟练程度来划分技术等级和规定相应工资标准的一种等级工资制度。技术等级工资制主要是由工资等级表、工资标准表和技术等级标准3大要素组成。

1. 工资等级表

工资等级表是指规定工资等级数目和各等级之间工资差别的总览表，表示不同质量的劳动或工作之间工资标准的比例关系，反映不同等级劳动报酬的变化规律，是确定各等级工资标准数额的依据。

2. 工资标准表

工资标准亦称工资率，是按单位时间（时、日、周、月）规定的工资数额，表示某一等级在单位时间内的货币工资水平。

3. 技术等级标准

技术等级标准又称技术标准，是按生产和工作分类的所有技术工种的技术等级规范，是用来确定员工的技术等级和员工工资等级的尺度，包括应知、应会和工作实例3个组成部分。

（1）应知是指员工完成某等级工作所应具有的理论知识，也可规定员工应达到的文化水平。

（2）应会是指员工完成某等级工作所必须具备的技术能力和实际经验。

（3）工作实例是指根据基本知识和专门技能的要求，列举不同技术等级的员工应该会做的典型工作项目或操作实例，对员工进行培训和考核。

18.2.3　岗位技能工资制

岗位技能工资制是根据员工的技术和能力来确定员工工资标准的一种方式，分为技术薪酬体系和能力薪酬体系。

技术薪酬体系是根据员工所掌握的与工作有关的技术或知识的广度和深度来确定员工的薪酬等级和水平的，适用于科技型企业或专业技术要求较高的部门和岗位。

能力薪酬体系是以员工个人能力状况为依据来确定薪酬等级与薪酬水平的，适用于企业中的中高级管理者和某些专家。

细化来讲，岗位技能工资包括技术工资和能力工资两种类型，具体内容如表18-3所示。

表18-3　岗位技能工资的两种类型

工资类型	组成项目	具体说明
技术工资		技术工资是指以应用知识和操作技能水平为基础的工资，支付依据是员工拥有的技能证书或职称，与该技能在日常工作中实际应用与否没有直接关系
能力工资	基础能力工资	基础能力是指员工为胜任某一工作而应该具备的能力，基础能力工资通常采用岗位价值评估法来设计
	特殊能力工资	特殊能力工资是指根据某类职位人员的核心竞争力确定的工资，这种核心竞争力是指能让企业或员工拥有一定竞争优势的能力

18.2.4　薪点工资制

薪点工资制是在岗位评价的劳动责任、劳动技能、劳动强度、劳动条件、社会心理等要素基础上，用点数和点值来确定员工实际劳动报酬的一种工资制度。

在薪点工资制里一般用薪点来表示员工的收入水平。薪点是指企业计算薪酬的基本单位，既反映企业整体的经营绩效水平，又反映员工个人收入水平的变化。员工的薪点数越高，表明其薪酬水平越高；反之越低。

1. 薪点工资制的结构

薪点工资由4个单元构成，包括基本工资单元、工龄工资单元、岗点工资单元以及效益工资单元，具体内容如表18-4所示。

表18-4 薪点工资制的结构

序号	组成结构	具体内容
1	基本工资单元	保障员工最低生活需要，体现工资保障职能的工资单元。原则上按当地政府规定的最低生活保障标准确定，按员工的出勤天数计发。基本工资单元不超过工资收入的20%
2	工龄工资单元	体现员工劳动积累贡献和工资调节职能的单元，工龄工资标准可按分段累补办法确定，也可按每年一定的工资额确定，按出勤天数计发。工龄工资占工资收入的10%左右
3	岗点工资单元	体现按劳分配的主体单元，也是最具活力和体现工资激励职能的单元，其标准用点数表示。岗点工资单元占工资收入的45%～50%
4	效益工资单元	实现工资与单位经济效益和员工实际贡献挂钩，体现工资激励职能的单元，是薪点工资制的重要组成部分。效益工资单元占工资收入的20%～25%

2. 薪点工资制的操作方法

薪点工资制的具体操作应当遵循以下7大步骤。

（1）工作分析。对企业的所有职位进行工作分析，对每一职位的具体工作职责、权限、内容、强度、环境和任职资格等进行全面分析，并在此基础上建立岗位说明书。

（2）职位评价。在全面工作分析的基础上，对每一职务按该职务所应承担的责任、知识和技能、工作环境和其他要素等进行评价。

（3）员工考评。员工考评主要是以岗位说明书规定的岗位职责履行情况为标准，对员工在考核期内的表现和业绩进行评价和考核，得出每个员工的表现点数。

（4）确定加分点数。对员工进行综合评价，得出员工的加分点数。在确定加分点数时企业要制定统一的评分标准，尽量做到客观公正。

（5）计算个人总点数。对员工所在职位的岗位点数、表现点数和加分点数加总，得到员工的个人总点数。

（6）确定工资率。影响工资率的因素很多，主要有企业所在的行业特征、所在地区的生活水平、企业自身经营状况等。对近期的工资进行测算，最终确定合理的工资率，即点值。

（7）计算薪点工资。点值或工资率确定以后，薪点工资等于员工个人总点数乘以工资率。

18.3　薪酬结构对标与设计

18.3.1　结构工资制的6个部分

结构工资制又称组合工资制，是依据各组成部分的职能分别确定工资额，最后将其相加作为员工报酬的一种制度。

结构工资一般由6个部分组成，如图18-4所示。

基础工资	保障员工基本生活需要的工资，设置目的是保证维持劳动力的简单再生产。企业主要按绝对额和系数两种办法确定和发放，绝对额办法考虑员工基本生活费用占总工资水平的比重，系数办法考虑员工现行工资关系及其占总工资水平的比重
岗位工资	根据岗位职责、劳动强度、劳动环境等因素确定的报酬，是结构工资制的主要组成部分
技能工资	根据员工的技术等级或职称高低确定其报酬水平的工资制度，技能包括员工从事某岗位工作所需要的技术和能力
效益工资	企业根据自身的经济效益和员工实际完成劳动的数量和质量支付给员工的浮动工资部分，发挥激励员工努力实干、多做贡献的作用
工龄工资	根据员工参加工作的年限，按照一定标准支付给员工的工资，用来体现企业员工逐年积累的劳动贡献的工资形式，鼓励员工长期在本企业工作、做贡献，又可以适当调节新老员工的工资关系
津贴补贴	津贴是为补偿员工特殊或额外的劳动消耗及因特殊原因支付的劳动报酬，补贴主要是为保证不因物价上涨而导致员工名义工资降低而设立的

图18-4　结构工资的6个组成部分

18.3.2 生产制造企业的薪酬结构实例

生产制造企业的薪酬结构如表18-5所示。

表18-5 生产制造企业的薪酬结构

职位序列	固定工资		浮动工资		奖金			津贴补贴				福利		加班工资	绩效合同	目标责任书
	岗位工资	职务工资	绩效工资	计件工资	销售提成	项目奖金	年终奖	全勤奖	职务津贴	出差补贴	餐补	年资(工龄)	五险	公积金			
高管序列	★	★	★			★		★	★	★	★	★	★		★	★	
营销序列	★		★		★					★	★	★				★	
研发序列	★	★	★			★		★			★	★	★	★		★	
技术序列	★	★	★			★		★		★	★	★	★	★		★	
行政序列	★		★				★	★		★	★	★	★	★		★	
生产序列	★			★			★	★			★	★	★	★		★	

18.3.3 销售人员薪酬管理办法实例

以下是某公司的销售人员薪酬管理办法,供读者参考。

第 1 条　目的

1. 销售人员薪酬与其工作业绩挂钩,调动销售人员的工作积极性,促进公司健康发展。

2. 确保完成销售任务,符合公司整体经营战略需要。

3. 保证公司的薪酬水平对内具有公平性,对外具有竞争性。

第 2 条　适用范围

本制度适用于公司的销售岗位。

第 3 条　薪酬福利结构

销售岗位员工的薪酬福利因岗位性质不同而不同,具体的薪酬福利项目及实施时间,如表 18-6 所示。

表 18-6　销售岗位员工的薪酬福利项目及实施时间

薪酬项目及岗位		销售经理	销售人员	后勤人员	实施时间
工资	基本工资	⊙	⊙	⊙	每月__日
	绩效工资	⊙		⊙	每月__日
奖金	销售提成		⊙		每月__日
	销售目标奖	⊙		⊙	每年__月__日
	销售费用奖	⊙		⊙	每年__月__日
	回款目标奖	⊙	⊙		每年__月__日
福利	社保、公积金	⊙	⊙	⊙	每月__日
	午餐补助	⊙	⊙	⊙	每天
	交通补助	⊙	⊙	⊙	每月__日
	话费补助	⊙	⊙		每月__日
	员工体检	⊙	⊙	⊙	每年__月__日

1. 基本工资。公司根据岗位评价确定每个岗位的相对价值,同时在薪酬调查的基础上予以综合确定,制定出的薪酬水平满足对内公平性、对外竞争

性以及合法性的原则。

2. 绩效工资。

（1）绩效考核周期：公司对员工主要采用月度考核的方式。月度考核是对当月的工作表现进行考核，考核实施时间为每月____日至次月____日，遇节假日顺延。

（2）考核指标：对销售经理的考核主要从工作业绩、工作态度两部分进行，如表18-7所示。

表18-7 销售经理的考核量表

考核项目	考核指标	权重
工作业绩	销售目标达成率	20%
	货款回收率	20%
	销售管理制度执行率	10%
	销售增长率	10%
	销售费用节省率	10%
工作态度	部门重大失误次数	10%
	客户投诉部门次数	10%
	部门员工出勤率	5%
	部门违反公司规章制度次数	5%

对后勤人员主要结合本岗位工作完成情况，以及工作态度、知识能力三个维度提取考核指标。

3. 销售岗位员工绩效工资的计算如表18-8所示。

表18-8 销售岗位员工绩效工资的计算

考核成绩	绩效评定等级	绩效考核系数
考核得分≥90分	优秀	1.2
80分≤考核得分<90分	良好	1.0
70分≤考核得分<80分	合格	0.8
考核得分<70分	差	0

4. 考核结果的应用。绩效考核结果主要用于月度绩效工资的发放，另外也可以作为公司其他人事决策的参考依据。

第 4 条　销售提成计算

销售人员每月按个人销售任务的完成情况提取一定比例的奖金，没有超出任务目标的则没有提成，如表 18-9 所示。

表 18-9　销售岗位员工销售提成的计算

销售业绩	提成比例
超出目标销售额____万元及以上	____%
超出目标销售额____万~____万元	____%
超出目标销售额____万元以下	____%

第 5 条　奖金计算

1. 销售经理的奖金。销售经理奖金主要参考 3 项指标即销售目标达成、销售费用控制和销售货款回收，具体奖金标准如下。

（1）销售额达到 500 万元，货款回收率达到 95%，销售费用控制率为 10% 及以上时，发放 10 万元奖金。

（2）销售额达到 400 万元，货款回收率达到 90%，销售费用控制率为 6%～10% 时，发放 8 万元奖金。

（3）销售额达到 300 万元，货款回收率达到 85%，销售费用控制率为 6% 及以下时，发放 6 万元奖金。

（4）销售额低于 300 万元，或货款回收率低于 85%，或销售费用控制率低于 6% 时，没有奖金。

（5）其余情况，统一按 3 项指标中完成结果最差的指标对应的档次发放奖金。

2. 销售人员的奖金。销售人员奖金主要参考指标为货款回收，货款回收任务目标为____万元，超额完成部分按____%计提奖金。

3. 后勤人员的奖金。后勤人员的奖金按照销售经理各档次奖金标准的____%提取总额并根据岗位级别分三档发放。

第 6 条　福利标准

1. 社保、公积金等统一按国家规定的标准，为各岗位员工缴纳。

2. 交通、话费补助按照销售人员合计＿＿＿元，销售经理合计＿＿＿元的标准每月凭票报销。

3. 午餐统一按＿＿＿元/餐的标准，每月汇入个人工资账户。

4. 入职一年及以上的员工每年＿＿＿月享受人均价值＿＿＿元的免费体检项目。

第 19 章

如何设计培训管理系统

在生产经营过程中，由于内外部客观环境的变化和竞争的加剧，以及员工多种主观因素的影响，企业会面临一系列新困难、新问题和新挑战，当它们只有通过培训才能更好地解决时，企业对培训管理系统的设计需求就应运而生了。

培训管理系统可以防止创新型员工的工作懈怠，同时，带薪培训也是一种激励方式。设计时要根据企业发展对人才的需求，做好丰富员工专业知识、增强员工业务技能、改善员工工作态度的工作，使员工的素质水平进一步符合岗位的要求。

培训管理系统的具体职能可以概括为"培训管理四部曲"——培训需求分析、培训规划与年度计划制定、培训组织实施管理、培训效果评估。此外，还涉及培训过程中的重点和难点，包括培训课程的开发、新员工入职培训的组织与实施、培训经费管理、培训资源管理等。

有了培训管理系统就要据此顺利组织与实施培训工作，提高培训效率，保证培训系统的运营安全，同时需关注表19-1所示的3大风险点。

表19-1 培训管理系统运营的3大风险点

风险点	风险点名称	风险点说明
1	培训方案制定风险	1. 培训需求分析不真实、不全面，可能导致所制定的培训方案不符合企业发展实际，造成人力资源和资金浪费等风险 2. 培训方案制定不合理、不完善，可能导致培训工作无法正常进行、影响受训者学习效果和培训工作效率等风险
2	培训师选聘风险	1. 培训师的选聘标准制定不合理，可能导致选聘的培训师与课程需求不匹配，造成人力资源和资金浪费等风险 2. 培训师的选聘过程不规范，可能导致选聘的培训师不能满足企业的培训需求，影响培训效果迁移和实际运用等风险

续表

风险点	风险点名称	风险点说明
3	培训方式、方法选择风险	1. 培训方式、方法选择标准不完善，可能导致选择的方式、方法与培训内容不匹配，培训课程实施效果不佳等风险 2. 方式、方法选择不合理，可能导致培训收效甚微，无法达到培训的预期目标等风险

19.1 培训需求分析

19.1.1 培训需求的3类信号

培训需求信号是组织预期应该发生的事情和实际发生的事情之间产生的差距，这一差距也就是所谓的状态缺口，存在这样的缺口也为企业培训需求提供了信号。培训需求信号主要来源于工作变化、人员变化和绩效低下3个方面。

（1）工作变化。工作岗位和工作内容会随着企业发展或经营环境的变化而发生变化，工作内容发生了变化，意味着企业需要对从事相应工作的人员进行新的培训。

（2）人员变化。从事岗位工作的人员发生了变化，意味着工作内容的执行主体发生了变化，为保证岗位工作按照既定的规则，保质保量并按期完成，需要对新任职人员进行相应岗位的工作技能、知识培训，因此，人员变化是培训需求产生的一种征兆。

（3）绩效低下。组织或员工绩效低下也是企业应该实施培训的一种信号。员工绩效低下的原因有很多，如员工态度问题、技能技巧问题、知识更新问题等，只要是通过培训可以解决的均可通过相应的课程加以改善。

根据培训需求信号产生的源头不同，可将培训需求信号划分为被动培训需求信号与主动培训需求信号，具体内容如图19-1所示。

> **被动培训需求信号**
>
> 被动培训需求信号是反映企业为了解决已经发生的问题而被动采取培训行动的信号。为解决产品出现质量问题、客户投诉增加、员工业绩远远低于期望标准等问题采取的培训，均是被动培训需求的信号

> **主动培训需求信号**
>
> 主动培训需求信号是反映企业为促进新的业务目标实现或法规、制度的顺利实施，而主动采取培训行动的信号。现实工作中常出现的主动培训需求信号包括颁布新的法规、制度，启用新的技术，研发新的产品，提出更高的绩效标准等

图 19－1　培训需求信号的类型

19.1.2　培训需求分析的 3 种对象

培训需求对象通常分为新员工和在职员工，其中在职员工又包括管理人员和非管理人员。

针对不同的受训者，培训需求分析的内容不同，具体如表 19－2 所示。

表 19－2　培训需求分析的对象和内容

分析对象		分析内容
新员工		1. 新员工由于对企业文化和制度不了解而不能快速融入企业，并且可能由于对工作岗位不熟悉而不能很好地胜任工作，因而需要新员工培训课程 2. 新员工的培训需求分析内容主要从岗前培训和岗后培训两个方面来理解 3. 岗前培训是指其未正式上岗前，先对其进行关于企业文化、规章制度和行为准则的培训，以增强其归属感，顺利实现角色的过渡和转变 4. 岗后培训主要是结合其岗位职责，确定需要培训的能力、技能和知识
在职员工	管理人员	1. 组织中的管理者可以分为基层管理者、中层管理者和高层管理者。根据不同管理者在组织管理中的地位及管理内容，其培训需求分析侧重点不同 2. 基层管理者的培训需求主要是普通员工管理与培养及人际沟通与交往的艺术 3. 中层管理者的培训需求主要是职业培训、管理技能培训及其他能力的提升培训 4. 高层管理者的培训需求主要是管理技能培训及其他能力的提升培训

续表

分析对象		分析内容
在职员工	非管理人员	1. 非管理人员又可以分为在职普通员工和在职核心员工 2. 在职非管理人员的培训需求是由技术的更新、管理的变革导致的在职非管理人员的技能不能满足工作需要等产生的培训需求 3. 在职普通员工主要是各操作岗位上的工人和其他一般技术人员，其培训需求内容一般集中于知识、技能、行为准则、岗位责任意识等方面 4. 在职核心员工通常掌握企业的专门技术、核心业务及核心资源，其培训需求主要是思想认识，即对自己在企业员工中地位和作用的准确定位。此外，超前的知识和技能也是在职核心员工培训需求分析的关键内容

19.1.3　绩效差距确认的 5 个明确

通过将目前绩效水平与理想绩效水平进行对比，可以确定绩效存在的差距，并进一步分析差距产生的原因。并不是所有的绩效差距都可以通过培训的方式消除。绩效差距原因一般分为环境原因和个人原因。只有在员工知识、技能和态度等方面的能力不足时，培训才是必要的。

通常情况下，企业发现绩效差距后，需要对差距进一步确认，方可对症下药实施培训措施。绩效差距确认通常包括 5 个方面，如图 19 - 2 所示。

绩效差距确认的 5 个明确

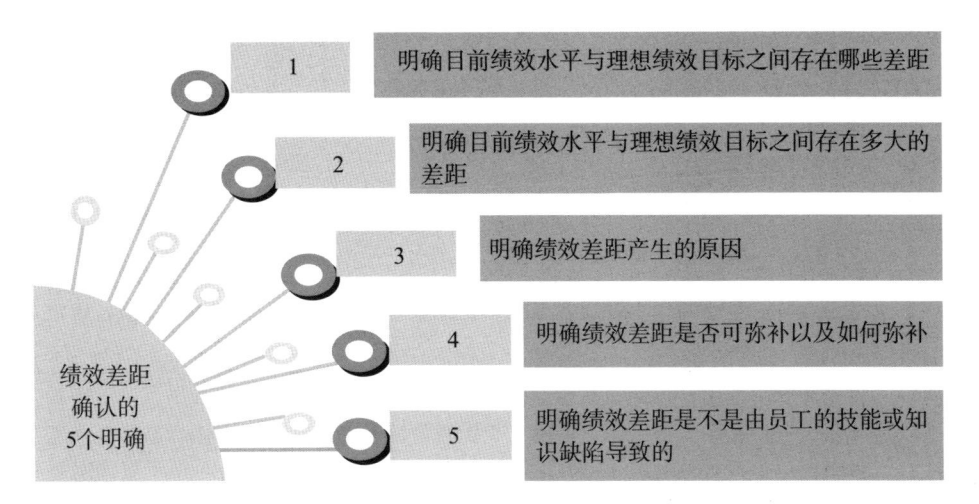

1. 明确目前绩效水平与理想绩效目标之间存在哪些差距
2. 明确目前绩效水平与理想绩效目标之间存在多大的差距
3. 明确绩效差距产生的原因
4. 明确绩效差距是否可弥补以及如何弥补
5. 明确绩效差距是不是由员工的技能或知识缺陷导致的

图 19 - 2　绩效差距确认的 5 个明确

19.2　培训计划制定与表单设计

19.2.1　培训计划的制定方法

培训计划（training program）是按照一定的逻辑顺序排列的记录，是指从组织战略出发，在全面、客观的培训需求分析基础上，根据组织各种培训资源的配置情况，对培训时间（when）、培训地点（where）、培训师及受训者（who）、培训方式（how）和培训内容（what）等一系列工作所做的统一安排。

培训计划制定的具体内容主要包括培训目标及目的、受训者及内容、培训范围及规模、培训时间及地点、培训费用预算、培训师及课程、培训方法及培训计划实施等。

培训计划的制定可以采用培训会议讨论、部门经理沟通、企业领导决策、培训文件传阅等多种方法，具体如表 19-3 所示。

表 19-3　培训计划的制定方法

序号	方法	具体内容说明
1	培训会议讨论	培训会议讨论是口头沟通制定培训计划的一种重要方式，与会人员通常包括培训部负责人、培训课程开发人员及受训者代表等。培训组织人员应在会议前发放培训计划草案，与会人员依照培训计划草案中的培训项目进行讨论。会议讨论结束后培训组织人员汇总意见和建议，并根据实际情况进行调整
2	部门经理沟通	部门经理沟通方法在应用时可以按照以下 3 个步骤进行： (1) 培训部门在对企业状况及培训资源充分分析的基础上，制定出培训计划草案 (2) 培训部门就培训计划草案与培训需求部门进行沟通，对培训计划进行评估 (3) 培训部门与需求部门经理沟通，培训计划交领导审批后即可实施培训计划
3	企业领导决策	企业领导决策是指直接由企业领导对培训具体情况加以决策，确定最后的培训计划
4	培训文件传阅	培训文件传阅是培训计划通过书面沟通制定的重要方法之一，培训文件传阅人在不受他人干扰的情况下直接在传阅文件的签署栏书写自己对培训计划的建议或意见，这样可以集思广益，便于培训组织部门汇总培训意见或建议

续表

序号	方法	具体内容说明
5	其他	培训计划的制定也可以采用电子邮件、内部网络等多种方法进行，企业可以根据实际情况采取适宜的方法沟通和确定培训计划

19.2.2 培训计划编制规定实例

以下是某公司的培训计划编制规定，供读者参考。

第1章 总则

第1条 目的

为加强对培训计划的管理，保质保量地完成培训任务，特制定本规定。

第2条 适用范围

本规定适用于公司各种类型培训计划的制定、调整与控制管理。

第2章 编制培训计划的基本事项

第3条 编制培训计划的部门

按培训计划的层级确定，培训计划的编制部门包括各业务部门和培训部。

各业务部门负责本部门年度培训计划、月度培训计划以及单项培训计划的编制，培训部负责汇总各业务部门的年度、月度培训计划，形成公司的年度、月度培训计划。

第4条 编制培训计划的时间

培训计划的编制时间一般是在公司组织培训需求调查分析结束后，如年度培训计划一般在年底或次年年初，临时性培训计划一般在临时需要的培训需求调查结束后。

第3章 编制培训计划的主要内容及原则

第5条 培训计划的主要内容

在培训计划中至少应包含培训项目、培训目标、受训者、培训场地、培训时间、培训形式、培训教材、培训师来源、经费预算、培训负责人、培训考核等内容。

第6条 编制培训计划的原则

培训计划编制主要有7条原则。

1. 应遵循急用先学、按需施教、学以致用的原则。

2. 必须满足公司战略发展的需要。

3. 遵循多人参与、多人支持的原则。

4. 以部门培训计划为前提和基础。

5. 以培训需求为基础。

6. 应考虑到个体间的差异性和岗位工作性质之间的差异性。

7. 应建立在现有可利用资源的支持之上。

第4章 编制培训计划的步骤

第7条 编制年度培训计划的步骤

1. 各部门提交本部门的年度培训计划草案。

2. 培训部将各部门年度培训计划汇总，编制成公司年度培训计划。

3. 培训部按照各部门的培训需求及时将年度培训计划分解到各部门并进行综合平衡。

4. 培训部将分解后的计划报培训总监审批，通过后方可下发。

5. 培训部将审批通过的年度培训计划及时送交各部门。

6. 对培训计划有异议的部门，需要在规定的时间内向培训部提出，由计划制定人员负责协调和处理。

第8条 编制月度培训计划的步骤

1. 培训部需根据公司年度培训计划和各部门培训执行情况，及时分解汇总编制成公司的月度培训计划。

2. 各部门根据本部门的培训实施情况、年度培训计划以及客观的培训需求状况等，及时编制、调整本部门的月度培训计划。

第9条 编制单项培训计划的步骤

培训部在每项培训工作开始前应当组织相关人员及时编制单项培训执行计划，确保培训工作的顺利开展。单项培训计划原则上至少应包含培训目标、培训大纲、培训时间、培训地点、培训内容及教材、培训方式、培训考核等内容。

第5章 培训计划的调整及确认

第10条 培训计划的调整

1.如因特殊情况,培训不能够按计划正常进行,培训部可根据实际情况及时调整培训计划。

2.培训计划的调整过程中,应严格遵循培训计划调整办法的相关规定,逐级进行审批,确保培训计划调整的合理性。

第11条 培训计划的确认

公司培训计划的确认主要通过会议决策、部门经理沟通及总经理决策3种方式来完成。

第6章 附则

第12条 本规定由培训部制定,其解释和修订权亦归培训部所有。

第13条 本规定自下发之日起生效,至新规定出台时废止。

19.2.3 年度培训计划表

年度培训计划表的范本如表19-4所示。

表19-4 年度培训计划表

基本信息									
培训名称		年度版次		主办部门		培训师		
培训目的		培训性质		培训方式		预算费用		
受训者		培训人数		培训时间		培训地点		
培训科目	科目名称	授课时数	培训师姓名	教材来源	教材大纲	器材准备	备注	
培训进度	周次	主要培训内容						备注
	第1周							
	第2周							
	第3周							
	…							

19.2.4 培训计划执行统计表

培训计划执行统计表的范本如表 19-5 所示。

表 19-5　培训计划执行统计表

编号：　　　　　　　　　统计区间：　　年　月　日至　　年　月　日

种类	培训内容	计划情况		计划完成情况		备注
		培训	考核	培训	考核	
综合类	公司管理制度培训					
	企业文化培训					
	…					
销售类	销售技能培训					
	客户开发技能培训					
	…					
技术类	专业知识培训					
	前沿知识培训					
	新技术及设备等培训					
	…					
财务类	会计人员制度培训					
	最新会计准则培训					
	…					
客服类	客户服务技巧培训					
	投诉处理办法培训					
	…					
…	…					

制表人：　　　　　　　审核人：　　　　　　　审批人：

19.3 培训组织实施与表单设计

19.3.1 培训课程实施方法

在年度培训计划的基础上就可以进行季度计划、月度计划的分解了，培训课程具体实施方法的优缺点如表 19-6 所示。

表 19-6　培训课程实施方法对比说明

培训实施方法	优点	缺点
讲授法	信息量丰富，应用条件宽松，能够全面表达内容	内容较多，不易消化，与学员之间的互动交流机会不够，容易枯燥
研讨法	参与性较强，能够加深认识和理解，帮助解决实际问题	容易离题，对主持者要求较高，培训师讲授的机会较少
视听法	形象生动，有示范作用，容易模仿，容易被学员记忆和感受	制作的难度大，对培训师点评的要求较高
角色扮演法	增强学员印象，调动学员参与热情、活跃气氛，便于组织者及时发现学员对知识技能的掌握程度并做出有效指导	要耗费大量的时间和精力进行排练，可能导致角色扮演人员热衷于扮演，而忽视了对所学知识和技能的运用
案例分析法	将抽象的理论与现实的问题联系起来，让学员能够深入认识、把握和分析问题，帮助学员提高对理论知识的综合运用能力	参与的学员要具备一定的知识储备，很难根据课程内容选择最为恰当的案例，自编案例会花费大量的时间
户外训练法	激发学员的兴趣，训练效果好	培训成本较高，耗时，存在一定的危险因素
游戏模仿法	活跃气氛，激发学员的参与兴趣，寓教于乐	较难掌控，对场地的要求较高，占用时间较多，同课程主题关系不密切

19.3.2 培训事项检查表

培训事项检查表的范本如表 19-7 所示。

表 19-7 培训事项检查表

课程名称		课程编号		学员	
培训时间		组织部门		负责人	
项次	工作内容	完成情况	日期	确认人	
1	确认课程目标				
2	确认参训人数				
3	与参训部门协调课程表				
4	邀请培训师				
5	确认培训场地				
6	确定培训时间				
7	确定学员分组				
8	发出培训通知				
9	准备培训设备				
10	发放培训教材				
11	制作打印各类表单				
12	提前一天提醒培训师				
…	…				
备注					

19.3.3 培训实施过程记录表

培训督导人员对培训实施过程的跟踪,可以通过培训实施过程记录表的形式进行记录,具体如表 19-8 所示。

表19-8　培训实施过程记录表

培训课程		培训时间	
培训师		记录人员	
培训方式	□在职培训　□全脱产培训　□半脱产培训		
学员出勤情况	□差　□一般　□较好　□好		
学员对课程的接受程度	□低　□一般　□较高　□高		
教材来源	□权威教材　□培训师自备PPT　□企业内部教材　□其他____		
培训方法	□讲授法	主讲效果	
^	^	所用的视听媒体	
^	整体满意度评分	□1差　□2一般　□3较好　□4好　□5优	
^	□小组讨论	讨论主题	
^	^	讨论结论	
^	整体满意度评分	□1差　□2一般　□3较好　□4好　□5优	
^	□案例研究	案例主题	
^	^	研讨重点	
^	整体满意度评分	□1差　□2一般　□3较好　□4好　□5优	
^	□游戏法	游戏主题和参与者	
^	^	结论	
^	整体满意度评分	□1差　□2一般　□3较好　□4好　□5优	
^	□角色扮演	主题与角色	
^	^	持续时间	
^	整体满意度评分	□1差　□2一般　□3较好　□4好　□5优	
培训总体评价			
改进意见或建议			

19.4　培训效果评估与表单设计

19.4.1　培训效果的 7 大影响因素

培训效果是指企业和受训者从培训当中所获得的收益，即通过系统的培训，员工可以端正工作态度，学习新的行为方式，掌握新的技术技巧；而企业则可以提高产品质量，增加产品产量，促进销售额的上升，提高客户的满意度，取得更高的经济和社会效益。

造成企业培训效果不尽如人意的原因是多方面的，具体如图 19-3 所示。

培训效果的 7 大影响因素：

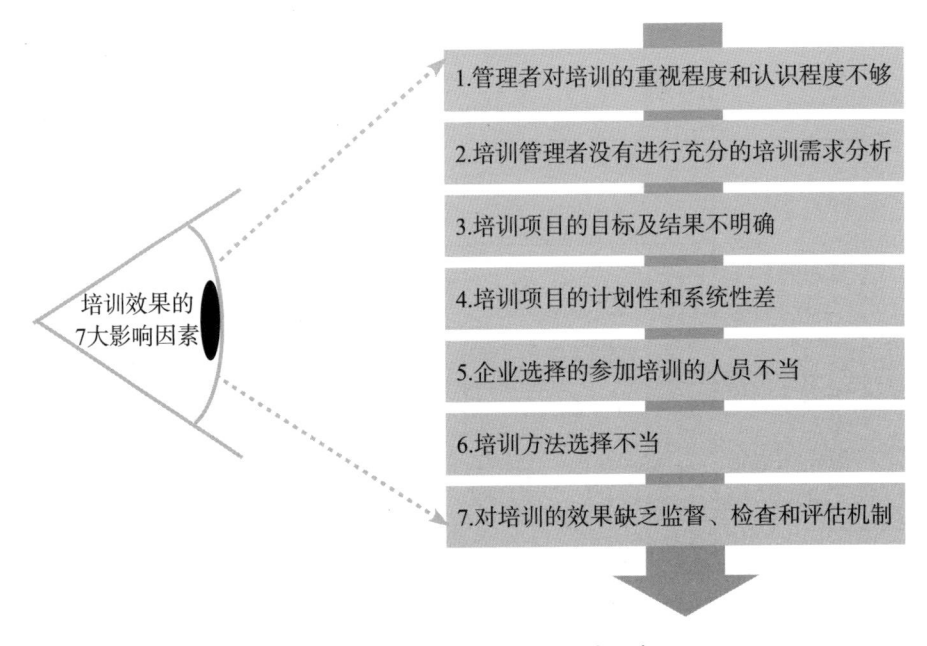

1. 管理者对培训的重视程度和认识程度不够
2. 培训管理者没有进行充分的培训需求分析
3. 培训项目的目标及结果不明确
4. 培训项目的计划性和系统性差
5. 企业选择的参加培训的人员不当
6. 培训方法选择不当
7. 对培训的效果缺乏监督、检查和评估机制

图 19-3　培训效果的 7 大影响因素

但是，企业管理者应明确，培训是一个学习的过程，其目标是让企业员工学到他们需要的知识和技能从而提高能力，并把这种能力及时、恰当地应用到工作中去，提高企业整体绩效。

鉴于此，企业要提升培训效果，一方面要在提高受训者的个人能力和才干上下功夫；另一方面要建立一整套与工作要求相配套的鼓励创造卓越绩效的组织环境和文化。

19.4.2　培训效果 5 个层级的评估

培训效果评估从 5 个层级进行，分别是反应层、学习层、行为层、结果层和投资回报率。其中，反应层和学习层是受训者对培训内容的掌握和学习过程，行为层和成果层是受训者通过培训知识和技能的掌握对工作行为产生的影响结果，投资回报率是从组织层面来评估整个培训的实施对组织产生的收益，5 级培训效果评估的方法如表 19 - 9 所示。

表 19 - 9　培训效果 5 个层级评估的方法

评估类别	主要评估内容	可以询问的问题	衡量方法
一级评估 反应层 评估	受训者的 满意程度	1. 课堂反应是否积极 2. 培训课程对受训者是否有用 3. 受训者是否喜欢该培训课程 4. 对培训师及培训设施等有何意见	问卷、评估表、评估访谈
二级评估 学习层 评估	受训者的 学习获得程度	1. 受训者在培训项目中学到了什么 2. 培训前后，受训者知识、理论、技能有多大程度的提高	评估调查表填写、笔试、绩效考核、案例研究
三级评估 行为层 评估	受训者的 知识运用程度	1. 受训者在学习上是否有改善行为 2. 受训者在工作中是否用到培训内容	由上级、同事、客户、下属进行绩效考核、测试、观察并进行绩效记录
四级评估 结果层 评估	培训给企业 带来的影响	1. 行为的改变对组织的影响是否积极 2. 组织是否因为培训经营得更好	考察质量、事故、生产率、工作动力、市场扩展、客户关系维护等
五级评估 投资回 报率评估	培训给企业 带来的收益	1. 受训者培训前与培训后企业是否产生效益差 2. 培训效益持续的年限是多少	投资回报率 = (培训后效益 – 培训前效益) × 年限/培训成本

19.4.3　培训效果评估问卷实例

以下是某公司的培训效果评估问卷，供读者参考。

请您用几分钟的时间帮助我们完成培训效果评估问卷，您的评价将有利于我们改进培训工作。谢谢合作。

1. 关于培训的基本情况

受训者姓名：_____　　岗位：_____　　部门：_____

培训时间：_____　　培训地点：_____

培训主题：_____

培训师：_____

2. 关于培训的组织

（1）本次培训的内容是否适合您的需要？

（2）培训开展前，您收到哪些有关本次培训的详细资料？

3. 关于培训的内容

请您简述此次培训的主要内容和观点，这些内容和观点您是否认同，为什么？

4. 关于培训师

（1）培训师有哪些优点？

（2）培训师有哪些不足？

（3）您对培训师有何意见和建议？

5. 关于培训的收益

（1）您认为此次培训使您的管理思想有所改变吗？为什么？

（2）您认为此次培训有实用价值吗？为什么？

（3）您认为本次培训投入的时间和费用对培训收获来讲值得吗？为什么？

6. 关于培训后的行动

在未来的一段时间内，您将如何运用本次培训中所学的内容？

7. 请您选择对本次培训的整体满意度评分

☐ 很满意　　☐ 满意　　☐ 一般　　☐ 不满意　　☐ 很不满意

19.4.4　学员培训考核表

学员培训考核表的范本如表 19-10 所示。

表 19-10　学员培训考核表

学员基本信息			
姓名		部门	
培训课程		培训师	
日期		考核人员	

序号	考核项目	分值	考核标准	得分
1	出勤	10 分	学员培训期间的出勤情况 迟到、早退一次扣 1 分，缺勤一次扣 5 分	
2	学习态度	10 分	学员培训期间的学习态度 违反课堂纪律一次扣 3 分	
3	认同度	10 分	学员对企业文化的认同程度	
4	业务知识	20 分	学员对业务的掌握程度	
5	工作流程	20 分	学员对工作流程的熟练程度	
6	笔试成绩	30 分	学员培训结束后进行笔试测试的成绩 90 以上（30 分） 80～90 分（20 分） 60～80 分（15 分） 60 分以下（5 分）	
7	总分	100 分		
备注			

第 20 章

如何开发培训课程

从企业培训课程体系的内在逻辑性和关联度来看，一个科学、系统的培训课程体系需要以企业战略为导向，确保培训课程体系的动态性；以岗位为基础，确保培训课程体系的系统性；以胜任素质模型为依据，确保培训课程体系的适用性；以员工的职业生涯发展为路径，确保培训课程体系的递进性。

培训课程设计的任务是构建整体课程的形式和结构，培训课程体系主要可以发挥满足培训需求、有序开展培训、提升员工能力、实现岗位胜任的作用，具体如图 20-1 所示。

满足培训需求	企业培训课程体系建设是在挖掘企业培训需求的基础上，实现从培训需求到培训课程的转换，为企业人才的培养与开发设计不同层次和不同阶段的学习课程，促进受训员工能力提升
有序开展培训	一个科学、系统、有效的培训课程体系，能够促进企业培训工作有序开展，提升培训工作的有效性和针对性
提升员工能力	培训课程体系能促进和提升员工在企业不同发展阶段的综合能力，进而发挥提高组织绩效和实现企业战略目标的潜在作用
实现岗位胜任	培训课程体系的最终导向是要有针对性地设计培训项目。培训课程体系就是为了系统化地提升员工岗位胜任知识、技能技巧并改善其工作态度

图 20-1　开发培训课程体系的 4 大价值

20.1　胜任素质及模型解读

20.1.1　胜任素质冰山模型

戴维·麦克利兰（David McClelland）的冰山模型对胜任素质的构成要素进

行了形象的描述,如图 20-2 所示。"冰山水平面以上部分"包括基本知识、基本技能,是外在表现,容易了解与测量;而"冰山水平面以下部分"包括价值观、态度、社会角色,自我认知,品质和动机,是内在部分,难以测量、评价与后天培养,却是对取得卓越绩效更重要的素质,应该善加引导,重点培养。

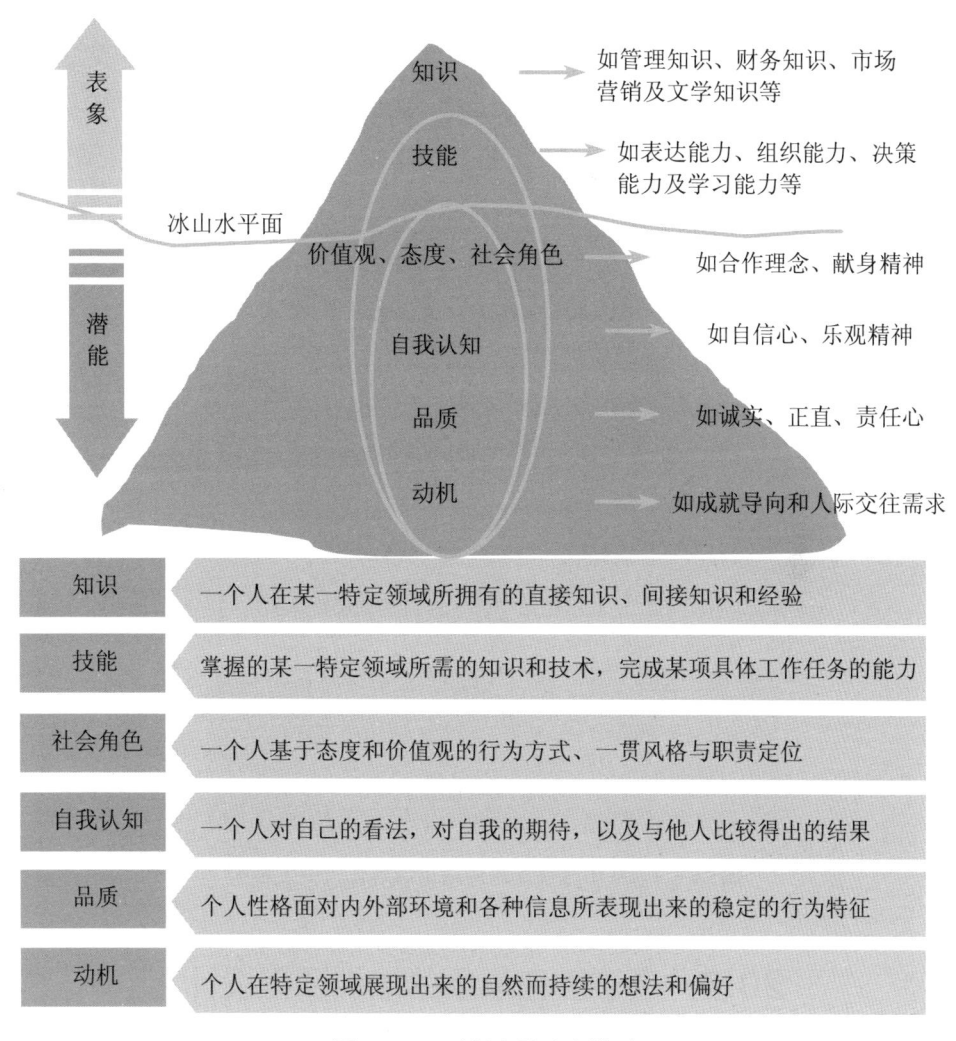

知识	一个人在某一特定领域所拥有的直接知识、间接知识和经验
技能	掌握的某一特定领域所需的知识和技术,完成某项具体工作任务的能力
社会角色	一个人基于态度和价值观的行为方式、一贯风格与职责定位
自我认知	一个人对自己的看法,对自我的期待,以及与他人比较得出的结果
品质	个人性格面对内外部环境和各种信息所表现出来的稳定的行为特征
动机	个人在特定领域展现出来的自然而持续的想法和偏好

图 20-2 胜任素质冰山模型

20.1.2 基于胜任素质的培训课程体系开发模型

基于胜任素质的培训课程体系开发模型如图 20-3 所示。

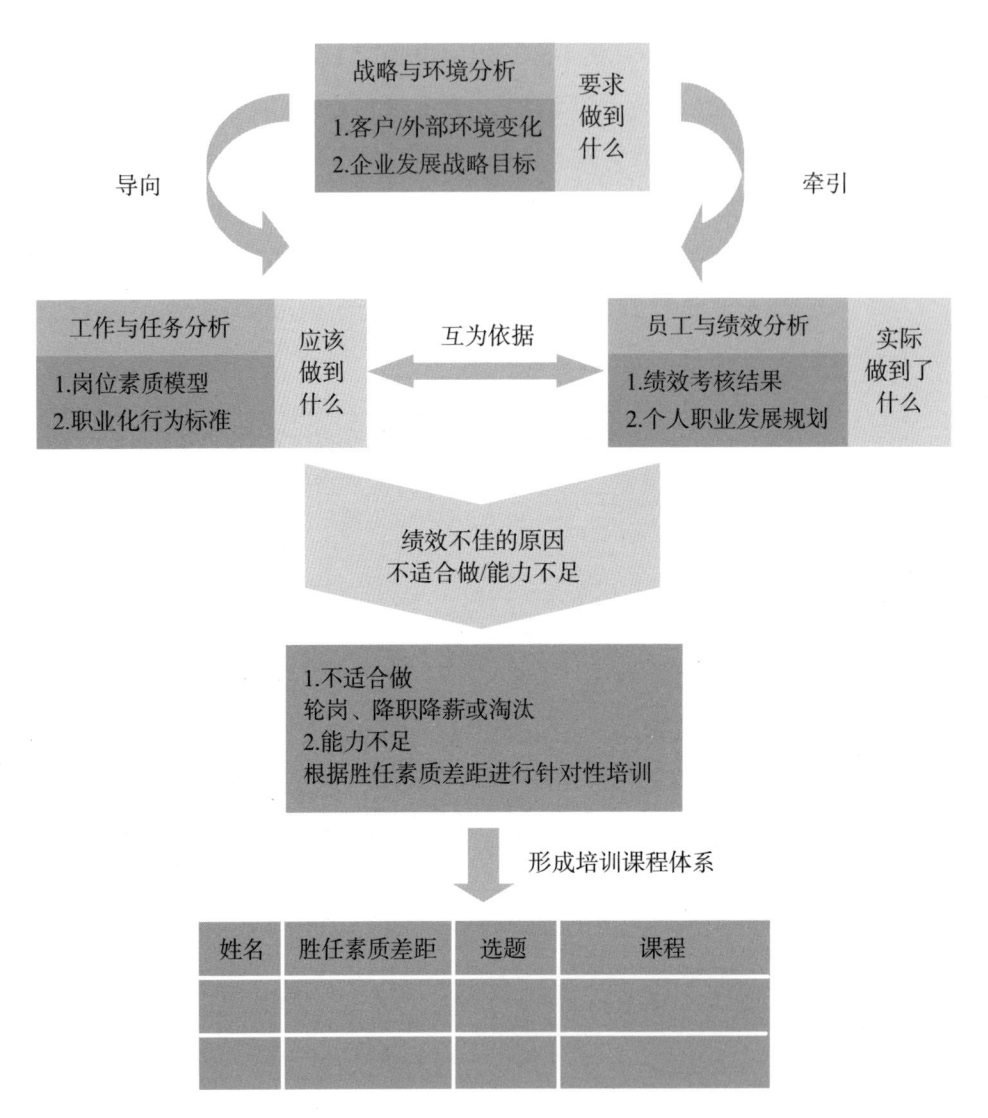

图 20-3 基于胜任素质的培训课程体系开发模型

20.2 基于胜任素质的培训课程设计

20.2.1 培训课程开发的 7 步流程

培训课程开发是对课程结构、课程基本要素以及这些要素的组织形式或安排的设计。培训课程开发的 7 步流程如图 20-4 所示。

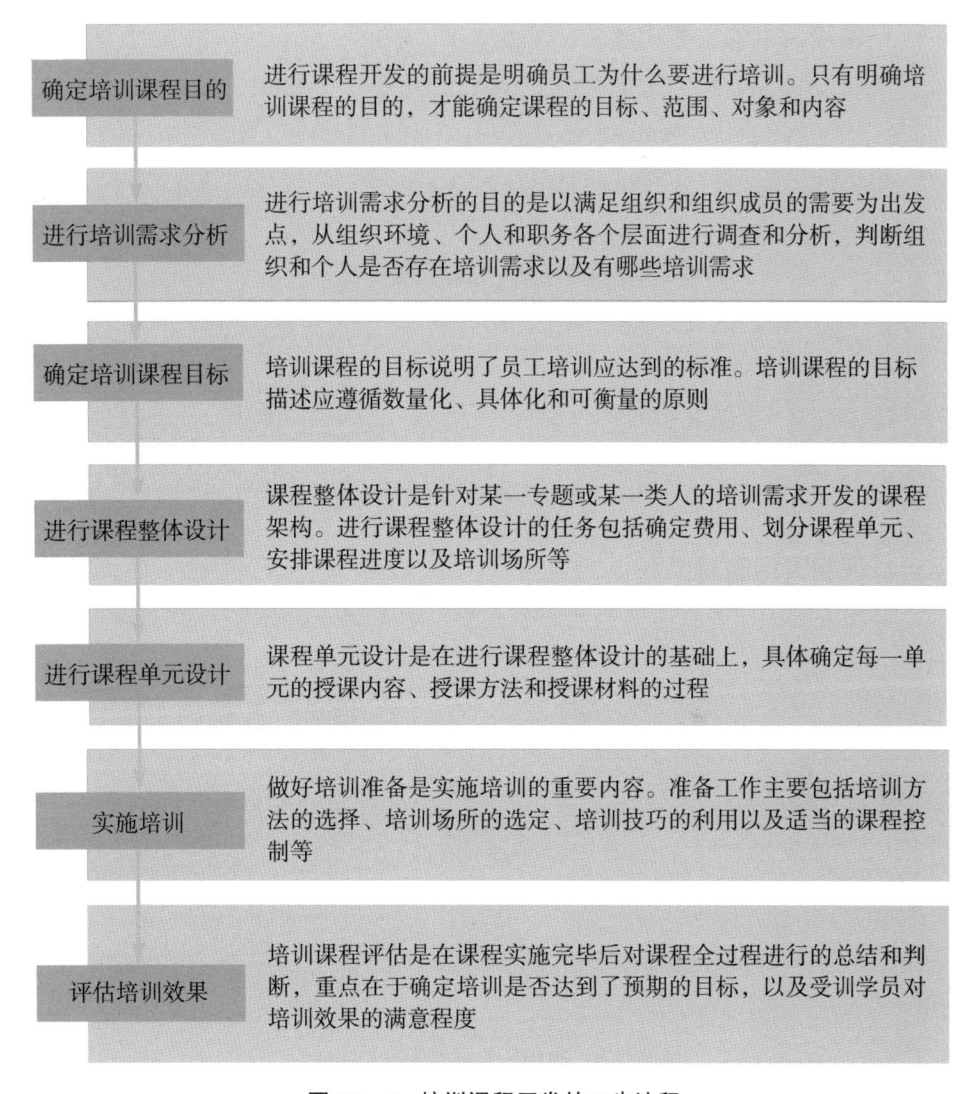

确定培训课程目的	进行课程开发的前提是明确员工为什么要进行培训。只有明确培训课程的目的，才能确定课程的目标、范围、对象和内容
进行培训需求分析	进行培训需求分析的目的是以满足组织和组织成员的需要为出发点，从组织环境、个人和职务各个层面进行调查和分析，判断组织和个人是否存在培训需求以及有哪些培训需求
确定培训课程目标	培训课程的目标说明了员工培训应达到的标准。培训课程的目标描述应遵循数量化、具体化和可衡量的原则
进行课程整体设计	课程整体设计是针对某一专题或某一类人的培训需求开发的课程架构。进行课程整体设计的任务包括确定费用、划分课程单元、安排课程进度以及培训场所等
进行课程单元设计	课程单元设计是在进行课程整体设计的基础上，具体确定每一单元的授课内容、授课方法和授课材料的过程
实施培训	做好培训准备是实施培训的重要内容。准备工作主要包括培训方法的选择、培训场所的选定、培训技巧的利用以及适当的课程控制等
评估培训效果	培训课程评估是在课程实施完毕后对课程全过程进行的总结和判断，重点在于确定培训是否达到了预期的目标，以及受训学员对培训效果的满意程度

图 20-4　培训课程开发的 7 步流程

20.2.2　课程大纲的编写要点

培训课程开发是人力资源专员培训工作设计时涉及的一项工作。编写课程大纲是课程开发的首要环节，是对整个课程内容和培训方法的初步设想。大纲界定了课程的方向和框架，整个课程将围绕这个框架进一步充实和延伸。

1. 课程大纲的主要内容

课程大纲涉及的主要内容包括 9 项，如图 20-5 所示。

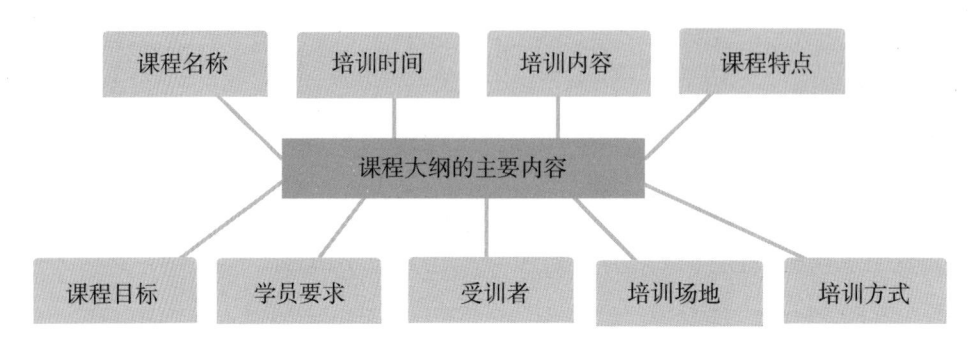

```
                    课程大纲的主要内容
   课程名称   培训时间   培训内容   课程特点
   课程目标   学员要求   受训者    培训场地   培训方式
```

图 20-5　课程大纲的 9 项内容

2. 课程大纲编写要点

课程大纲编写要点通常包括 8 个方面，如图 20-6 所示。

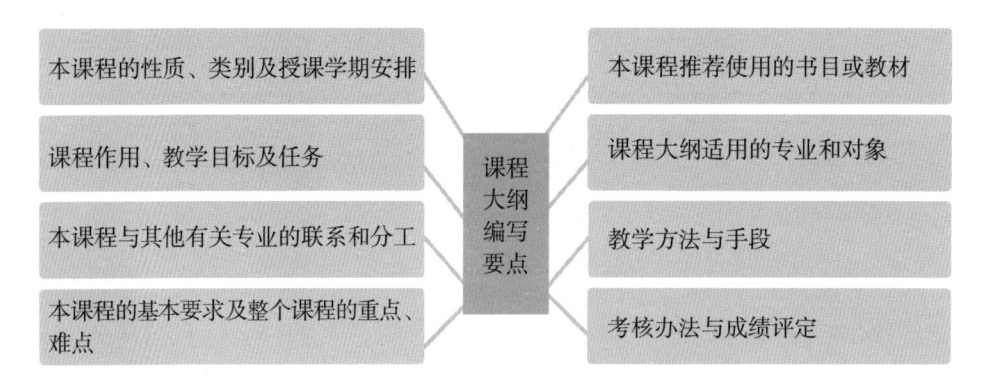

```
本课程的性质、类别及授课学期安排            本课程推荐使用的书目或教材
课程作用、教学目标及任务          课程       课程大纲适用的专业和对象
本课程与其他有关专业的联系和分工   大纲      教学方法与手段
                                编写
                                要点
本课程的基本要求及整个课程的重点、难点        考核办法与成绩评定
```

图 20-6　课程大纲编写的 8 个要点

20.2.3　学员手册的设计要求

学员手册是学员参加培训时得到的培训资料，包括学员需要或者要求掌握的所有知识要点。学员手册可以是外购的一本图书，也可以是自编的一套教材。自编的学员手册主要是 PPT。学员手册的内容和形式可以根据课程的需要多样化选择，如可以选择教材、培训资料的某些部分或讲义的某些资料等。

在培训开展过程中,也会发放对学员手册进行补充的资料,包括参考资料、讲义、案例分析资料、角色扮演资料以及游戏说明资料等。

编制 PPT 形式的学员手册时,可以培训师的课程 PPT 为蓝本,根据学员的特点进行内容的调整和排版的相关优化。学员手册编写应满足以下要求,如表 20-1 所示。

表 20-1 学员手册的编写要求

编写要求	解释说明
准确性	只有确保所有内容准确无误,才能保持课程在学员心目中的可信度
针对性	学员手册的编写内容要紧紧围绕学习目标来组织,在满足学习目标要求的基础上增加内容的趣味性
难易适中	不同学员在文化程度和理解能力上存在差别,这就要求编写学员手册时应充分考虑学员的文化水平和理解能力,避免给学员的学习增加压力
留有空白	编制学员手册时,应适当留出空白,供学员在学习过程中做记录
排版适宜	编写学员手册时,应当设计合适的字体和字号,以供学员在培训过程中和培训结束后使用

20.2.4 培训师手册的编制

培训师手册是培训师讲解课程的参考手册,是培训师上课时的顺序、内容的指引,是培训师实现授课目的的必要工具,属于培训师备课的一部分。完善的培训师手册能有效帮助培训师提高授课水平,获得良好的授课效果。

1. 培训师手册的内容

培训师手册通常包括开场、气氛调解、所要讲授的主要理论和技能、培训方式、案例分析、游戏编排、互动讨论、相关测试及测试结果分析、所提问题及答案、可能遇到的困难及对策等与授课内容相关的所有信息。培训师手册的编写是整个培训过程中最艰巨、最具创造性的工作。

2. 培训师手册的编写程序

培训师手册应做到图文并茂，其编写应遵循如下程序，如图 20-7 所示。

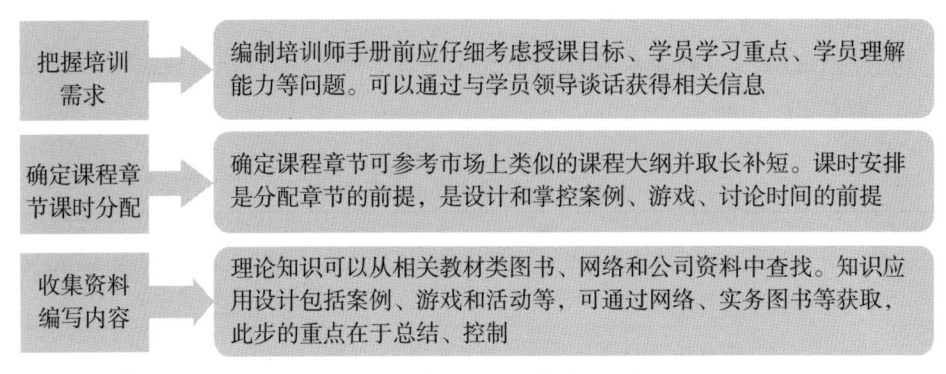

把握培训需求 →	编制培训师手册前应仔细考虑授课目标、学员学习重点、学员理解能力等问题。可以通过与学员领导谈话获得相关信息
确定课程章节课时分配 →	确定课程章节可参考市场上类似的课程大纲并取长补短。课时安排是分配章节的前提，是设计和掌控案例、游戏、讨论时间的前提
收集资料编写内容 →	理论知识可以从相关教材类图书、网络和公司资料中查找。知识应用设计包括案例、游戏和活动等，可通过网络、实务图书等获取，此步的重点在于总结、控制

图 20-7　培训师手册的编写程序

20.3　课程体系设计

20.3.1　管理类课程体系实例

管理类的培训通常以提高管理人员的管理技能，增加管理知识和能力为目的，课程内容因管理层级不同而不同，多以理论讲授为主，辅以相关案例分析。因此，管理类课程通常以课堂面授的形式组织实施。管理类课程体系的范本如表 20-2 所示。

表 20-2　管理类课程体系

层级	能力要求	课程设计	层级	能力要求	课程设计
高层管理者	战略管理	战略思维与规划管理	高层管理者	团队建设与激励	高效决策 团队冲突与管理 团队激励的艺术
	经营敏感	企业经营理念 决策与风险衡量 对卓越投资		团队协作	横向沟通与协调
	变革管理	思维创新与变革管理		学习创新	企业文化研讨
	目标管理	组织设计		沟通与影响力	公众演讲 应对媒体的技巧

续表

层级	能力要求	课程设计	层级	能力要求	课程设计
中层管理者	团队建设	高绩效团队管理	基层管理者	学习能力	高效学习的工具箱
				目标管理	管理者角色与定位
	自我认识	企业文化研讨沙龙 修炼自我 养成7个好习惯		员工辅导	授权技巧与艺术 情境领导
	沟通力	横向沟通与协作		问题处理	问题分析与解决 目标分解与计划制定
	客户意识	客户服务技巧		团队建设与激励	有效倾听技巧 绩效辅导与激励他人
	变革管理	变革管理		团队协作	团队冲突与处理 横向沟通与协作 班组管理与走动管理
	团队协作	建设性冲突			
	目标管理	年度计划的制定 业务动态与经营运作		沟通与影响力	打电话的技巧与话术 影响力提升技巧
	战略思维	战略规划与管理			

20.3.2 营销类课程体系实例

营销类课程体系要针对营销工作的特点，结合受训者的培训需求开发，其范本如表20-3所示。

表20-3 营销类课程体系

课程选题	课程性质	适用对象
前期自检与自我衡量	技术层面	营销部全体成员
企业营销操作演变适应	技术层面	营销部全体成员
销售渠道区域性实务分析	技术层面	营销部全体成员
市场渠道开发	技术层面	营销部全体成员

续表

课程选题	课程性质	适用对象
市场争夺与突破性手段运用	技术层面	营销部全体成员
市场趋势分析	技术层面	营销部全体成员
特许经营实务操作	技术层面	营销部全体成员
产品规划实务	技术层面	营销部全体成员
贴牌生产（OEM）产品规划	技术层面	营销部全体成员
市场演变与营销操作变革	管理层面	营销部经理级别及以上人员
企业营销趋势与操作变革	管理层面	营销部经理级别及以上人员
企业营销潜在危机分析	管理层面	营销部经理级别及以上人员
整体营销潜在危机分析	管理层面	营销部经理级别及以上人员
营销组织领导统一技巧	管理层面	营销部经理级别及以上人员
整合与创新	管理层面	营销部经理级别及以上人员

20.3.3 晋级类课程体系实例

在企业内部晋级涉及三个层级即专员—主管级，主管—经理级以及经理—总监级，每个级别晋升的能力要求与知识标准不同，因此涉及的课程内容也有所不同。晋级类课程体系的范本如表 20 - 4 所示。

表 20 - 4　晋级类课程体系

晋级方向	课程选题	核心模块
专员晋级主管	晋级主管角色认知与转换	主管工作目标和内容、新任主管常犯的 6 个错误、管理层对主管的期望、员工对主管的期望、主管的胜任素质要求、主管面临的挑战、主管心态的转换
	如何辅导与培养下属	教练的职责与实务、员工绩效不高的原因分析、批评下属的技巧、高绩效的辅导行为、培训的行为准则、下属性格类型分析、指导表达技巧
	如何做一名出色的主管	如何构建高绩效的团队、安排任务和下达命令的技巧、如何创造亲和协调的团队环境、有效授权和高效沟通、压力管理和冲突管理的技巧

续表

晋级方向	课程选题	核心模块
主管晋级经理	晋级经理角色认知与转换	工作目标、工作责任与义务、经理的任务和挑战、正确处理管理中的各种关系、工作目标的分解与落实、日常工作的重点难点和注意事项、保持积极主动的态度、用绩效导向带动员工发展、经理的任职资格
	如何有效授权	授权后不信任下属的后果、信任下属对双方都有利、授权之前应充分评估风险损失、承担用人不当的责任、有效授权的方法和技巧、进行有效的团队激励、选定授权任务和被授权人、授权范围和目标考核制度
	如何做一名出色的经理	如何建立有效的沟通渠道，目标管理与衡量指标，下属的培训与激励，组织计划与控制管理，与上级、平级、下属沟通的技巧
经理晋级总监	晋级总监角色认知与转换	如何甄选日常工作的重点难点、深刻理解企业战略和发展方向、总监的胜任素质要求、企业面临的挑战与机遇、正确处理企业内外部关系
	如何提高执行力	如何建立有效的沟通机制，如何提高行动提升执行力、制度提升执行力、战略意识提升执行力、战术提升执行力，执行力提升技巧，如何构建执行力文化
	如何做一名高效的总监	提高分析判断能力、提升战略决策能力、培养开拓创新能力、提升领导艺术、有效锻炼和培养下属、激发下属的理想和热情、与下属沟通的策略、下属的培养方法、团队建设与管理、高效授权的艺术

第 21 章

如何做好职业生涯规划

无论是对企业而言，还是对员工个人而言，开展职业生涯规划都能将二者的需要、目标、利益相结合、相匹配，以达到劳资双方发展动态均衡、协调和双赢的效果。

在英文中，职业生涯是"career"。它是以心理开发、生理开发、智力开发、技能开发、伦理开发等人类潜能开发为基础，以工作内容的确定和变化，工作业绩的评价，工资待遇、职称、职务变动为标志，以满足需求为目标的工作经历和内心经验经历。职业生涯又可以分为外职业生涯和内职业生涯。

外职业生涯是指从事一种职业的工作时间、工作地点、工作单位、工作内容、工作职务与职称、工资待遇等因素的组合及其变化过程。外职业生涯是在职业生涯过程中经历的职业角色（职位）及获取的物质财富的总和，依赖内职业生涯的发展而增长。

内职业生涯是指从事一种职业时的知识、观念、经验、能力、心理素质、内心感受等因素的组合及其变化过程，通过从事职业时的表现、工作结果、言谈举止表现出来。

20世纪六七十年代，美国企业最早对组织职业生涯展开有益探索，一些企业开始有意识地帮助员工建立其在企业内部的成长目标，并为其设计职业发展通道，提供员工在实现目标过程中所需要的培训、轮岗和晋升机会。企业职业生涯规划的目标，旨在将企业发展目标与员工个人发展目标有机地结合起来。

员工职业生涯又称个人职业生涯（employee career），是指员工个人职业的发展历程，包括员工职业地位在一个或几个组织中的垂直或横向移动、变化的过程。

员工职业发展（occupation development）是指员工个人有意识地确定和追求其职业生涯，寻求发展的过程。

做好职业生涯规划要求 HR 把企业职业生涯规划与员工职业生涯规划和员工职业发展紧密地结合起来。

21.1　企业和个人的晋升标准

21.1.1　企业职业生涯规划的 4 条途径

企业进行职业生涯规划常见的有效途径有 4 条，具体内容如表 21-1 所示。

表 21-1　企业职业生涯规划的 4 条途径

途径	具体说明
传统职业途径	1. 如果每一个当前的工作是下一个较高层级工作的必要准备，员工就必须逐级地变换工作，以获得他所需要的经历和储备 2. 传统的职业规划途径最大的优点之一是它一直向前延伸，清晰地展示于员工面前，让员工清楚地了解自己必须向前发展的特定工作序列 3. 这条途径也存在缺陷，即企业由于合并、紧缩、停滞及重组，管理职位减少，从而使一些人走这条途径的可能性大大降低
网状职业途径	1. 这一途径承认在某些层次的工作经验的可替换性，使员工在纵向晋升到较高职位之前具有拓宽和丰富本层次工作经验的经历 2. 与传统职业途径相比，这条途径下员工在组织中拥有更现实的发展机会，纵向和横向的选择交错，减少了职业道路堵塞的可能性。对于员工来说，不如传统职业途径明晰
横向技术途径	1. 对相当数量的员工来讲，横向工作岗位调动可以使员工焕发新的活力，迎接新的挑战 2. 尽管横向技术途径可能没有晋升，也无加薪，但员工可以增加自己对组织的价值，获得新的发展机会。对处于职业中期的员工来讲，这是一条行之有效的职业途径
双重职业途径	1. 双重职业途径最初被用于解决受过技术培训，但不期望升到管理部门工作的员工的发展问题 2. 双重职业途径允许员工只当技术专家，将其技能贡献给企业，不必成为管理者 3. 双重职业途径扩展到其他领域的员工，如鼓励工程、销售、财务、市场、人力资源和其他领域的贡献者。这些领域的员工能够增加自己的专业知识，对企业有所贡献，并获得报酬，但不进入管理层 4. 在这条途径的管理方面或技术方面上报酬都是可比的 5. 双重职业途径不是从合格的技术专家中培养出拙劣的管理者，而是允许组织既培养高水平的管理者，也开发高技能的专业人员

21.1.2 个人职业生涯目标实现的 4 条途径

个人职业生涯目标实现的途径包括 4 条，如图 21-1 所示。

1	增加个人对组织的价值，保住现有工作，为个人职业生涯目标的实现奠定基础	一个人只有对组织有用，才能长期留在组织中。如果决心在本组织内发展，首要的一步是保住现有工作。为此，在个人职业生涯规划中，要预期在哪里、哪个岗位或哪项工作上能为组织持续地提供增值服务
2	请求承担责任更大、更繁重的工作，并切实完成好工作任务	一方面增加对组织的价值贡献；另一方面展示自己的实际能力，为个人职业目标实现、获得职业成功创造条件
3	预计未来的成功将需要何种知识、技能，并设计以何种方式来获得这些知识和技能	（1）这是个人职业生涯成功的核心，职业生涯成功与否，固然有机遇因素，但是决定因素在于个人的知识和解决问题的能力 （2）在这一预计和获取过程中，个人职业期望必须与培训开发活动相结合，通过不断调整知识结构、提高运用能力来拓展职业成功的要素
4	培养提高人际交往能力，搞好组织内部的人际关系	组织内部人际关系，包括与上级、同级以及下级的关系，反映了员工的一种工作环境，处理得不好，会成为个人职业成功的障碍

图 21-1 个人职业生涯目标实现的 4 条途径

人际关系的好坏，不仅反映员工人际交往能力的大小，也反映了员工适应环境、能动地改造环境的能力，还折射出员工的思想意识和个人特质。因此，职业成功要求个人在处理人际关系时，应努力加强人际交往，建立良好的人际关系，为个人职业目标的实现寻求支持和帮助。

21.1.3 员工晋升通道设计与晋升的 3 大标准

员工的晋升通道分为横向发展、纵向发展、横向发展和纵向发展结合 3 种，具体内容如表 21-2 所示。

表 21－2　员工晋升通道设计

发展通道	含义
横向发展	序列内或跨序列的岗位调整（即轮岗、换岗）
纵向发展	传统的晋升道路，即行政管理级别的晋升
横向发展和纵向发展结合	强调多方向发展的可能性和岗位轮换的机会

晋升与否主要从 3 个方面进行评估和测试，分别是任职资格、能力素质和工作绩效，设计的维度及标准的建立如图 21－2 所示。

晋升通道　　　　　　　　　　　　　晋升的3大标准

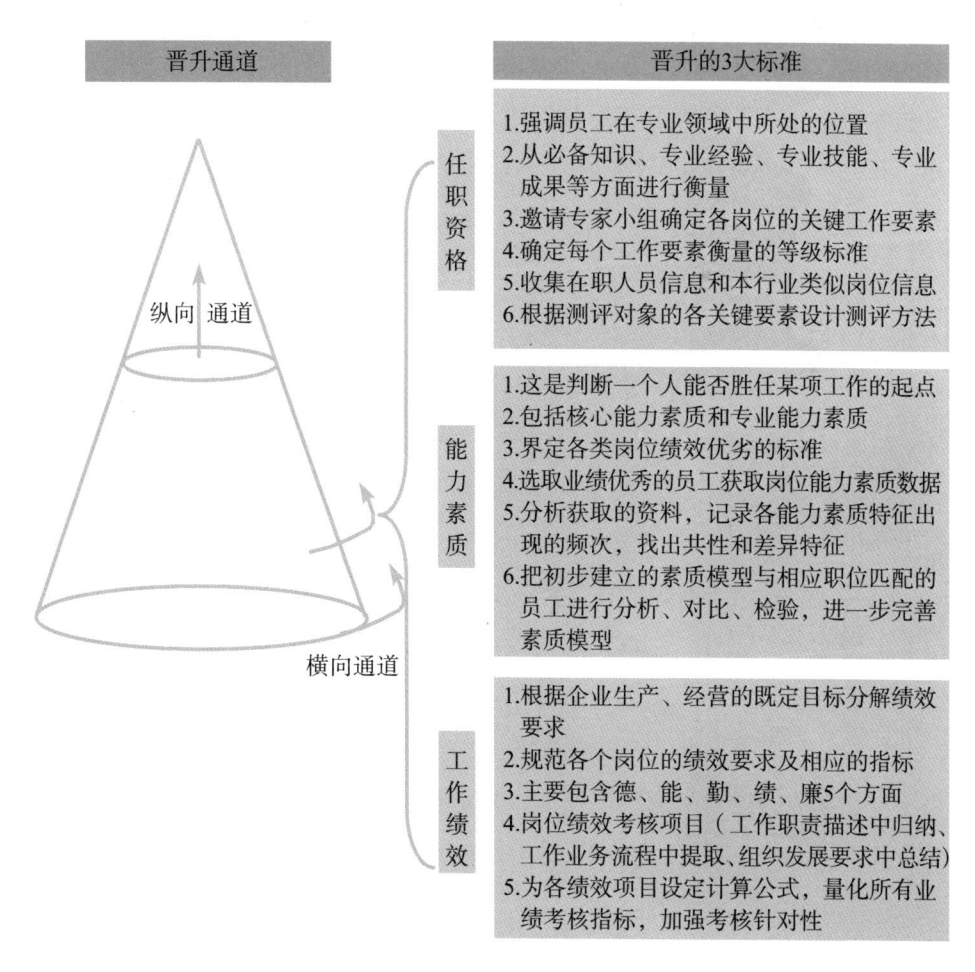

纵向通道

任职资格
1. 强调员工在专业领域中所处的位置
2. 从必备知识、专业经验、专业技能、专业成果等方面进行衡量
3. 邀请专家小组确定各岗位的关键工作要素
4. 确定每个工作要素衡量的等级标准
5. 收集在职人员信息和本行业类似岗位信息
6. 根据测评对象的各关键要素设计测评方法

能力素质
1. 这是判断一个人能否胜任某项工作的起点
2. 包括核心能力素质和专业能力素质
3. 界定各类岗位绩效优劣的标准
4. 选取业绩优秀的员工获取岗位能力素质数据
5. 分析获取的资料，记录各能力素质特征出现的频次，找出共性和差异特征
6. 把初步建立的素质模型与相应职位匹配的员工进行分析、对比、检验，进一步完善素质模型

横向通道

工作绩效
1. 根据企业生产、经营的既定目标分解绩效要求
2. 规范各个岗位的绩效要求及相应的指标
3. 主要包含德、能、勤、绩、廉5个方面
4. 岗位绩效考核项目（工作职责描述中归纳、工作业务流程中提取、组织发展要求中总结）
5. 为各绩效项目设定计算公式，量化所有业绩考核指标，加强考核针对性

图 21－2　晋升通道与晋升标准

21.2 技术与管理方向的规划

21.2.1 技术方向的规划

职业生涯规划可以选择多个方向，其中技术路线是规划的一个方向。对于拥有技术或功能型职业锚的人来说，可考虑技术方向规划。此类人群具有较强的技术或才能，往往不愿意选择带有一般管理性质的职业，相反，他们总是倾向于选择那些能够保证自己在既定的技术或才能领域中不断发展的职业。

具备技术性能力的员工职业生涯的核心是追求自己擅长的技术才能和职能方面的工作能力的发挥，愿意从事以某种特殊技能为核心的挑战性工作，如技术性员工、职能部门领导等。技术方向职业有以下特点，如图21-3所示。

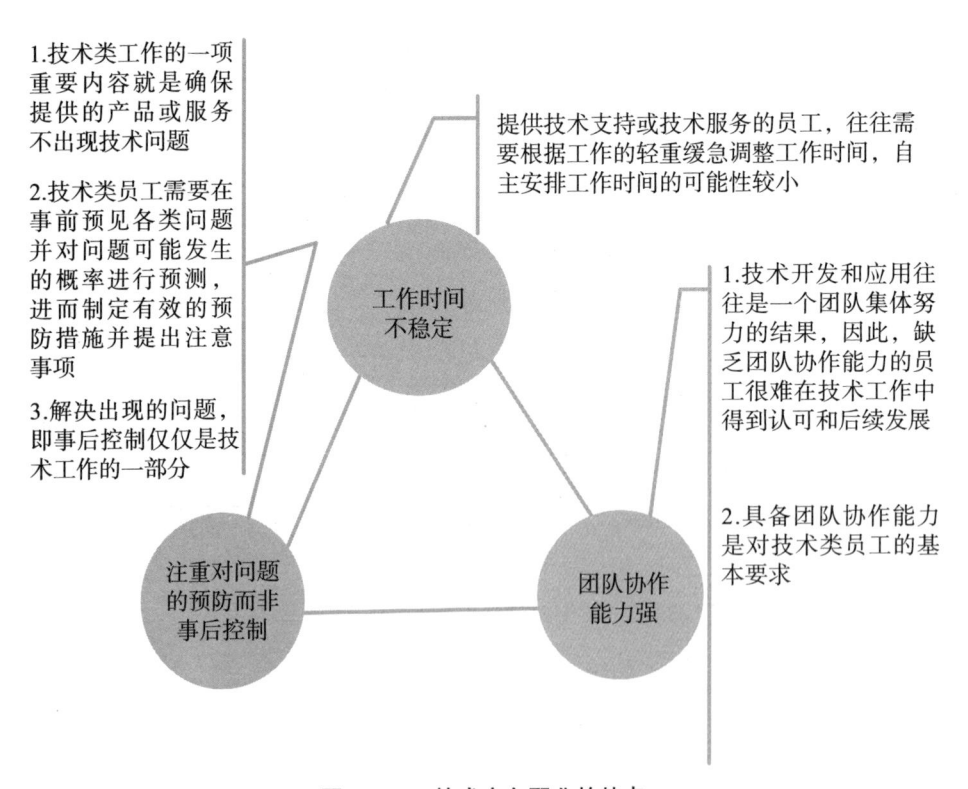

1. 技术类工作的一项重要内容就是确保提供的产品或服务不出现技术问题

2. 技术类员工需要在事前预见各类问题并对问题可能发生的概率进行预测，进而制定有效的预防措施并提出注意事项

3. 解决出现的问题，即事后控制仅仅是技术工作的一部分

提供技术支持或技术服务的员工，往往需要根据工作的轻重缓急调整工作时间，自主安排工作时间的可能性较小

1. 技术开发和应用往往是一个团队集体努力的结果，因此，缺乏团队协作能力的员工很难在技术工作中得到认可和后续发展

2. 具备团队协作能力是对技术类员工的基本要求

- 工作时间不稳定
- 注重对问题的预防而非事后控制
- 团队协作能力强

图21-3 技术方向职业的特点

21.2.2 管理方向的规划

有些员工表现出成为管理人员的强烈动机，他们的职业经历使得他们相信自己具备被提升到那些一般管理性职位上去所需要的各种必要能力，以及相关的价值倾向。必须承担较高责任的管理职位是这些人最终的目标，这类人群的职业方向适宜朝管理方向规划。

根据有关调查数据，许多在管理类职业方面做得比较出色的员工，之所以取得优秀的管理成就，是由于他们具备3个方面的能力，如表21-3所示。

表 21-3　管理类员工的能力要求

能力要求	具体说明
分析能力	在信息不完全以及不确定的情况下发现问题、分析问题和解决问题的能力
人际沟通能力	在各种层次上影响、监督、领导、操纵以及控制他人的能力
情感能力	在情感和人际危机面前只会受到激励而不会受其困扰和削弱，以及在较高的责任压力下不会变得无所作为的能力

管理类人员的能力通常以追求某一单位的高职位为核心，他们沿着一个单位的权力阶梯逐步攀升，直到全面执掌权力的高位，企业总裁、常务副总等是其职业的目标。

具备管理型能力的人把管理本身作为最终目标。具体的技术工作或职能工作仅仅被看作通向更高的全面管理层通道的必经阶段。他们看到了在一个或更多职能区域展现能力的必要性，但没有一个区域能赢得他们的承诺。

管理人员认为，他们的能力就在于把3个通用的能力区域加以组合，一个人要想升到管理的更高层面，承担更大的责任，必须在善于分析问题的同时控制雇员和自己的感情。这也是一个成功的人必须具备的最重要的能力。

21.2.3 营销类人员的职业发展定位

针对营销类人员的工作特点，营销类人员的职业发展定位可以选择如表 21-4 所示的 4 个方面。

表 21-4 营销类人员的职业发展定位

职业发展定位		具体描述
企业内部发展	专业岗位晋升	在积累一定的经验后，从公司或集团的分支机构、片区或分公司的营销岗位，到更上一级或公司总部做营销部门的工作，或者带领更大的营销团队、管理大区市场
		在公司总部营销部门积累一定的工作经验后，到下一级或多级的分支机构带领营销团队、管理大区/省市场，或到某细分市场开辟新的业务。为晋升管理岗位奠定基础
	转向其他岗位	同营销经历相关的岗位：市场分析、公关推广、品牌建设与管理、渠道管理、供应商管理等
		如果有管理专业背景或者对管理感兴趣，可以发展的方向包括市场信息或情报管理、行业研究、战略规划、人力资源管理、项目管理等岗位
		如果在产品或行业的生产制造、运营、研究开发、设计等技术方面拥有一定的基础和优势，则可以往技术含量较高的岗位流动，包括运作管理、售前技术支持、产品测试、售后技术服务等
横向跳槽		在积累一定的工作经验，且在本企业内缺乏进一步发展的空间，或者薪酬、企业文化等同预期存在差距时，也可以通过选择其他行业的相关职位来实现自身进一步发展的要求
个人创业		具有市场发展基础的营销工作经历是个人创业的优势，因为在个人创业中市场开拓是最重要的工作，而具有营销经验的人员恰恰拥有这方面的资源和经验
转做营销咨询和培训		在积累丰富的营销经验后，转行从事营销咨询和培训工作也是一个很好的选择，其优势在于深刻理解营销行业背景和企业营销实践的环境。许多营销咨询公司的咨询顾问、培训师都是从营销工作转过来的

21.2.4 营销类人员的职业发展地图

营销类人员常见的职业发展地图如图 21-4 所示。

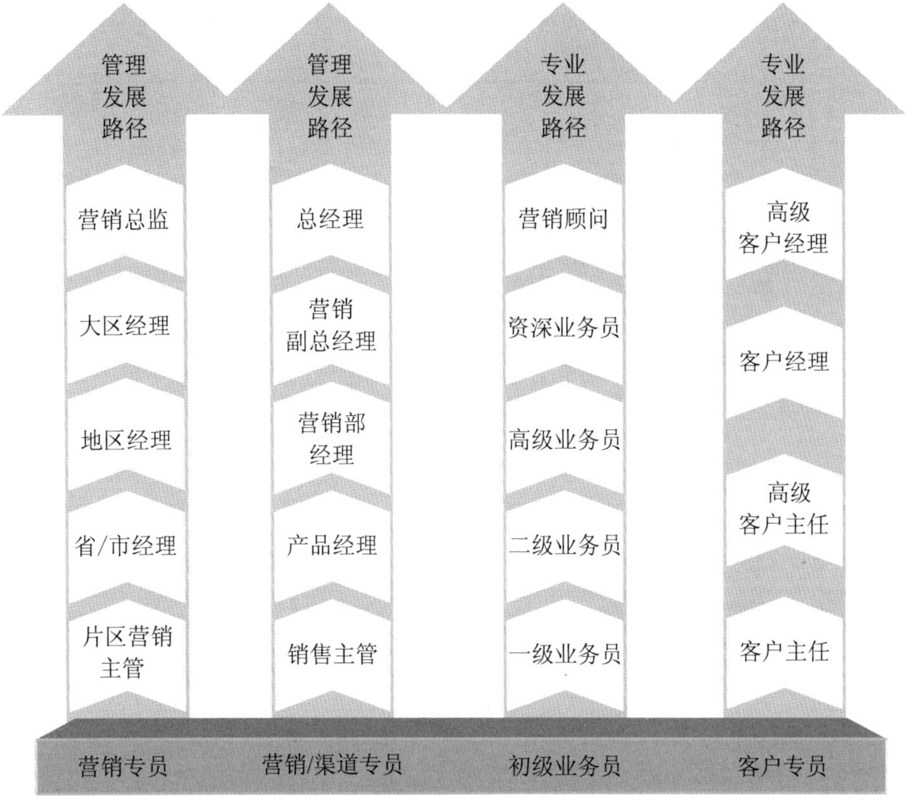

管理发展路径	管理发展路径	专业发展路径	专业发展路径
营销总监	总经理	营销顾问	高级客户经理
大区经理	营销副总经理	资深业务员	客户经理
地区经理	营销部经理	高级业务员	高级客户主任
省/市经理	产品经理	二级业务员	客户主任
片区营销主管	销售主管	一级业务员	
营销专员	营销/渠道专员	初级业务员	客户专员

图 21-4 营销类人员的职业发展地图

21.3 职业生涯规划管理表单设计

21.3.1 员工能力开发需求表

企业根据员工的能力开发需求，以及公司人才培养方向来帮助员工制定良好的职业生涯规划。员工能力开发需求表的范本如表 21-5 所示。

表 21-5 员工能力开发需求表

编号：　　　　　　　填表人：　　　　　　　日期：　　　年　　月　　日

姓名				性别			年龄	
岗位名称				所在部门			直接上级	
所承担工作	自我评价			上级评价			上级评价事实依据	
	完全胜任	胜任	不能胜任	完全胜任	胜任	不能胜任		
工作内容1								
工作内容2								

对工作的希望和想法	目前实施结果情况

达到目标所需知识和技能

需要掌握但目前尚欠缺的知识和技能	所需培训的课程名称

通过培训已掌握的知识和技能	已培训的课程名称

对培训实施效果的意见

需要公司提供的非培训方面的支持	上级意见

21.3.2　员工职业生涯规划表

进行职业生涯规划要借助科学的工具表单，员工职业生涯规划表的范本如表21-6所示。

表 21-6 员工职业生涯规划表

编号：　　　　　　填表人：　　　　　　日期：　　　年　月　日

姓名		性别		年龄	
岗位名称		所在部门		直接上级	
教育状况	最高学历		毕业时间		
	所学专业		毕业学校		
	涉足领域				
参加过的培训					
具备的技能/能力					
工作经历	时间	公司名称	所任岗位	职责描述	
请选择对自己最重要的三种需要	☐弹性工作时间　☐成为管理者　☐薪酬　☐独立 ☐稳定　☐休闲　☐和家人在一起的时间　☐挑战 ☐成为专家　☐创造					
请详细介绍自己的专长					
您对目前工作感兴趣的地方在哪里					
请说明您希望选择哪条晋升通道					
请详细介绍自己的短期、中期和长期职业规划设想					

21.3.3　职业生涯年度评审会谈表

职业生涯年度评审方式包括员工与直接上级，员工、直接上级与主管上级以及多人进行的小组式评审 3 种。职业生涯年度评审会谈表的范本如表 21-7 所示。

表 21-7 职业生涯年度评审会谈表

<table>
<tr><td colspan="2">姓名</td><td></td><td>职位名称</td><td></td></tr>
<tr><td colspan="2">填写日期</td><td></td><td>任职时间</td><td></td></tr>
<tr><td rowspan="7">员工填写内容</td><td>本年度主要的成就</td><td colspan="3"></td></tr>
<tr><td>本年度最大的进步</td><td colspan="3"></td></tr>
<tr><td>取得成就及进步原因分析</td><td colspan="3"></td></tr>
<tr><td>对未来工作内容的需求</td><td colspan="3"></td></tr>
<tr><td>未来工作内容的培训需求</td><td colspan="3"></td></tr>
<tr><td>有无对生涯规划调整的要求</td><td colspan="3"></td></tr>
<tr><td>个人职业生涯的中长期计划</td><td colspan="3"></td></tr>
<tr><td rowspan="6">主管填写内容</td><td>对员工工作绩效的评价</td><td colspan="3"></td></tr>
<tr><td>对员工工作能力的评价</td><td colspan="3"></td></tr>
<tr><td>员工需改进的内容及改进形式</td><td colspan="3"></td></tr>
<tr><td>针对员工目前担任职务的建议</td><td colspan="3"></td></tr>
<tr><td>对员工担任职务以外的工作发展建议</td><td colspan="3"></td></tr>
<tr><td>针对员工中长期发展目标的建议</td><td colspan="3"></td></tr>
</table>

第 22 章

如何办理离职与交接手续

员工离职在性质上可以分为自愿离职和非自愿离职。自愿离职包括员工辞职和退休；非自愿离职包括辞退员工和集体性裁员。退休对于企业更新人员年龄结构具有正面价值，在正常情况下其数量和比例具有可预期性。集体性裁员和辞退员工是一种偶发行为，一般在离职分析中不予考虑。

企业员工离职可以分为两种情况。一种是企业认为不符合企业文化或不具有竞争力的员工，企业往往通过较低的加薪、缓慢的升迁等制度或方式暗示员工主动辞职，从而规避给付员工经济赔偿金。另一种才是真正意义上的企业内部人才流失，即那些有利于企业运营和成长的员工的离职。

员工在辞职前必须履行岗位工作交接义务。工作交接包括两个方面的内容：

(1) 辞职员工向接替其工作的员工，介绍本岗位职责、工作范围、工作方法和业务运作程序，交代清楚本岗位上的各种设备、设施情况等。

(2) 向继任者或用人单位指定的人员交代尚未完成的工作任务，如与客户之间未履行完毕的合同以及其他与工作职责有关的尚未完成的一切事务。

22.1　离职分析与对策

22.1.1　离职影响的良性和恶性分析

在企业中保持一定的员工流动率能够为企业不断输入新鲜血液，引进高素质员工、淘汰不合格员工，使企业保持活力。这是员工离职的良性影响，它对企业发展的积极作用体现在几个方面，如图 22-1 所示。

但是，如果离职率超过正常范围，特别是骨干员工、核心员工离职，会严重影响企业正常的生产运营和发展。这样企业必然会因缺乏人才而面临被市场淘汰的风险。这是员工离职对企业的恶性影响，对企业的发展具有极大的消极作用，具体表现如图 22-2 所示。

员工离职的良性影响

1. ◎ 员工因能力或健康状况不能胜任组织工作、要求辞职时，可以减少组织负担
2. ◎ 辞职人数保持在正常范围内，可以促进组织吸收新生力量，保持员工队伍正常的新陈代谢
3. ◎ 员工离职还能改善员工和工作、企业之间的搭配关系。没有离职，很多员工就会深陷在不适合自己的工作中无法摆脱，同时企业也被这些没有发挥出水平的员工拖累
4. ◎ 离职使得公司能够重新配置和补充人员，从而避免了停滞。外部输入的新想法、新能力和新经验能帮助企业保持竞争力

图 22-1　员工离职的良性影响

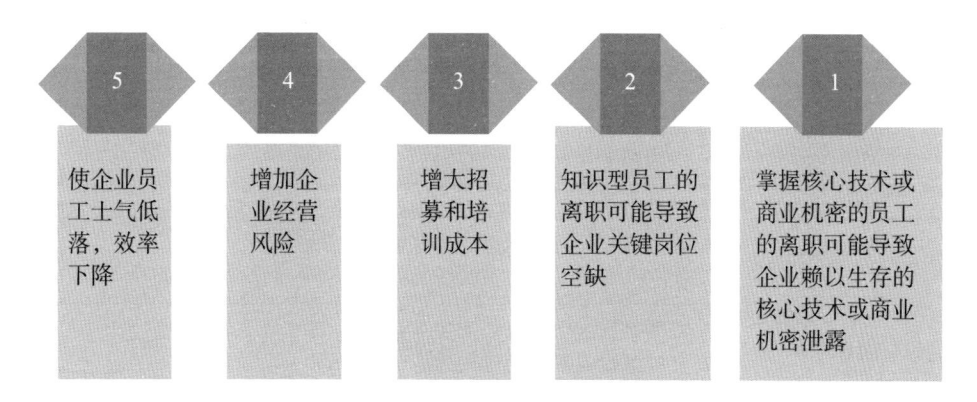

5	4	3	2	1
使企业员工士气低落，效率下降	增加企业经营风险	增大招募和培训成本	知识型员工的离职可能导致企业关键岗位空缺	掌握核心技术或商业机密的员工的离职可能导致企业赖以生存的核心技术或商业机密泄露

图 22-2　员工离职的恶性影响

22.1.2　离职率计算与风险管理的 8 大对策

国际通用的离职率计算公式为：

　　员工离职率 = 离职人数 / 平均在职人数

　　　　　　 = 离职人数 / [（期初人数 + 期末人数）/2]

但如果按上述公式来算，离职率很有可能超过 100%，可见用这种方法计算离职率并不科学。

如果在计算离职率时，将分子定义为在某一时期内的离职人数，分母定义为该时期的累积在册人数，即该时期内的在职员工最多时的数量，这样求得的离职率结果将更为科学。计算公式为：

员工离职率＝离职人数/本期累计在册人数×100%

本期累计在册人数为月末在职人数与离职人数之和，即月初在职人数与新进人数之和。

这种方法可以使人们更容易理解离职率的含义，而且不论员工什么时候辞职，都可以在离职率上反映出来。

对企业来说，员工的自动离职往往是不可预测的，员工离职率高可能会给企业带来多种消极影响。因此，针对员工离职可能带来的风险，企业应制定相应的管理对策，具体内容如表22-1所示。

表22-1　员工离职风险管理的8大对策

离职风险	管理对策
绩效损失	1. 对员工离职的方法和离职工作交接做事先约定 2. 在企业内部创建顺畅的沟通渠道，创造有激情的内部环境
关键技术/ 商业秘密泄露	1. 加强商业保密措施 2. 签订竞业限制协定
客户流失	1. 建立客户信息数据库，实施客户关系管理 2. 实施品牌战略，依靠品牌的知名度和美誉度来吸引客户
岗位空缺	1. 在内部设立后备人员的培养计划 2. 在外部设立行业关键人才的监测计划

22.2　辞职管理与离职沟通

22.2.1　员工辞职管理的5大事项

辞职通常需要员工递交辞职申请表并逐级呈报各级领导审批。各级领导接到员工辞职申请后应当与辞职员工进行沟通，对于工作称职、表现良好的员工应给予挽留，并了解辞职原因，寻找解决办法，减少企业因员工流失造成的损失。

HR对员工辞职的管理主要有离职原因分析、办理离职交接、离职面谈、离职员工薪酬结算及离职员工档案管理。每一项工作的具体内容如表 22-2 所示。

表 22-2 员工辞职管理的主要工作内容

工作事项	具体内容
离职原因分析	离职信息的获取方法通常有离职访谈法、问卷调查法，员工离职的原因通常包括 3 个方面： 1. 个人因素：个人的成就欲望得不到满足，或者由于个人健康问题，或者为了寻求自我突破等 2. 企业因素：薪酬福利不佳、人际关系不佳、对企业文化感到不适应 3. 外部因素：家庭压力的影响、求职高峰的影响、猎头
办理离职交接	1. 办公用品交接。员工在职期间，因工作需要，单位为其个人配备的办公用品、设备、设施和其他财物均应该在离职交接表上登记清楚 2. 工作内容交接。一是离职员工向继任者讲解其岗位职责、工作范围、工作方法和业务运作程序；二是向继任者交代尚未完成仍需继续完成的工作任务 3. 离职监交。离职交接期间，为避免离职人员交接内容不全面，应该安排在职且对员工工作比较了解的人做监交人，交接双方在所有项目交接完毕，监交人应在交接表上签字确认
离职面谈	离职面谈作为一种管理者与员工直接沟通的有效方式，有助于企业了解员工离职的原因，有利于融洽员工之间的关系，以促进企业不断改进。离职面谈不仅是人力资源部的工作，直线经理也可以参与进来，以提高或改善直线经理的管理水平与领导技能
离职薪酬结算	1. 薪酬结算。企业应该及时足额支付离职员工工作期间应得的工资或提成 2. 经济补偿金和赔偿金。员工离职时，劳动关系双方应当依据劳动法律法规、政策及双方劳动合同约定，明确企业是否需要向员工支付经济补偿金以及一方是否应该向另一方支付赔偿金
离职员工档案管理	不论是员工主动要求与企业解除劳动关系，还是由于其他原因离开，只要员工离职获得了批准，企业就有义务为员工办理必要的相关手续，包括开具离职证明、转移个人档案等

22.2.2 员工离职前和离职后的沟通

离职是由于企业或员工原因导致双方合作关系不再继续。员工离职是企业关注的重点内容之一，离职沟通也是企业 HR 不容忽视的一项工作。执行好离职沟通不仅能有效帮助企业留住优秀员工，而且能发现企业日常管理中存在的不足，有效避免企业劳动纠纷的发生。离职沟通包括离职前的沟通和离职后的沟通两种类型。

1. 离职前的沟通

企业 HR 必须重视员工离职前的沟通，善待即将离职者并积极与之交流。HR 作为离职前沟通的责任人之一，应明确与离职者沟通时的注意事项、沟通的重点内容等。离职包括主动离职和被动离职两种情形，与不同情形的离职员工的沟通内容重点不同。

（1）主动离职。对于主动离职的员工，HR 通过离职沟通可了解员工离职的原因，同时诚恳地邀请其就企业目前的生产、经营、管理等提出他认为有必要改进的建议。

（2）被动离职。对于被动离职的员工，HR 通过离职沟通，可以向其提供适合其个人特点的个人职业发展的建议，避免其带着怨恨离开。

2. 离职后的沟通

HR 应负责建立相关人员的离职后续管理工作，包括离职员工的档案管理，离职员工的工作进展、个人发展等，通过诚心真心的关怀、关心，建立良好的终生关系，不仅能使好马吃得回头草，使其成为企业外部可供开发的人力资源，而且能进一步化解带着情绪离开企业的员工的怨恨，避免或减少劳动纠纷的发生，促进企业文化和企业形象的正向传递。

有的企业建立了"离职员工俱乐部""前员工俱乐部"，公司年会还会邀请离职员工代表参加，离职后沟通的重要性可见一斑。

22.3　离职交接表单设计

22.3.1　离职申请表

离职员工须按照企业规定提前向人力资源部提交书面的离职申请表，离职申请表的范本如表 22－3 所示。

22.3.2　离职面谈表

在进行离职面谈时，应记录面谈内容，以便于后续整理，针对内容统计分析员工离职的真正原因，提出改善建议以防人才流失情况再次发生。离职面谈表的范本如表 22-4 所示。

表 22-3　离职申请表

申请人		所在部门		入职日期	
员工编号		职位		学历	
申请日期		离职去向		拟离职日期	
离职类别	□试用期内辞职 □劳动合同到期不再续签 □因个人原因辞职 □其他：_____				
离职原因					

所在部门意见：

_____

人力资源部意见：

_____

总经理审批：

表 22-4　离职面谈表

姓名		部门		岗位	
学历		专业		联系电话	
入职日期			离职日期		
谈话日期		谈话方式	□面谈　□电话	谈话人	

1. 请指出您离职最主要的原因（请在恰当的方框内打"√"，可选多项），并加以说明

□工资　　　　□工作性质　　　□工作环境　　　□工作时间
□健康因素　　□福利　　　　　□晋升机会　　　□工作量
□加班　　　　□与公司关系或人际关系
□其他：_____

续表

2. 您认为公司在以下哪些方面需要加以改善？（可选多项）

☐ 公司政策及工作程序　　☐ 部门之间沟通　　☐ 上层管理能力
☐ 工作环境及设施　　　　☐ 员工发展机会　　☐ 工资与福利
☐ 教育培训及发展机会　　☐ 团队合作精神
☐ 其他：_____

3. 您所在的部门氛围如何？

☐ 很好　　☐ 较好　　☐ 一般　　☐ 较差　　☐ 很差
☐ 其他：_____

4. 您觉得公司该如何缓解员工的压力？

☐ 加强员工与领导的沟通　　☐ 加强员工间的沟通　　☐ 改善工作环境
☐ 增加娱乐活动
☐ 其他：_____

5. 公司本来可以采取什么措施，以让您打消离职的念头？

☐ 完善培训机制　　☐ 制定良好的职业发展规划　　☐ 提高工资福利待遇
☐ 改善工作氛围　　☐ 建立良好的绩效考核机制
☐ 其他：_____

6. 您觉得公司各部门之间的沟通、关系如何？应该如何改进？

☐ 很好　　☐ 较好　　☐ 一般　　☐ 较差　　☐ 很差
☐ 其他：_____

7. 您觉得自己的角色发展和定位适当吗？

☐ 适当　　☐ 一般　　☐ 不适当
☐ 其他：_____

8. 您觉得公司存在哪些资源浪费、无意义的报告或会议、官僚作风等？您能具体描述一下吗？

9. 若能挽留您，需要解决哪些问题？

☐ 增加薪酬　　☐ 调整工作部门　　☐ 调整工作岗位
☐ 解决其他问题：_____

10. 我们真诚地希望您能给公司一些个人的意见和建议

22.3.3 离职交接表

员工辞职时应将其负责的工作事项与企业进行交接。同时，本部门、财务部以及人力资源部应有专门人员与辞职员工进行工作内容、薪酬、财务、工作用品等事项的交接。交接完成后，应由交接人员和负责人书面确认。离职交接表的范本如表 22-5 所示。

表 22-5 离职交接表

姓名		部门		职位	
入职日期		离职日期		离职类别	
离职原因陈述					
交接部门与事项		交接人签字		备注	
所属部门	工作职责交接				
	工作资料交接				
	其他				
财务部	工资结算				
	备用金交接				
	扣缴金额				
	发票交接				
	其他				
人力资源部	员工手册				
	考勤打卡				
	办公用品				
	其他				
总经理批示		签字：		日期：	

第 23 章
如何规避劳动用工风险

伴随着我国市场经济体制的建立和完善，劳动关系管理作为一把"双刃剑"在企业经营发展当中的关键作用越来越凸显：和谐的劳动关系可以助推乃至加速企业的健康成长与持续发展；恶化的劳动关系则会阻碍甚至毁灭企业的正常运行。

劳动关系协调员国家职业标准指出，劳动关系协调员是指从事宣传和监督劳动保障法律实施、管理劳动合同、参与集体协商、促进劳资沟通、预防与处理劳动争议等协调劳动关系的专业工作人员。劳动关系协调员主要的职业功能有6项：劳动标准实施管理；劳动合同管理；集体协商和集体合同管理；劳动规章制度建设；劳资沟通和民主管理；员工申诉和劳动争议处理。

劳动关系协调工作非同一般的管理职能，而是一项兼顾"科学性与艺术性"，融"法、理、情"于一体的系统工程。尤其是对于劳动争议发生之前的劳动用工风险规避，企业HR、工会工作人员都是劳动关系协调员，都有义务承担规避劳动用工风险的职责。

23.1 劳动合同风险管理

23.1.1 劳动合同的8种分类

劳动合同按照不同的标准可以有不同的分类，比较常用的是依据劳动合同期限的长短、劳动合同产生的方式和劳动者一方人数的不同进行分类，具体类型如表23-1所示。

表23-1 劳动合同的8大类型

分类依据	劳动合同名称	含义及适用范围
劳动合同期限的长短	有固定期限的劳动合同	1. 企业与劳动者订立的有一定期限的劳动合同 2. 如果双方同意，还可以续订合同，延长期限 3. 合同期限届满，双方当事人的劳动法律关系即自行终止

续表

分类依据	劳动合同名称	含义及适用范围
劳动合同期限的长短	无固定期限的劳动合同	1. 企业与劳动者订立的、没有期限规定的劳动合同 2. 适用于技术性强的工作岗位 3. 用人单位不能无故辞退员工 4. 劳动者参加工作后，长期在一个用人单位内从事生产或工作，不得无故离职
	一定期限的劳动合同	1. 以劳动者担负的工作任务来确定合同期限的劳动合同 2. 以完成某项科研为目的以及带有临时性、季节性的劳动合同 3. 合同双方当事人在合同存续期间建立的是劳动法律关系 4. 劳动者需要遵守企业内部规则，并享受企业的保险待遇
劳动合同产生的方式	录用合同	1. 适用于招收普通劳动者 2. 企业在国家劳动部门下达的劳动指标内，通过公开招收、择优录用的方式订立的劳动合同
	聘任合同	1. 适应于技术顾问职位、法律顾问职位 2. 适用于招聘有技术业务专长的特定劳动者 3. 企业通过向特定劳动者发聘书，直接与之建立劳动关系
	借调合同	1. 适用于借调单位急需的工人或员工 2. 当借调合同终止时，借调员工仍然回原单位工作 3. 借调单位、被借调单位与借调员工个人之间，为借调员工从事的某种工作明确双方的责任、权利和义务而签订的劳动合同
劳动者一方人数的不同	个人劳动合同	由劳动者个人同用人单位签订
	集体合同	1. 集体合同又称团体协约、集体协议 2. 集体合同由工会代表劳动者集体同企业签订

23.1.2 劳动合同的 8 项必备内容

根据《中华人民共和国劳动合同法》的规定，劳动合同的必备内容如图 23-1 所示。劳动合同除包含必备内容外，也可以约定试用期、培训、保守秘密、补充保险和福利待遇等其他事项。

23.1.3 劳动争议处理的 4 种方式

劳动争议是指劳动关系的当事人因执行劳动法律、法规和履行劳动合同而发生的纠纷，即劳动者与所在单位因劳动关系中的权利义务而发生的纠纷。

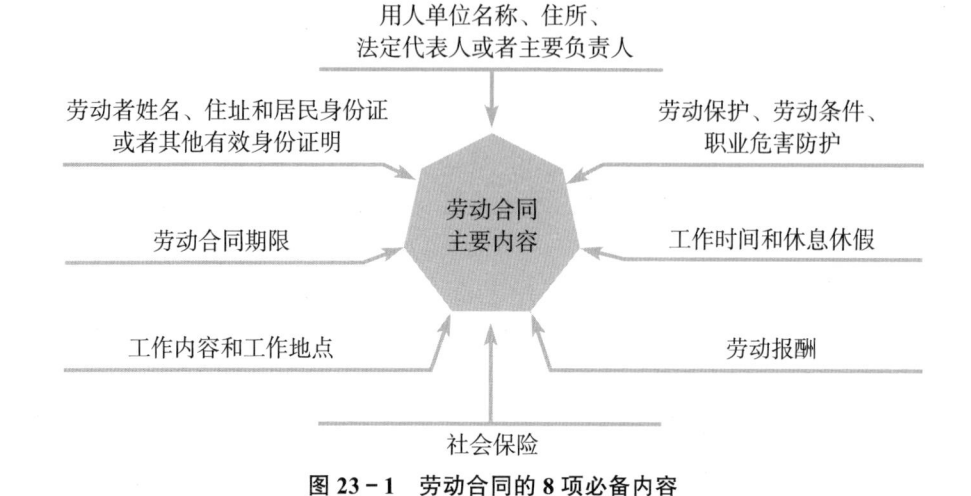

图 23-1 劳动合同的 8 项必备内容

根据争议涉及的权利义务的具体内容，可将其分为以下几类：

（1）因确认劳动关系发生的争议；

（2）因订立、履行、变更、解除和终止劳动合同发生的争议；

（3）因除名、辞退和辞职、离职发生的争议；

（4）因工作时间、休息休假、社会保险、福利、培训以及劳动保护发生的争议；

（5）因劳动报酬、工伤医疗费、经济补偿或者赔偿金等发生的争议；

（6）法律、法规规定的其他劳动争议。

企业劳动争议可以采取的处理方式如表 23-2 所示。

表 23-2 劳动争议处理的 4 种方式

处理程序	程序必要性	参与主体	备注
协商和解	非必经的前置程序	当事人双方	也可请工会或第三方共同协商
调解	非必经的前置程序	当事人双方，调解组织	可作为调解组织的有： 1. 企业劳动争议调解委员会； 2. 依法设立的基层人民调解组织； 3. 乡镇、街道设立的具有劳动争议调解职能的组织

续表

处理程序	程序必要性	参与主体	备注
仲裁	必经的前置程序	当事人双方，劳动争议仲裁委员会	劳动争议由劳动合同履行地或用人单位所在地的劳动争议仲裁委员会管辖
诉讼	最终程序	原告，被告，人民法院	劳动争议当事人不服劳动争议仲裁机构的仲裁裁决，可依法向人民法院起诉

23.2 其他人力资源管理业务风险管理

23.2.1 绩效合同风险管理

很多企业在签署绩效合同时，对细节问题考虑得不够周全，导致签署的绩效合同没有实际约束力，成为不具备可行性的无效合同，为企业带来一定的经营风险。绩效合同的具体风险点及解决措施如表23-3所示。

表23-3 绩效合同的风险点及解决措施

风险点	具体说明	解决措施
绩效项目来源不明确	不明确合同中涉及的绩效项目应该从哪些方面获取，导致所选择的绩效项目不是当期工作重点或者本岗位工作重点	绩效项目源于岗位职责、工作计划或组织安排
指标提取不科学	如所提取的指标不能反映岗位的全部工作内容，不是岗位的重点工作，指标提取过多不能反映出工作重点	事先根据平衡计分卡界定的指标提取4个维度
指标目标值制定不科学	绩效项目没有明确的目标值，或者目标值不科学，不能为合同约束人客观地指明工作所要实现的目标标准，也无法衡量合同约束人的工作或行为是否达到了组织期望的结果	根据企业经营目标及员工能力确定绩效项目目标值
结果衡量标准不合理	没有制定绩效实施结果衡量标准，或制定得不合理，如定量不准确、特点不突出、不简洁、不易获取等，导致绩效结果无法客观衡量	本着准确合理、简明扼要等原则制定衡量标准
信息来源不明确	绩效考核结果的评估要参考一定的信息数据，这些信息数据的准确与否直接影响到评估结果的准确与否	日常工作中随时记录执行结果且双方签字确认

23.2.2 外派培训风险管理

外派培训主要是指学历教育培训、参加专题讲座或交流会、赴国外参观或访问考察、到其他公司进行参观访问与交流。

外派培训同样存在一定的风险，如果外派培训员工的学习效果未达到企业的预期，或不能满足企业的要求，会使培训费用白白浪费。如果外派培训员工在培训后没有完成约定的服务期就主动离职，企业势必会蒙受经济损失，甚至是巨大的经济损失。

为了规避外派培训的风险，企业可以采取以下措施。

1. 做好培训需求分析

做好培训需求分析是合理制定员工培训计划，保证培训成功的关键。培训需求分析过程包括组织分析、人员分析和任务分析。经过培训需求调查后，企业要根据培训需求分析的结果，制定符合企业实际的外派培训计划。

2. 做好人力资源规划

企业应根据目前的人力资源状况，以及未来一段时间内企业的人力资源质量和数量方面的需要，做好引进、保持、提高、流出人力资源的预测和相关事项。正常的人员流动是不可避免的，因此企业在实施外派培训之前应做好人力资源规划，提前做好预测与规划，减少人员流失造成的损失。

3. 谨慎选择受训者

企业应对参加外派的受训者的资格进行审核，谨慎选择受训者，尽量选择与公司签订劳动合同，并在公司连续就职多年、有长期在公司服务意愿的员工，以及根据公司的人才储备计划被列为公司储备人才的员工。

4. 签订培训服务协议

若有占用一定工作时间，或公司统一支付培训费用数额较大的外派培训，企业可以与受训员工签订外派培训协议，约定服务年限及违约责任，并将其作为劳动合同的附件执行。员工因签订了培训合同，增加了流动成本，一般不会轻易离职。

23.2.3 外派培训协议实例

以下是某公司的外派培训协议，供读者参考。

甲方　企业名称：_____

乙方　受训员工姓名：_____身份证号码：_____

经乙方本人申请，甲方审核同意，由甲方出资，选派乙方到××（本市、非本市）参加××培训，自____年____月____日始，至____年____月____日止，学习期限为____（天）。

甲乙双方协商一致、平等自愿签订本协议，内容如下：

1. 乙方在培训期间应严格遵守培训机构的规章制度和纪律，刻苦学习，达成培训目标。

2. 本次培训费用预计共____元，甲方承担____元，占费用总额的____%；乙方承担____元，占费用总额的____%。

3. 在培训期间无论什么原因导致甲乙双方的劳动合同解除，由乙方返还甲方所支付的培训费用。

4. 乙方在培训期间视为（上班□ 请假□）。

5. 培训费用、服务年限规定一览表如表23-4所示。

表23-4　培训费用、服务年限规定一览表

公司支付的培训费用	服务年限	培训费用平均数/年
培训费用＜____元	1年	____元
____元≤培训费用＜____元	2年	____元
培训费用≥____元	3年	____元

6. 违约责任。

甲方为乙方支付或报销培训费用后，乙方未能履行相应义务的，乙方按下列标准支付给甲方违约金。

（1）乙方提前解除劳动合同，应按培训费用____元/年，向甲方支付未满约定服务期限的违约金。

（2）由于乙方的过失，甲方对乙方予以辞退，除支付未满服务期限的违约金额外，还需赔偿给甲方造成的相应损失。

本协议自双方签约之日起生效。本协议一式两份，甲乙双方各执一份，

双方签字后作为劳动合同的附件执行。

23.2.4 辞退员工风险管理

企业在辞退员工的管理实践中，如何确定合理的辞退标准，并且开诚布公地与员工沟通，对于最大限度地减少辞退员工的负面影响有着举足轻重的作用。

1. 辞退条件

辞退是用人单位解雇员工的一种行为。根据《中华人民共和国劳动法》第二十五条的规定，劳动者有下列情形之一的，用人单位可以解除劳动合同。

（1）在试用期间被证明不符合录用条件的。

（2）严重违反劳动纪律或者用人单位规章制度的。

（3）严重失职、营私舞弊，对用人单位利益造成重大损害的。

（4）被依法追究刑事责任的。

对辞退员工中的限制情形，《中华人民共和国劳动合同法》第四十二条规定，劳动者有下列情形之一的，用人单位不得依照该法第四十条、第四十一条的规定解除劳动合同：

（1）从事接触职业病危害作业的劳动者未进行离岗前职业健康检查，或者疑似职业病病人在诊断或者医学观察期间的。

（2）在本单位患职业病或者因工负伤并被确认丧失或者部分丧失劳动能力的。

（3）患病或者非因工负伤，在规定的医疗期内的。

（4）女员工在孕期、产期、哺乳期的。

（5）在本单位连续工作满十五年，且距法定退休年龄不足五年的。

（6）法律、行政法规规定的其他情形。

2. 辞退员工操作 4 大关键点

要做到正确合理又无风险地辞退员工，需要注意 4 大关键点，具体如图 23 - 2 所示。

试用期内不得随意辞退员工

辞退有过错的员工应有事实依据和制度措施

辞退无过错的员工要提前通知和支付经济补偿金

经济性裁员必须符合法定条件并履行法定程序

图 23-2　正确合理辞退员工的 4 大关键点

23.3　人事外包与劳务派遣风险管理

23.3.1　人事外包决策模型

企业是否进行人事外包和进行哪些人事业务的外包，有 2 个判断维度，即价值性和独特性，图 23-3 提供了企业人事外包的决策参考模型，帮助企业管理人员在做决策时参考。

根据价值性和独特性这 2 个维度可以将人力资源的业务划分

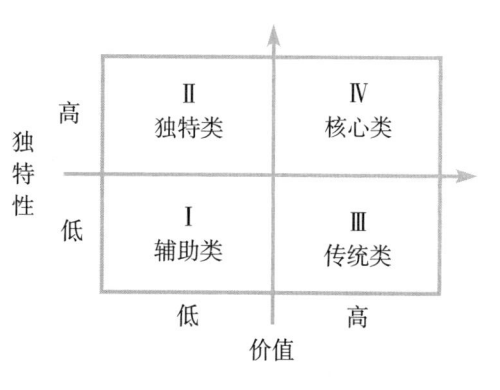

图 23-3　人事外包决策模型

为 4 类，分别为辅助类、传统类、独特类和核心类。对各类别的详细说明如表 23-5 所示。

表 23-5　人事外包决策参考模型说明

类别名称	类别说明		业务举例
	特点	具体说明	
辅助类	低价值低独特性	该类别业务为企业贡献的价值有限，而且外部市场的标准化运作完全能够达到用人单位的管理要求，因此适合外包	工资发放、档案管理等
传统类	高价值低独特性	该类别业务可以帮助企业获得竞争优势，但是外部市场能够满足该类业务的要求，因此适合外包	培训开发、人力资源管理信息系统的使用

续表

类别名称	类别说明		
	特点	具体说明	业务举例
独特类	低价值高独特性	该类别业务不能直接创造价值，却具有企业独特性，外部市场无法针对这类业务提供理想的服务，因此不适合外包	员工士气、团队协作
核心类	高价值高独特性	该类别业务能够帮助企业获取较大的竞争优势，且具有独特性。外部市场无法针对这类业务提供理想的服务，且实行外包可能导致削弱企业核心竞争力，因此不能外包	人力资源规划、成本费用控制

23.3.2 人事外包操作流程

上面已经针对人事外包决策模型和是否适合外包进行了系统的分析，那么，针对某项或某几项人力资源管理业务，企业最终决定进行人事外包，就需要遵循如图23-4所示的人事外包的6个步骤。

1. **确定外包的内容**
用人单位分析企业本身的核心人力资源管理职能，确定可以进行人事外包的具体业务

2. **考察服务供应商**
企业人力资源部通过考察3~5个备选服务供应商的资质、信誉、经验和报价等，分析服务供应商的综合服务能力

3. **确定服务供应商**
企业人力资源部在进行综合分析的基础上，选择综合能力最强、性价比最高的服务供应商

4. **进行委托服务的洽谈**
用人单位与选定的服务供应商就委托的具体业务进行协商和谈判，并确定委托合同的主要内容

5. **签订人事外包服务合同**
用人单位和服务供应商依法签订人事外包服务合同，明确双方的权利、义务、外包人力资源管理业务条款和所应承担的法律责任

6. **执行人事外包服务合同**
用人单位和服务供应商按照签订的人事外包服务合同履行各自的权利和义务

图23-4 人事外包的6个步骤

23.3.3 劳务派遣风险管理

劳务派遣又称人力派遣、人才租赁，是指由劳务派遣机构与被派遣劳动者订立劳动合同，把劳动者派向其他用工单位，再由用工单位向派遣机构支付服务费用的一种用工形式。劳务派遣形式涉及三方主体，权责复杂，风险较大。三方主体应知事项或权利如表 23-6 所示。

表 23-6 劳务派遣三方主体应知事项或权利

三方主体	应知事项或权利
劳务派遣机构	1. 劳务派遣机构不得向被派遣劳动者收取费用 2. 劳务派遣机构须与用工单位签订劳务派遣合同 3. 劳务派遣机构不得以非全日制用工形式招用被派遣劳动者 4. 劳务派遣机构应将劳务派遣合同的内容、派遣岗位、派遣期限、劳动报酬等事项告知被派遣劳动者 5. 劳务派遣机构不得克扣用工单位依照劳务派遣合同支付给被派遣劳动者的劳动报酬 6. 被派遣劳动者在无工作期间，劳务派遣机构应当按照所在地人民政府规定的最低工资标准，向其按月支付报酬
用工单位	1. 根据工作岗位的实际需要与劳务派遣机构确定派遣期限，不得将连续用工期限分割订立为数个短期劳务派遣合同 2. 劳务派遣一般在临时性、辅助性或者替代性的工作岗位上实施 3. 不得将被派遣劳动者再派遣到其他用人单位 4. 对在岗被派遣劳动者进行工作岗位必需的培训 5. 告知被派遣劳动者具体的工作要求和劳动报酬 6. 连续用工的，应当实行正常的工资调整机制 7. 执行国家劳动标准，提供相应的劳动条件和劳动保护
被派遣劳动者	1. 签订劳动合同，获取劳动报酬、参加社会保险的权利 2. 在用工单位获得劳动保护、接受岗位必要培训的权利 3. 劳务派遣合同的知情权（包括派遣岗位、期限、劳动报酬、社会保险费、违约责任等） 4. 选择参加工会组织的权利 5. 与被派遣单位劳动者同工同酬的权利 6. 与劳务派遣机构协商解除劳动合同的权利

第 24 章
如何编制人力资源管理制度

制度是对博弈规则的界定或制约。人力资源管理制度是规范企业员工行为的主要标尺，是企业推行制度化管理、规范化管理和精细化管理的基础。一套科学、有效的人力资源管理制度体系及配套的执行表单是企业良好运营和持续发展的重要保障之一。

人力资源管理制度和表单的设计应遵循相应的规范和原则，鉴别哪些行为、哪些事项、哪些现象属于本企业或本部门的制度范畴，并对制度和表单进行分类、内容筛选，循序渐进地开展制度和表单的设计工作，并确保制度和表单的实用性与可操作性。

人力资源管理制度内容结构的设计如图24-1所示。

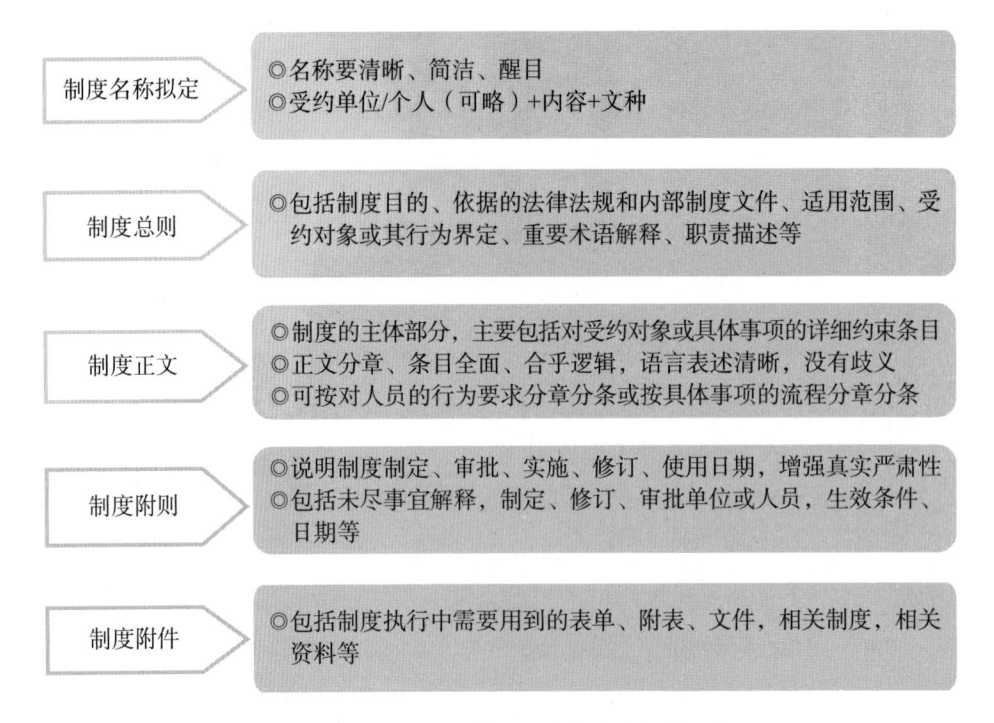

制度名称拟定	◎名称要清晰、简洁、醒目 ◎受约单位/个人（可略）+内容+文种
制度总则	◎包括制度目的、依据的法律法规和内部制度文件、适用范围、受约对象或其行为界定、重要术语解释、职责描述等
制度正文	◎制度的主体部分，主要包括对受约对象或具体事项的详细约束条目 ◎正文分章、条目全面、合乎逻辑，语言表述清晰，没有歧义 ◎可按对人员的行为要求分章分条或按具体事项的流程分章分条
制度附则	◎说明制度制定、审批、实施、修订、使用日期，增强真实严肃性 ◎包括未尽事宜解释，制定、修订、审批单位或人员，生效条件、日期等
制度附件	◎包括制度执行中需要用到的表单、附表、文件、相关制度、相关资料等

图24-1 人力资源管理制度内容结构的设计

24.1 人力资源管理制度的设计与编制规范

24.1.1 人力资源管理制度的6大类别

对人力资源管理制度的分类并没有严格的定义，不同的行业领域、不同的部门针对具体事宜对人力资源管理制度的称谓不太一样，所起作用、使用范围也不同，总体来讲主要有6类，如表24-1所示。

表24-1 人力资源管理制度的6大类别

类别	具体内容
章程	章程是企事业单位、社会团体经特定的程序制定的关于组织规程和办事规则的法规文书，是一种根本性的规章制度。如企业注册的是有限责任公司或者股份有限公司，在办理营业执照时，工商部门会将公司章程一同交给企业，作为企业的根本准则
制度	制度是有关单位和部门制定的要求所属人员共同遵守的准则，是企事业单位等组织从事某项具体工作、具体事项时必须遵守的行为规范，如××公司安全生产制度、××公司人力资源管理制度
规则	规则是企事业单位等组织为维护劳动纪律和公共利益而制定的要求大家遵守的关于工作原则、方法和手续等的条规，如××公司办公设备采购规则、××图书馆借书规则
规定	规定是生产单位为了保证质量，使工作、试验、生产按程序进行而制定的一些具体要求，如车间操作规定、计算机操作规定
办法	办法是对有关法令、条例、规章提出的具体可行的实施措施；是对有关工作、有关事项的具体办理、实施提出的切实可行的措施。办法重在可操作性，如××公司绩效考核办法、××公司劳务派遣员工管理办法
细则	细则是对实施制度、规则、规定、办法详细、具体或补充的规定，对贯彻方针、政策起具体说明和指导的作用

24.1.2 找准人力资源管理制度的定位

人力资源管理制度能得到有效执行的前提条件是具备准确、清晰、科学的定位。制度设计人员在设计或修订制度时，可依据企业经营管理的需要、解决问题的需要，从5个方面（见图24-2）选择制度的切入角度，以便在设计制度时找准、站稳立足点，保证设计出来的制度有利于实现企业战略目标、塑造企业文化。

1.企业管理角度
为从整体上把握和控制业务、人力、财务和物力等，对企业战略目标、组织架构、资源配置、员工行为等做出系统性的规定

2.部门管理角度
若要对某一部门的管理制定规划，就要站在部门管理的角度进行制度设计，以明确部门级别、职责权限范围、规范内容等

3.业务作业管理角度
对业务处理过程给出具体的管理规定，这一角度的制度规范有3种形式，即管理手册、程序文件和作业指导书

制度的所属层级

制度设计的角度定位

制度设计的两大核心

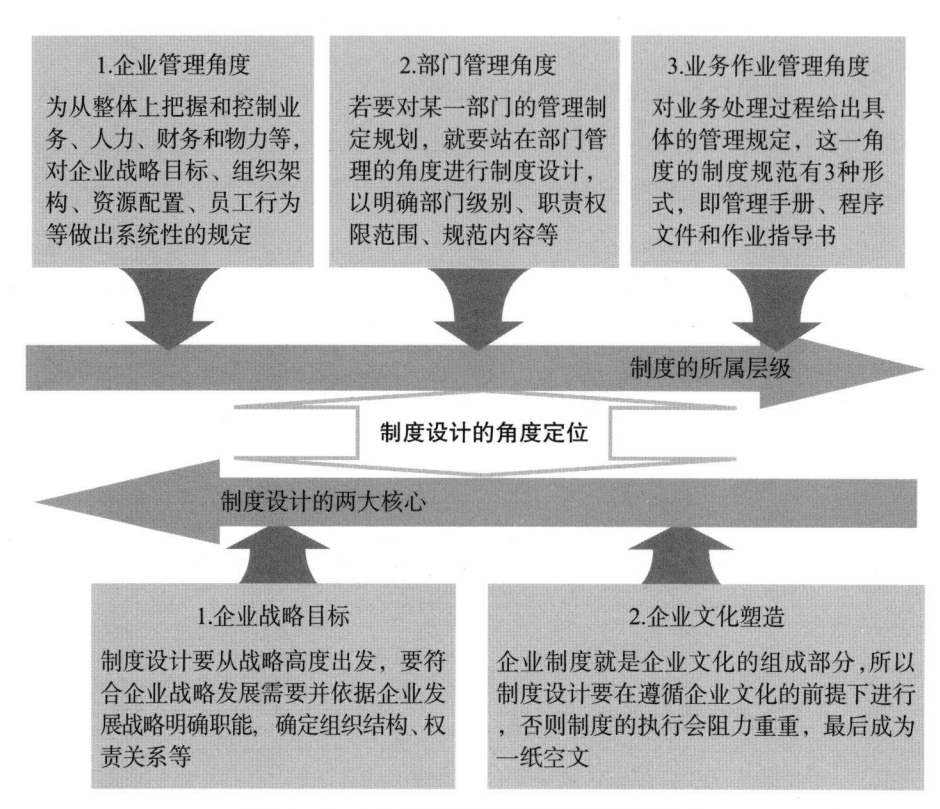

1.企业战略目标
制度设计要从战略高度出发，要符合企业战略发展需要并依据企业发展战略明确职能、确定组织结构、权责关系等

2.企业文化塑造
企业制度就是企业文化的组成部分，所以制度设计要在遵循企业文化的前提下进行，否则制度的执行会阻力重重，最后成为一纸空文

图 24-2　人力资源管理制度设计的角度定位

24.1.3 "三符合、三规范"

一套体系完整、内容合理、行之有效的人力资源管理制度在设计时需要遵循一定的编写规范，即达到"三符合、三规范"的要求，具体如表 24-2 所示。

表 24-2　人力资源管理制度编制的规范

设计规范	具体说明
三符合	符合管理者最初设想的状态
	符合企业管理科学原理
	符合客观事物发展规律或规则

续表

设计规范		具体说明
三规范	规范制度制定者	1.品行好，能做到公正、客观，有较好的文字表达能力和分析能力 2.了解国家法律、社会公共秩序和员工风俗习惯 3.制度所依资料全面、准确，能反映生产经营活动的真实面貌
	规范制度内容	1.合法合规，制度内容不违反国家法律法规和公德民俗，确保制度有效 2.形式美观，制度框架格式统一、简明扼要、易操作，简洁、无缺漏 3.语言简洁、条理清晰、前后一致、符合逻辑规律 4.制度的可操作性强，要注意与其他规章制度的衔接 5.规定制度涉及的各种文本的效力，并用书面或电子文件的形式向员工公示或向员工提供接触标准文本的机会
	规范制度实施过程	1.明确培训及实施过程、公示及管理、定期修订等内容 2.营造规范的执行环境，减少制度执行中可能遇到的阻力 3.规范全体员工的职责、工作行为及工作程序 4.制度的制定、执行与监督应由不同人员担当 5.记录制度执行的情况并保留存档

24.1.4 人力资源管理制度编制的7个步骤

人力资源管理制度的编制主要包括7个步骤，具体如图24-3所示。

24.2 人力资源管理制度体系与配套表单设计

24.2.1 人力资源管理制度体系

现代企业人力资源管理部门的主要职能是根据企业战略发展需要，制定与企业战略发展相匹配的人力资源战略，不断完善企业各项人力资源管理制度，吸引、培养并留住人才，保障企业发展对人才的需求。其具体职能包括工作分析与组织设计、人力资源规划与计划管理、招聘管理、面试与录用管理、人才测评与职业规划管理、绩效管理、薪酬与福利管理、培训与开发管理、劳动关系管理、各类人事事务管理以及各类人员手册管理等。

明确问题	企业制定各管理制度的主要目的在于预警性地规避问题的出现或将已发生问题及其危害控制在一定范围内，以避免或减少不必要的损失，保证企业经营活动的正常、有序运行
角度定位	制度设计人员在设计或修订制度时应站对、站稳制度设计的立足点，如战略角度、企业管理角度、部门管理角度、业务管理角度、人员角度等
调研访谈	制度设计人员应进行调研访谈，了解企业实际存在的、业务运作过程中出现的、需要解决的问题等，从而设计出真正能满足企业需求的合适制度
统一规范	一套体系完整、内容合理、行之有效的企业管理制度应达到"三符合、三规范"及其他要求，具体请参照表24-2
制度起草	制度起草工作包括明确制度类别，确定制度风格和写作方法，明确制度目的，在调研的基础上进行制度内容规划（形成纲要），拟定条文（形成草案），并进行制度格式标准化
制度定稿	制度草案制定完成后需通过意见征询、试行等方式获得相关建议，发现不足和纰漏进行修改完善，直到最终定稿审批通过
制度公示	制度要为企业运营和发展服务，企业应以适当方式向全体员工公示，以示制度生效，便于员工遵守执行

图 24-3 人力资源管理制度编制的 7 个步骤

对管理比较规范的企业而言，人力资源管理制度体系的框架如表 24-3 所示。

表 24-3 人力资源管理制度体系列表

职能事项	可设计的制度名称	职能事项	可设计的制度名称
工作分析与组织设计管理	工作分析实施细则	招聘管理	招聘调配管理工作制度
	公司基本组织结构规定		内部竞聘管理规定
	公司职务权限设计规程		网络招聘实施办法
	岗位职级与任免管理制度		猎头招聘实施规定
人力资源规划与计划管理	人力资源规划管理制度	面试与录用管理	员工笔试管理制度
	人力资源供需预测办法		员工面试管理制度
	人力资源计划实施细则		员工录用管理制度
	人力资源预算管理制度		新员工转正管理规定

续表

职能事项	可设计的制度名称	职能事项	可设计的制度名称
人才测评与职业规划管理	人才测评管理制度	培训与开发管理	培训预算控制办法
	测评方法选择规定		培训外包管理规定
	职业生涯管理制度		培训项目评估办法
	职业发展通道规定		在职人员培训规定
绩效管理	绩效管理工作制度		销售人员培训规定
	绩效考核实施细则		员工外派培训制度
	绩效面谈实施细则	劳动关系管理	劳动合同管理制度
	绩效奖金管理办法		劳动安全卫生管理办法
	绩效改进与提升办法		劳动争议处理管理规定
	绩效评议与申诉制度		员工满意度管理制度
薪酬与福利管理	薪酬激励管理制度	各类人事事务管理	员工日常行为规范
	员工福利管理制度		员工离职管理制度
	员工奖金管理制度		人事档案管理规定
	员工提薪管理办法		员工出差管理规定
	新员工核薪及升迁细则	各类人员手册管理	人力资源手册管理制度
	兼职人员工资管理办法		员工手册管理制度
	计件人员薪酬计算办法		经理人员手册管理制度
培训与开发管理	培训管理工作制度		人力资源操作风险规避指引手册管理制度

24.2.2 人力资源管理制度配套表单的绘制

与人力资源管理制度配套的管理表单，发挥着补充制度的内容、丰富制度的形式、促进制度进一步落实与执行等重要作用。表单的设计要求简洁、明了、易操作、利于执行。

将文本内容制作成工作表单，员工按照工作表单执行项目，可以在很大程度上避免由于对文本理解的差异导致的工作成果不稳定，大大降低了执行成本；此外，员工作业时只需要按照工作表单规定的步骤和内容执行即可，不需要靠对文本的记忆来执行，应使复杂问题简单化。

管理表单是一个行与列有规则排列的网络，表单中存储数据及编辑数据的方格称为单元格。设计管理表单就是将表单的行、列看成坐标的横轴和纵轴，将需要表达的内容植入坐标中予以展现的过程。

管理表单的绘制工具有 Word 或者 Excel，一些流程性工作表单也会用到 Microsoft Access。考虑到企业中最常用的是 Word 制作的表单，因此仅介绍用 Word 绘制表单的步骤，如图 24－4 所示。

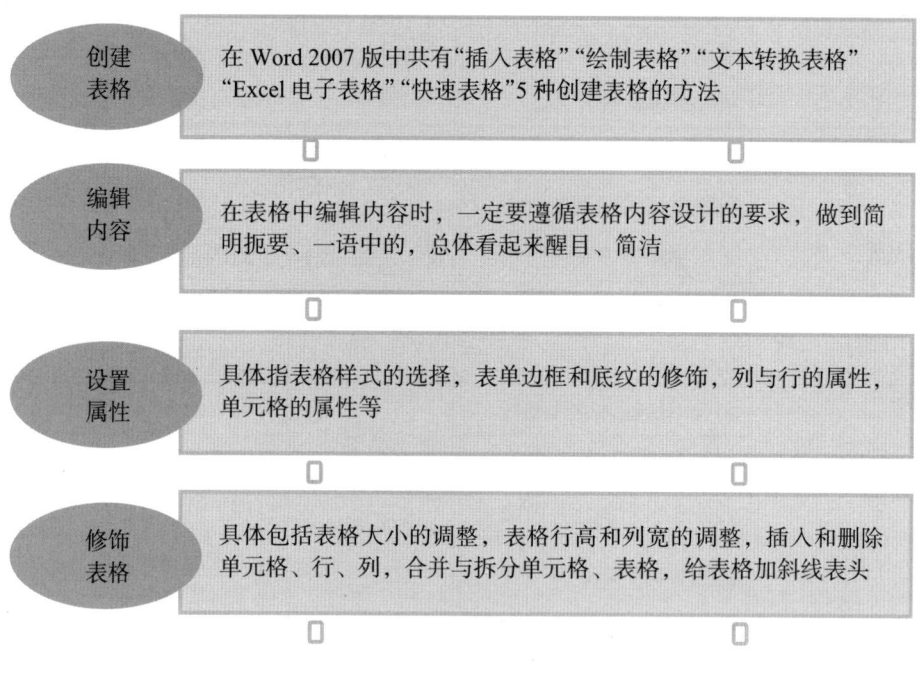

创建表格	在 Word 2007 版中共有"插入表格""绘制表格""文本转换表格""Excel 电子表格""快速表格"5 种创建表格的方法
编辑内容	在表格中编辑内容时，一定要遵循表格内容设计的要求，做到简明扼要、一语中的，总体看起来醒目、简洁
设置属性	具体指表格样式的选择，表单边框和底纹的修饰，列与行的属性，单元格的属性等
修饰表格	具体包括表格大小的调整，表格行高和列宽的调整，插入和删除单元格、行、列，合并与拆分单元格、表格，给表格加斜线表头

图 24－4　表单绘制的 4 个步骤

24.3　人力资源管理制度设计

24.3.1　员工日常行为规范实例

以下是某公司的员工日常行为规范，供读者参考。

第1章 总则

第1条 目的

为保障公司内部管理的规范化，维护正常的工作秩序，树立良好的公司形象，结合公司员工的工作手册，特制定本管理规范。

第2条 适用范围

本规范适用于公司所有员工，包括兼职员工、试用期员工和因业务需要的合作方人员。

第3条 权责

1. 人力资源部是员工行为规范的归口管理部门。
2. 人力资源部与公司各部门组成巡检小组，按照公司规定执行并检查员工日常行为规范。
3. 员工应自觉并严格遵守公司的相关规定，进行自检与员工间的互检。

第2章 仪容仪表规范

第4条 仪容规范

1. 头发：勤洗、勤梳理。男士不留长发，做到前不覆额，侧不及耳，后不及衣领；不染烫怪异发型，发式以线条自然、流畅为宜。女士不得披头散发；短发前不及眉，旁不及耳，后不及衣领；长发刘海不过眉，过肩要扎起（使用公司统一发夹，用发网网住，夹于脑后），不得使用夸张耀眼的发夹。

2. 面部：脸部保持清洁，男士胡须和鬓角修刮干净；鼻毛和眉毛及时修剪，注意去除眼角、口角及鼻孔的分泌物；耳部保持清洁；口腔保持卫生，上班前不要喝酒或吃有异味的食品。

3. 手部：保持清洁，手指甲的长度以不超过手指肚为宜。女士指甲油的涂抹要以透明色和淡粉色为主，切忌过于鲜艳。

4. 个人卫生要求：随时保持身体干净卫生，做到勤换衣服勤洗澡。

5. 妆容：女士应化淡妆，以给人清洁健康的印象，不可浓妆艳抹，亦不可使用气味浓烈的香水。

6. 配饰：应少而精，不过分修饰。

第 5 条　着装要求

整体要求：员工上班时间内，要注意穿着，做到得体、大方和整洁。

1. 公司员工均按要求统一着装（含试用期员工），服装由公司根据工种及行业安全规范要求统一确定。

2. 男员工在上班期间，夏天一律穿衬衫、系领带，穿着衬衣时不得挽起袖子，要系袖扣；冬天一律穿西装，不准穿皮鞋之外的其他鞋。

3. 部门副经理以上的员工，办公室一定要有西装，以便于在有重要外出活动或业务洽谈时穿着。

4. 出席公务活动时必须穿工装；节假日值班人员可着便装上岗，便装不得是奇装异服，如颜色怪异、暴露部分较多等与办公室和生产区域环境不相称的服装。

5. 女员工上班期间不得穿运动服、超短裙或其他有碍观瞻的奇装异服，一律穿肉色丝袜。

6. 所有员工在工作时间内应佩戴工牌。

第 3 章　仪态礼仪规范

第 6 条　站姿

1. 身体挺直，抬头、挺胸、收腹，下颌微收，面带微笑，双目平视。

2. 男员工两腿分开，两脚平行且宽不过肩，双手自然下垂贴近裤线两旁或交叉于身后。女员工可双脚并拢，双手微微握拳，放在裤线两旁；也可脚跟不动，双脚站成"V"字形或左脚（右脚）在后，右脚（左脚）在前，右手（左手）压住左手（右手），放在肚脐上下约 1 厘米的位置。

3. 会见客户、出席仪式等场合，或在长辈和上级面前，不得把手交叉抱在胸前。

第 7 条　坐姿

1. 入座时要稳、要轻。就座时要不紧不慢，大大方方地从椅子的左后侧走到座位前，轻稳地坐下。女士穿裙装入座时，应用手将裙稍稍拢一下，不要坐下来后再站起来整理衣服。

2. 入座时应坐满椅子的三分之二，轻靠椅背。男士就座时，双脚可平踏于地，双膝亦可略微分开，两腿之间可有一拳的距离，双手可分置左右膝盖之上，男士穿西装时应解开上衣纽扣。女子就座时，双腿并拢，以斜放一侧为宜，双脚可稍有前后之差。

第 8 条　行姿

1. 行走中应上身挺直，收腹立腰，两肩平稳，重心稍向前倾；双目平视，收颌，精神饱满，表情自然；行走时靠右，两臂自然下垂摆动，手臂与身体的夹角 10～15 度，摆幅 30～35 度。

2. 男员工行走时双脚跟形成两条线，但两线尽可能靠近，步履可稍大；步幅 25～35 厘米，步履频率 100～110 步 / 分钟。女员工行走时一般先迈左脚，走直线，步子的大小约为一只或一只半脚的距离，步履频率 115～120 步 / 分钟。

3. 行走步伐不宜过大过急，禁止在办公区内奔跑（紧急情况除外），上下楼梯时应靠右行，在通道、走廊等办公场合遇到领导或者客人时要礼让，切勿抢行，员工见面应面带微笑行点头礼。

第 9 条　蹲姿

站在所取物品旁边，屈膝蹲下去拿，注意蹲下时不要低头，也不要弓背，要慢慢把腰部低下；两腿合力支撑身体，掌握好身体的重心，臀部向下。下蹲时要自然、得体、大方，不要遮遮掩掩。

第 10 条　目光

与人谈话时，目光的范围应局限于上至对方的额头，下至对方上衣的第二颗纽扣以上（大致相当于胸以上的部位），左右以两肩为准的方框之间；道别或握手时目光正视对方的眼睛。

第 11 条　微笑

微笑时必须真诚，略带笑容，嘴角上翘、对称，且不能发出声音。

第 4 章　办公环境礼仪规范

第 12 条　上班期间的办公环境

1. 办公区域内应保持安静，严禁聚众高声喧哗；保持办公区域的整洁。

2. 正常情况下，保持每张办公桌放置一台电脑；电脑显示器保持统一朝向过道放置；保持电脑主机统一放置于显示器下方，且垂直向外；保持显示器屏幕与后部干净，避免出现明显的灰尘堆积或污渍。

3. 保持办公区域的所有办公桌在一条直线上，且保持个人办公桌整洁无尘；上班时间，除必备文具、设备和急需处理的文件资料、水杯外，办公桌桌面上不应再摆放其他物品（少量绿色植物除外）。

4. 保持办公椅的扶手、后背、椅腿干净，经常擦拭灰尘；禁止在办公椅上用修正液或其他手段标注座椅的所有权或使用权。

5. 各部门如有办公物品需拿出办公区域，须到行政部开具出门条。

6. 正常上班时间不得在办公室做与自己工作无关的事，如：不得利用公司网络上网聊天、玩游戏，不得浏览娱乐、购物等非工作的网站和网页，更不得在上班时间进行网上购物（公司购买图书除外）等。

7. 未经部门主管同意，不得索取、打印、复印其他部门的资料，不得使用其他部门的电脑，不得翻阅不属于自己的文件、账簿、表册或函件等。

8. 积极学习，刻苦钻研，努力提高业务水平，提高职业技能水平，积极参与培训和考核。

第 13 条　下班期间的办公环境

1. 正确关闭电脑后须将电脑显示器移正摆放。

2. 桌面上不得留任何文件、纸片，全部资料文件应收入抽屉内。

3. 个人办公椅子须推入办公桌下整齐摆放。

4. 个人办公柜锁好，并拔出钥匙妥善保管。

第 14 条　电梯礼仪

1. 电梯门口处，如有很多人在等候，此时请不要挤在一起或挡住电梯门口，以免妨碍电梯内的人出来，而且应先让电梯内的人出来后再进入，不要争先恐后。

2. 男士、晚辈或职员应站在电梯开关处提供服务，并让女士、长辈或上级先行进入电梯，自己随后。

3. 与上级和客人一起乘电梯时，应为上级和客人按键，并请其先进先出电梯。

4. 进入电梯后，应正面朝向电梯口，尽量站成"凹"字形，挪出空间，以便让后进入者有地方可站。

5. 在电梯内不能大声交谈、喧哗，不能抽烟，更不能乱丢垃圾。

第 15 条　语言规范

1.交往语言

在处理对外事务中，必须使用"您好""欢迎""请""谢谢""对不起""再见""请走好"等礼貌用语。

2.电话语言

（1）接听电话应及时，一般铃响不应超过三声。通话时首先使用"您好，××公司"等，语气温和，音量适中，不得在电话中高声喧哗、争吵，以免影响工作秩序。语言表达尽量简洁明白，切忌啰唆，要口齿清晰，吐字干脆。

（2）通话结束时应使用礼貌用语："谢谢""再见""麻烦您了""那就拜托您了""占用了您太多时间，麻烦了""合作愉快"等，语气诚恳、态度和蔼。

3.接待语言

接待公司来访客人时应使用"您好，请稍等""请坐，我通报一下"等词语，切勿说"不"。

第 5 章　商务会客礼仪规范

第 16 条　接待礼仪

1.说话的态度应诚恳、自然、大方。说话时要注意分寸，称赞对方不要过分，谦虚也要得当。

2.谈话时不要与对方靠得太近，不得运用过大的手势。

3.谈话的内容要事先有所准备，不知道的事情或不属于工作范围的事情，不要随意答复和表态，自己没有把握的事情不要轻易允诺。

4.对方发言时要注意倾听，不要左顾右盼、交头接耳或随便打断对方，不要做出看表、伸懒腰和打呵欠等不礼貌的动作。

5.在对方与他人进行交谈时，不要随意插话，也不可以超前旁听，如有紧急事情需要和其中一人或两人说话时，应先向谈话的双方打招呼，并表示歉意。

第 17 条　见面礼仪

1.在工作中称呼别人时应遵循庄重、正式、规范的原则。

2. 初次见面时，一般要进行自我介绍。自我介绍时，应先讲明自己的姓名和身份，然后请教对方，并互相交换名片。

3. 当介绍到具体人时，应有礼貌地以手示意，切忌用手指人，更不要用手拍打人。

4. 握手时，要与对方目光接触，面带笑容，表现出自信、坦然和对对方的重视。握手时一定要确保顺序正确：在上下级之间，上级伸出手来，下级才能伸手与之相握；在长辈与晚辈之间，长辈伸出手来，晚辈才能伸手与之相握；在男女之间，女士伸出手来，男士才能伸手与之相握。

5. 握手要有一定的力度，以表明坚定、有力的性格和热情的态度。握手时要注意时间，一般约为5秒钟，切忌紧握对方的手不放。

第18条 交换名片礼仪

1. 在递交名片时，应与对方保持面对面站立，面带微笑，双目注视对方，上身略向前倾。

2. 将名片的文字正面朝向对方，双手握住名片的三分之一处，一边递交一边清楚地说出自己的姓名，同时伴随"请多指教""认识您很荣幸"等敬语。

3. 双手接到名片后，应立即认真阅读并准确记住对方的姓名等相关信息。若遇到对方名片信息有难以确认的字，应立即询问。

4. 当面把对方名片精心存放（名片夹、公文包、办公桌、上衣口袋），切忌在手中玩弄或随手乱放。

5. 接受对方名片后，应立即回给对方自己的名片，如果未带或没有名片，应及时向对方致歉。

第6章 附则

第19条 本规范由公司人力资源部制定，解释权和修改权归人力资源部所有。

第20条 本规范由公司总经理审批通过后自发布之日起执行。

24.3.2 员工日常行为表单设计

某公司的员工日常行为检查表单如表24-4所示，供读者参考。

表 24-4 员工日常行为规范检查记录表

项目	序号	检查标准	检查分值	各员工扣分值					扣分项说明
				员工甲	员工乙	员工丙	员工丁	…	
仪容规范	1								
	2								
	…								
礼仪规范	1								
	2								
	…								
日常办公环境	1								
	2								
	…								
总分			100						
受检查单位签字：									
检查说明	1	每周由集团办公室、行政部和人力资源部组成检查小组，进行不定时检查。各部门也可按照此表对本部门员工进行检查							
	2	总分为100分，按照各员工扣分。每一项每个员工发现一处违规即扣除1分，直到5分扣完为止。表中未列出项目可在其他项说明并扣分							
	3	检查结束后检查人签字，并由检查组长确认。结果交由集团办公室进行汇总，参与检查的人员打分的平均值为该员工的检查得分							
	4	检查表以及结果报由集团办公室存档，对各员工得分进行排名公示，并作为评选先进的依据，对个人违规扣分按规定进行处罚							

第 25 章

如何设计员工手册

员工手册主要是企业内部的人事制度管理规范，涵盖企业运营管理的考勤、财务报销、员工行为纪律等方方面面，同时承载传播企业形象、企业文化的功能。员工手册是人力资源管理的有效工具、员工的行动指南。

《中华人民共和国劳动法》第二十五条规定的用人单位可以随时解除劳动合同的情形中，有"严重违反劳动纪律或者用人单位规章制度的"这一条款。但是，如果用人单位没有规定，或者规定不明确，在因此引发劳动争议时，就会因没有依据或依据不明确而陷入被动。编制一本合法的员工手册是法律赋予企业的权利，也是企业在管理上的必需。

《中华人民共和国劳动合同法》和《中华人民共和国劳动争议调解仲裁法》相继颁布，出于保护劳动者的立法宗旨，对企业的人力资源管理提出了更高的要求。因此，从调整企业人力资源管理理念、提升员工关系管理水平、避免劳资冲突、建立和谐的劳动关系等各方面来讲，根据企业规模、经营管理特点、行业特点、用工方式及种类，量身打造员工手册对于企业的成长和发展至关重要。

所以，企业人力资源部牵头制定员工手册的目标，一方面在于构建企业的制度体系，方便企业对员工的管理；另一方面，对所有员工起到指导作用，规范员工的行为。

综上，员工手册的编制不仅可以使刚进入企业的新员工快速了解企业的发展历史、理念、规章制度和行为规范等，而且可以规范员工的日常行为，营造制度化、规范化的合作氛围。

25.1　员工手册的内容设计与审核

25.1.1　员工手册设计的 4 个关键

1. 适用范围

员工手册一般适用于与企业建立劳动关系的员工，然而在企业的用工中，除了建立劳动关系的员工外，还有实习生、退休返聘人员、兼职人员、劳务派遣人员等，因此企业也可以根据用工对象的特殊性对员工手册制定相对应的内容。

2. 确定管理对象

编写员工手册前，首先要分析员工手册需要管理和约束的对象，管理对象不同，员工手册所要体现的内容就不同。

3. 分析约束内容

在确定管理对象后，就要对企业已有的管理制度的执行情况进行系统分析，评价现行制度的约束效果，做出必要的修改和补充，按照员工手册编写的原则和标准，规划员工手册的内容框架。

4. 确定手册框架

员工手册框架并无固定模式，从结构上讲，员工手册由写在前面的话、公司概述、行为规范和特殊职业要求、管理制度与附则5大部分组成。根据基本框架设计次级框架，以便于明确所要表达的内容。

员工手册5个方面的具体内容如图25-1所示。

写在前面的话	公司概述	行为规范和特殊职业要求	管理制度	附则
1.欢迎词 2.员工手册学习收获 3.祝语与希望 4.签名	1.公司价值观 2.战略目标 3.业务概况介绍 4.公司组织架构 5.企业文化 …………	1.工作准则 2.行为规范 3.礼仪规范 4.行业特殊职业要求（如互联网行业）	1.人事管理制度 2.行政管理制度 3.财务管理制度 …………	1.关于手册（使用、保管、修订） 2.手册效力（约束力、异议处理等） 3.员工签收

图25-1 员工手册的5项具体内容

25.1.2 员工手册的语言和内容审核

1. 语言规范性的审核

员工手册的语言要具有实用性，防止流于形式。HR在审核员工手册的语言时需注意3点，具体如图25-2所示。

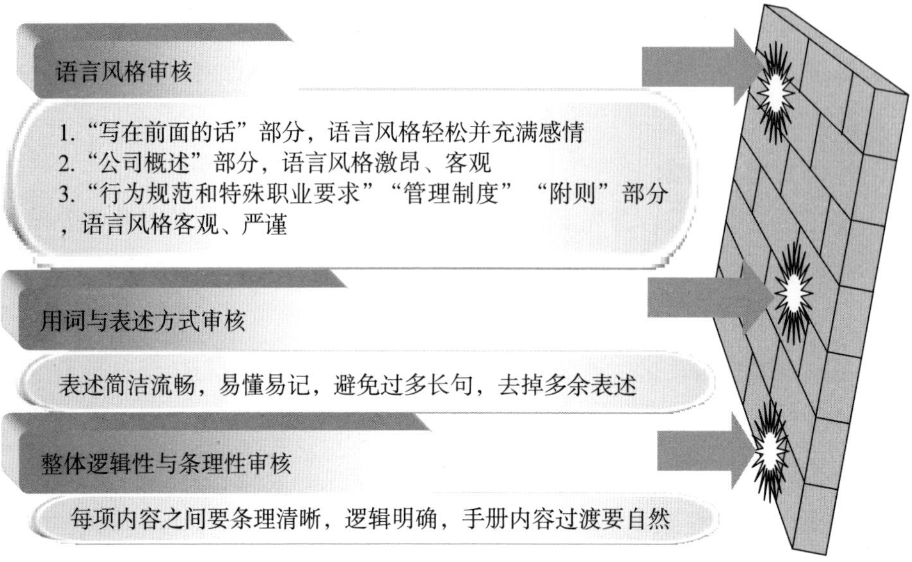

语言风格审核

1. "写在前面的话"部分，语言风格轻松并充满感情
2. "公司概述"部分，语言风格激昂、客观
3. "行为规范和特殊职业要求""管理制度""附则"部分，语言风格客观、严谨

用词与表述方式审核

表述简洁流畅，易懂易记，避免过多长句，去掉多余表述

整体逻辑性与条理性审核

每项内容之间要条理清晰，逻辑明确，手册内容过渡要自然

图 25-2　语言规范性的审核

2. 内容合法性的审核

员工手册内容合法性的审核概括来说是从 4 个方面开展的，如图 25-3 所示。

颁布主体合法	◎员工手册的制定颁布主体必须合法，必须是企业主体，而不是企业的某部门（经企业授权的除外）
依据合法	◎内容的依据必须符合国家现行法律法规、行政法规、规章及政策的规定
制定程序合法	◎员工手册内容必须经过一定的民主程序讨论通过
发布程序合法	◎员工手册内容必须向劳动者公示或告知

图 25-3　内容合法性的审核

25.2 员工手册编写的步骤与禁忌

25.2.1 员工手册编写的 5 个步骤

一般来说,员工手册的编写需要经过 5 个步骤,具体如图 25-4 所示。

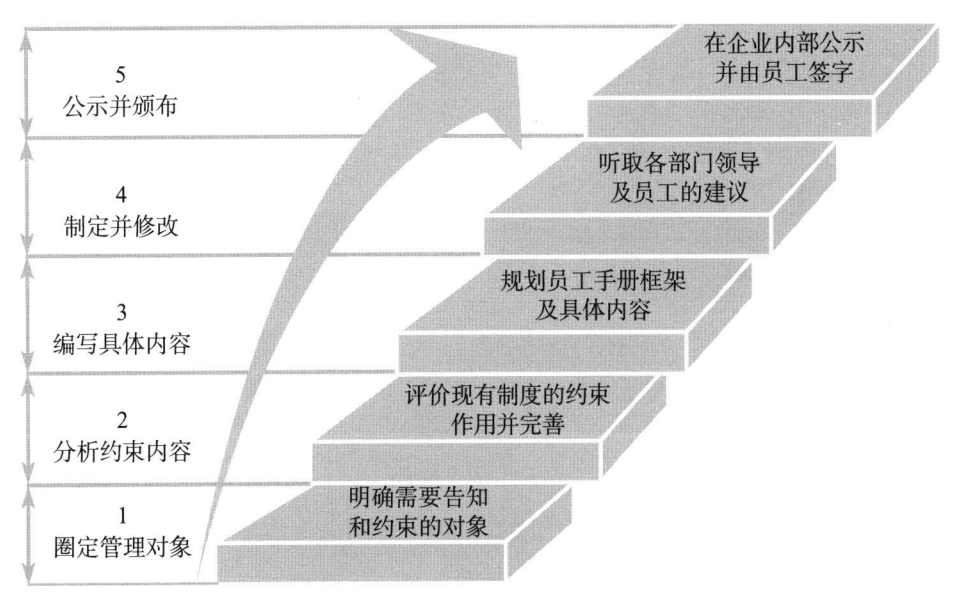

图 25-4　员工手册编写的 5 个步骤

步骤 1：圈定管理对象——明确需要告知和约束的对象
步骤 2：分析约束内容——评价现有制度的约束作用并完善
步骤 3：编写具体内容——规划员工手册框架及具体内容
步骤 4：制定并修改——听取各部门领导及员工的建议
步骤 5：公示并颁布——在企业内部公示并由员工签字

25.2.2 员工手册编写的 6 大禁忌

编写员工手册最大的禁忌是人力资源部闭门造车。HR 要与相关部门充分沟通,调动和发挥相关部门的专业性,与其共同草拟员工手册。根据内容不同具体分工如表 25-1 所示。

表 25-1　员工手册编写分工一览表

序号	结构框架	具体内容编写人	协助人	审批人
1	写在前面的话	人力资源部	总经理办公室	总经理
2	公司概述	负责对外形象宣传的部门	人力资源部	总经理

续表

序号	结构框架	具体内容编写人	协助人	审批人
3	行为规范和特殊职业要求	人力资源部	各相关部门	总经理
4	管理制度			
5	附则			

员工手册在编写过程中还应当尽力避免出现贪多求全，陈旧过时，称谓混乱，段落、句子冗长，语法有误和口气生硬等问题，具体内容如图 25-5 所示。

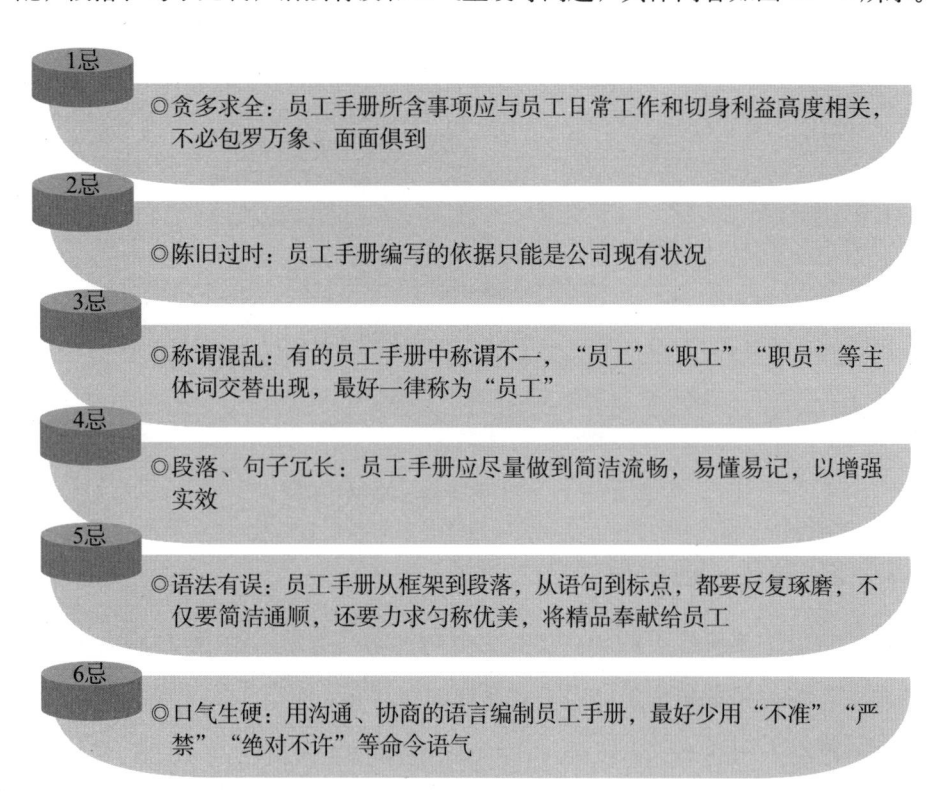

1忌 ◎贪多求全：员工手册所含事项应与员工日常工作和切身利益高度相关，不必包罗万象、面面俱到

2忌 ◎陈旧过时：员工手册编写的依据只能是公司现有状况

3忌 ◎称谓混乱：有的员工手册中称谓不一，"员工""职工""职员"等主体词交替出现，最好一律称为"员工"

4忌 ◎段落、句子冗长：员工手册应尽量做到简洁流畅，易懂易记，以增强实效

5忌 ◎语法有误：员工手册从框架到段落，从语句到标点，都要反复琢磨，不仅要简洁通顺，还要力求匀称优美，将精品奉献给员工

6忌 ◎口气生硬：用沟通、协商的语言编制员工手册，最好少用"不准""严禁""绝对不许"等命令语气

图 25-5 员工手册编写的 6 大禁忌

25.3 员工手册管理制度

25.3.1 员工手册管理规定实例

以下是某公司的员工手册管理规定，供读者参考。

第1章 总则

第1条 目的

为规范员工手册的编制和管理,根据公司章程和相关管理规定,特制定本制度。

第2条 适用范围

本制度在员工手册的编写、管理与修订中适用。

第2章 员工手册的内容

第3条 公司制定员工手册的目的

1. 构建公司的制度体系,方便对员工的管理。
2. 对公司所有员工起到指导作用,规范员工的行为。

第4条 员工手册的内容

员工手册的内容由6部分组成,具体内容如表25-2所示。

表25-2 员工手册的内容

内容组成	内容描述
公司概况	介绍公司成立时间、发展历程、现状和主要业务情况
公司文化	介绍公司理念、公司形象和公司精神
组织结构	描述公司内部各部门的组织结构,明确每一职位在公司中的地位及其上下隶属关系
人力资源制度	人员招聘、录用、培训开发、薪酬福利、绩效考核、解聘辞退、劳动关系管理等方面
员工规范	介绍员工的行为准则和行为规范
岗位职责	描述各主要岗位的工作职责和工作流程

除以上6项内容外,公司还可以结合实际情况,在员工手册中有针对性地增加内容。

第5条 员工手册的框架体系

从结构上讲,员工手册由写在前面的话(前言)、正文和附则3大部分组成,其具体框架如表25-3所示。

表 25-3　员工手册的框架体系表

一级结构体系	二级结构体系	三级具体内容
1. 前言部分	(1) 公司概况	1) 董事长致辞 2) 公司简介（成立、发展历史、愿景）
	(2) 企业文化	1) 公司精神；2) 经营宗旨；3) 经营理念
	(3) 组织结构	1) 总体结构；2) 业务分配；3) 部门简介
2. 正文部分	(1) 员工日常规范	1) 工作准则；2) 行为规范；3) 礼仪规范
	(2) 公司管理制度	主要包括人力资源管理制度，以及财务管理制度或者经营管理制度等有必要放进员工手册的制度
	(3) 岗位职责描述	1) 部门职责描述；2) 主要岗位描述；3) 工作流程描述
3. 附则部分	(1) 关于手册	使用、修订、保管
	(2) 手册效力	制定依据、约束效力、异议处理
	(3) 员工签收	签收回执、意见书

第 3 章　员工手册的编写

第 6 条　员工手册的编写原则

1. 遵循国家的法律法规：员工手册的编写应以不违反国家的法律法规和行政条例为最高准则。

2. 权责平等：员工手册应充分体现企业与员工之间的平等关系和权利义务的对等。

3. 讲求实际：员工手册要有实际的内容，体现企业的个性特点。

4. 不断完善：员工手册应该适时、不断改进，不断完善。

5. 公平、公正、公开：员工是企业的一员，企业的发展离不开全员参与，所以要广泛征求大家的意见，对好的意见和建议要积极采纳。

第 7 条　员工手册的编写标准

员工手册应充分展现企业文化，详细描绘企业愿景；具有针对性和可操作性；体现工具性；体现公司的个性化；言简意赅，通俗易懂。

第 8 条　员工手册的编写流程

1. 确定管理对象

在编写员工手册前,要先分析一下员工手册要告知和约束的对象。根据管理对象的需求,确定员工手册所体现的内容。

2. 分析约束内容

对企业已有的制度及其执行情况进行系统分析,评价现行制度的约束作用,从而提出补充和修改条款。

3. 编写具体内容

依靠员工手册编写的原则和标准,规划员工手册的具体框架和具体内容,并确保员工手册的合法性和有效性。

4. 制定并修改

（1）制定员工手册草案（人力资源部为主要负责部门,各职能部门协助）。

（2）将草案提交职工代表大会或全体员工讨论,提出修改意见或方案。

（3）人力资源部收集员工代表或员工的意见,修订并完善员工手册,形成建议稿。

（4）公司代表（各部门负责人、总经理）与工会或员工代表就建议稿进行协商,最终确定员工手册定稿。

（5）在定稿的员工手册最后一页写上实施日期/生效日期,制作一本员工手册正本,加盖骑缝章。

备注：在员工手册的制定过程中要注意对上述程序的证据收集、固定和保留。

5. 公示并颁布

员工手册应在企业内部公示,人力资源部负责组织员工学习员工手册的内容,最后由员工签收确认。

第 9 条　员工手册的合法性审核

1. 员工手册的制定颁布主体必须合法,必须是企业主体,而不能是企业的某个部门（但经企业授权的除外）。

2. 内容必须合法,即必须符合现行国家法律、行政法规、规章及政策的规定。

3. 制定程序必须合法，即必须经过一定的民主程序讨论通过。

4. 发布途径必须合法，即必须向劳动者进行公示或告知，最后由员工签订确认书给予确认。

第 4 章 员工手册的使用和管理

第 10 条 员工手册的使用

1. 员工手册用于对员工的培训

（1）人力资源部需组织全员参加员工手册的培训。

（2）新员工入职时，人力资源部的培训需包含员工手册的内容。

2. 员工签收确认函的使用

为保证员工手册的法律效力并发挥其应有的作用，在员工完成员工手册的培训时，应在员工手册的"确认函"上签字。这个"确认函"一般放在员工手册的最后一页，通常为活页的形式，便于裁剪。

3. 发挥员工手册的管理效用

在日常管理过程中，企业对于员工手册中的承诺应按期兑现，同时应根据员工手册中的某些条例对员工进行考核、奖惩。

第 11 条 员工手册的管理

1. 员工手册的修订

（1）若员工对员工手册提出异议，人力资源部分析员工的建议确实合理合法后，应及时修正员工手册的相关内容，经总经理审批后向员工公示。

（2）企业应不断关注国家相关法律法规的变化，结合企业自身的实际情况，适时地修订员工手册。

（3）员工手册应每年修订一次，并注明是哪个年度的版本。在新版本的员工手册颁布之后，要告知全体员工，并明确执行新版员工手册的具体时间。

2. 员工手册的发放、存档

（1）员工手册的正本，经总经理签批后，加盖骑缝章，由人力资源部负责存档。

（2）企业在员工入职时将员工手册发放给员工，在员工离职时收回。

第 5 章 附则

第 12 条 本制度由人力资源部负责解释。

第 13 条 本制度自总经理签批后颁布实施。

25.3.2 员工手册签收单实例

以下是某公司的员工手册签收单，供读者参考。

员工手册 签收单 　　本人谨以此确认收到《员工手册》并已认真阅读过。作为本企业的一员，本人愿意遵守这些规章制度。 签名： 日期： （备注：请妥善保管此《员工手册》） 编号：	员工手册 签收单 　　本人谨以此确认收到《员工手册》并已认真阅读过。作为本企业的一员，本人愿意遵守这些规章制度。 签名： 日期： （备注：请妥善保管此《员工手册》） 编号：

注：请签字后沿虚线将存根剪下交至人力资源部。

第 26 章

如何用好人力资源顾问工具

雷蒙德·A. 诺伊（Raymond A. Noe）等人所著的《人力资源管理：赢得竞争优势》一书认为，人力资源管理部门在保存人事记录、审核控制、提供人力资源服务、产品开发等职能上所花费时间的比重越来越小，而其战略经营伙伴的职能日益凸显。

杰里·W. 吉雷（Jerry W. Gilley）等人所著的《组织学习、绩效与变革》一书为战略人力资源开发与管理定义了11种角色，包括战略经营伙伴、银行家、评估者、项目经理、学习的拥护者、运营经理、市场经营者、影响者、战略家、问题解决者、变革代理人。

国内学者时勘教授曾提出战略人力资源管理者的角色有7种，包括战略伙伴、流程专家、精通业务者、变革管理者、员工支持者、人力资源管理的精通者、可信任者。

本书认为，在掌握企业的发展现状和基本的人力资源管理工具的基础上，HR 在更多时候承担的是人力资源咨询顾问的角色，即作为企业和老板的人力资源管理专家顾问。

人力资源管理专家顾问的角色是指人力资源管理者要学会运用专业知识和技能研究开发企业人力资源的产品和服务，为企业人力资源问题提供服务和咨询，以提高企业人力资源开发和管理的有效性。

企业内部 HR 作为专家顾问要像外部人力资源咨询顾问一样，用好人力资源咨询工具，将"诊断问题、分析问题、解决问题"的思维贯穿人力资源管理的实践。

诊断问题、分析问题、解决问题，要进行多方调研，要进行定量分析与定性分析，要撰写、沟通并确认诊断报告，要按照诊断报告的咨询思路开展工作。

26.1 人力资源管理基本调研工具设计

26.1.1 岗位描述调研问卷实例

岗位描述调研问卷实例如下所示。

岗位描述调查问卷填写要求：对岗对事不对人。

请尽可能详尽、具体地填写本调查问卷（见表26-1），每项任务都需做详尽的描述，过多或过少的表达都将影响对本岗位的科学描述，进而影响到对岗位职责确认、调整以及流程等的设计。该调查问卷只对您目前从事的岗位现状进行描述，并不针对从事此岗位工作的个人。

注意事项：

【1】请于20××年__月__日下班前填写完成后将问卷交到人力资源部。

【2】填写过程中如有疑问请与××公司咨询顾问组顾问联系。

谢谢您的合作！

表26-1　岗位描述调研问卷

一、基本资料

岗位名称		填写人姓名		联系电话	
所在部门			岗位定员		
直接上级	(填写岗位名称)		从事本岗位工作年限		
直接下级	请将直属的下级岗位（不包括间接下属）名称一一列举：				
所辖人数			填写日期	年　月　日	

二、工作描述

本岗位工作目标：

续表

主要目标： 1. 2. 3.	其他目标： 1. 2. 3.

职责与工作任务：(请认真、详尽地描述您所承担的职责以及每项职责所包含的具体工作任务，并对每项职责的发生频次做出描述)

1. 主要职责（即同类工作任务的总结，用简短的词语或句子表达） 每项职责占全部工作时间的百分比：____% (1) (2) (3) (4) (5)	发生频次 (年、月、日) (1) (2) (3) (4) (5)

2. 日常具体工作任务（即每项职责所包含的日常工作，请尽可能地详细描述每一项工作任务）
(1)
(2)
(3)

3. 临时工作任务（即××公司领导交办的或组织大型活动时所涉及的工作）
临时工作任务占全部工作时间的百分比：____%
(1)
(2)
(3)

三、工作协作关系：(请详细地描述您在工作中需要接触哪些岗位、哪些部门、哪些外部单位)

内部协调关系	
外部协调关系	经常性协调关系 临时性协调关系

四、任职资格

教育水平及专业	1. 您认为胜任本岗位所需的最低学历应该是什么？（请在以下认可的项目上打钩） 初中　高中　中专　大专　本科　硕士研究生　博士研究生　其他（　　　） 2. 您认为胜任本岗位所需的专业是：

续表

经验	您认为一个刚刚开始从事工作的人，基本胜任本岗位工作需要多长的时间？(请在认可的项目上打钩) 3个月以下　3～6个月　6个月～1年　1～2年　2～3年　3～5年　5年以上　其他（　　　）
	您认为要顺利履行本岗位职责以及开展工作，需具备哪些方面工作经历，约多少年？ | 工作经历要求	最低时间要求 | |---|---| | | |
	您认为较好地完成岗位工作应该接受哪些培训课程？(例如：从业人员应有的心理准备、机构简介、主要制度规章办法说明、××公司工作精神及观念介绍、项目管理、质量管理、市场营销、商业知识、人事考核管理、薪酬制度、人际关系培训等) | 培训科目	培训内容	培训方式（包括新员工职前培训、在职培训、脱产或半脱产培训）| 最短培训时间 | |---|---|---|---| | | | | |
知识	为完成岗位的工作，您认为应该具备哪些基本知识？对应水平为(通晓、熟悉、具备、了解)：
熟练程度	1. 您认为对于初次承担该岗位工作的人员，多长时间才能熟练地执行工作任务？
	2. 您认为对于有类似岗位工作经验的人员，尚需多长时间才能熟练地执行该岗位工作任务？(请在认可的项目上打钩) 3个月以下　3～6个月　6个月～1年　1～2年　2～3年　3～5年　5年以上　其他（　　　）
技能技巧	您认为胜任岗位需具备的技能、技巧有哪些？

续表

	您认为具有什么能力的人能更好地胜任该岗位？（请在以下认可的项目上打钩）	对能力需求的程度：（请在以下认可的项目上打钩）
个人素质	领导能力	低　较低　较高　高
	指导能力	低　较低　较高　高
	激励能力	低　较低　较高　高
	授权能力	低　较低　较高　高
	计划能力	低　较低　较高　高
	创新能力	低　较低　较高　高
	资源分析能力	低　较低　较高　高
	管理技能	低　较低　较高　高
	组织人事能力	低　较低　较高　高
	时间管理能力	低　较低　较高　高
	人际关系技巧	低　较低　较高　高
	沟通协调能力	低　较低　较高　高
	谈判能力	低　较低　较高　高
	冲突管理能力	低　较低　较高　高
	公共关系	低　较低　较高　高
	表达能力	低　较低　较高　高
	公文写作能力	低　较低　较高　高
	倾听敏感性	低　较低　较高　高
	信息管理能力	低　较低　较高　高
	其他：	低　较低　较高　高
使用工具/设备	请列举您目前岗位工作中用到的主要办公设备和用品，例如计算机、一般办公设备、所属行业的专业工具/设备，以及岗位工作中需使用但至今尚未配备的设备等	

续表

工作时间特征	请您在以下各类问题中填写您目前岗位工作时间的特征： 1. 实际上下班时间是否随业务情况经常变化？（请在以下认可的项目上打钩） 总是　有时是　偶然是　否 2. 每周外出时间占正常工作时间的____% 3. 外地出差时间每月平均（　　）次，每次平均（　　）天 4. 当地出差时间平均每周（　　）次，每次平均（　　）小时 5. 其他需要补充说明的问题：_____	
所需记录文档	请简明地列举您目前岗位工作中作为档案留存的文件名称：（如通知、简报、信函、汇报文件或报告、总结、公司文件、研究报告、合同或法律文本、工作任务单或其他等）： 1. 2. 3.	记录的文档所需传送的部门、人员： 1. 2. 3. 4. 5. 6. 7.

五、考核指标

1. 对于您承担的岗位职责，目前从哪些角度进行考核，基准是什么？

考核角度： (1) (2) (3)	对应的考核基准： (1) (2) (3)

2. 对于您目前承担的岗位职责，您认为应该从哪些角度进行考核，基准是什么？

考核角度： (1) (2) (3)	对应的考核基准： (1) (2) (3)

备注	您还有哪些需要说明的问题？ 1. 2. 3.

26.1.2 员工访谈记录表

人力资源管理咨询项目调研与诊断需要听取员工的看法和想法，员工访谈记录表如表 26-2 所示。

表 26-2 员工访谈记录表

访谈对象：　　　　　　　　　　　　　　访谈时间：

基本信息	生活经历	年龄：　　　籍贯：　　　住址： 原生家庭介绍： 婚姻状况及子女状况：
	学习经历	学历：　　毕业院校：　　专业：　　职称： 科研成果简介：
	工作经历	工作年限： 入职本公司以前的工作情况概述： 目前本岗位工作情况概述： 工作成果简介：
内部调研	评价和需求情况	对上级和同事的客观评价： 对公司的意见或建议：
测试结果	九型人格测试结果	1#　2#　3#　4#　5#　6#　7#　8#　9#
	职业价值观	
初步印象		1. 沟通能力： 2. 逻辑思维与表达能力： 3. 专业技能： 4. 组织协调能力： 5. 责任心： 6. 综合印象：评分标准——□优　□良　□一般　□差 是否需要进一步沟通：

26.2 如何撰写企业绩效薪酬咨询诊断报告

AA 公司的绩效薪酬咨询项目是笔者做过的口腔医疗行业人力资源管理

陪伴成长式咨询项目，咨询诊断报告分享如下，供读者参考。

26.2.1 现状调研情况综述

1. 诊断的目的和必要性

我们认为，每家企业在发展的进程中一定会受到内外因素的影响和制约，只有科学、合理地利用好各种相关因素，企业才能持续、良好地向前发展。咨询顾问组和 AA 公司人力资源部共同对公司人力资源管理进行定期的诊断，可以帮助企业高层决策者随时了解企业的人力资源管理运作情况，并根据诊断结果随时进行调整和处理。

（1）总结公司过去的成功"基因"，验证它们在新形势下的生命力。

（2）深入分析公司治理现状，检验企业现有业务和管理的科学性、合理性。

（3）深入分析公司组织结构现状，以及其对企业未来发展的支撑能力。

（4）深入分析公司绩效、薪酬福利管理的现状，进行人才盘点，分析能否形成激励管理合力，以及其对企业未来发展的支撑能力。

（5）对公司进行全面诊断，为设计个性化的解决方案提供支持。

2. 管理队伍的优势

管理队伍的核心优势就是凝聚力。没有凝聚力，团队就会像一盘散沙，就没有好的协作、好的共赢、好的目标和好的绩效。好团队不是要每个人都优秀，而是要每个人把自身的优势发挥得淋漓尽致，团队的每一个人向着共同的目标奋战，让团队强大。没有完美的个人，只有完美的团队。AA 公司目前管理队伍的优势有 4 点：

（1）主要管理岗位的领导者跟随创办人多年，互相了解，目标一致，执行力较强。

（2）主要管理人员任劳任怨，大事小事杂事处理起来不斤斤计较。

（3）主要管理人员有对企业业绩发展和内部综合管理的重视和强烈追求。

（4）主要管理人员十分了解业务模块，具有良好的学习力、转化力，并且有韧性。

3. 人员优化的契机

随着技术的日新月异和更多竞争对手的加入，AA公司的产业链、价值链、管理链面临巨大的挑战和广阔的发展前景。为了实现企业战略目标，AA公司一直不断地学习和创新经营管理模式，从组织结构调整、人员队伍优化、外部优秀管理经验借鉴等各个方面进行努力尝试。目前面临以下3大发展议题：

（1）新进人员的整合需求。AA公司近期的招聘注重数量，而在质量要求上，手续办理、资格审核、背调、选拔培养均需进行规范和标准。

（2）部门重组、岗位职责与工作目标明确对应"绩效优先"的组织结构调整。

（3）对各种技术人才、市场营销人才、品牌渠道人才和管理人才的引进与培养，丰富了企业人才结构，为AA公司快速发展提供了良好的人才环境。

4. 行业标杆的树立

企业的经营发展、管理模式都面临协调适应外部客观法律环境、产业政策环境和行业标准规范管控环境的契机，以及行业调整优化的契机。因此，对AA公司进行绩效薪酬管理体系的调整、提升和创新，必须考虑医疗行业国家政策管控的现实约束和竞争对手的发展现状，化契机为发展提升的原动力。

（1）AA公司能够借助专业人士的力量，先进行自我孵化再孵化他人。

（2）AA公司先提升自己，再慢慢成为整个口腔医疗行业的学习标杆。

（3）AA公司能够逐步赶超行业竞争对手，成为口腔医疗行业的学习标杆，成为其他行业的跨界学习标杆。

26.2.2 问题梳理与初步诊断

1. 沟通障碍与部门墙硬厚问题

在岗位说明书或其他正式文档中，AA公司未明确关键岗位在公司内外部的沟通关系。比如在公司内部一个岗位与公司内部的其他岗位上级、平级之间的沟通关系；在公司外部一个岗位与社会上的其他单位，包括相关政府部门、上下游或关联企业、客户企业、社会团体、学术单位等之间的沟通关系。同时，通过访谈可以发现 AA 公司存在沟通障碍，比如存在"以为他们应该知道""没有工作交接单""信息或资源垄断"等问题，这也是正式或非正式的沟通渠道未建立的主要原因。

AA 公司部门墙较硬较厚，有各自为政、缺乏协作、难以形成合力的现象。部门墙在企业内部阻碍各部门之间、各类员工之间传递信息，即在工作交流中形成一种无形的"墙"。部门墙硬厚有两种典型表现：

（1）部门之墙即部门本位主义：在企业中具体体现为各部门之间、部门与门诊之间形成了一个个的独立系统，部门之间画地为牢，部门利益高于企业利益。

（2）员工之墙即个人本位主义：在企业中具体体现为医护人员之间、各类员工之间缺乏交流、互不信任，思想不能及时跟上公司的发展步伐，导致工作效率低下、推卸责任。

2. 岗位职责与越位错位不到位

AA 公司有基本的组织框架，关于部门职责在员工手册中有简单几段话的表述，但是部门职能的划分以及岗位职责的分工未明确说明，在管理过程中各层级的领导和管理人员出现了双头领导和越位错位不到位的情况。未做到以下 3 点：

（1）定准位、不越位，做到位、不缺位，站好位、不错位。

（2）有章法、不卸责地"管"，把该管的管起来、管到位，规范监管行为，克服随意性。

（3）更好地挖掘市场潜力，激发团队活力，释放制度红利，增强内生动力。

3. 绩效考评人员的绩效管理培训体系不健全

为更好地实施绩效管理，企业应为绩效考评人员设计系统的绩效管理培训，使绩效考评人员在绩效考核中胜任专业人员的角色。就目前情况来看，AA 公司绩效考评人员的绩效管理培训体系不健全，甚至处于缺失状态，咨询顾问组认为主要存在 4 点问题，如图 26-1 所示。

◎ 理论知识具备，实操技能欠缺

> 考评人员对现行绩效考评体系依据的理论知识基本掌握，但是欠缺实际操作技能，不能把理论知识很好地应用于实际工作，因此，考评人员的绩效管理培训应侧重实操技能的提升

◎ 有短期咨询指导，无长期定期培训

> 据AA公司有过考评的人员反映，偶尔有聘请外部专家对其进行短期的咨询指导或培训课程，但是并没有针对绩效管理的长期的、定期的培训计划方案

◎ 业务经验丰富，管理技巧不足

> AA公司的管理人员大多来自各个业务部门，对AA公司业务工作的经验丰富，但对管理技巧，尤其是绩效管理技巧的了解略显不足，培训体系应着力弥补其管理技巧不足

◎ 可利用资源繁多，培训内容不系统

> 项目组调研得知AA公司员工可利用的学习资源很多，包括内部和外部的，但是考评人员进行的培训内容却不成系统，经常今天学一学这个，明天又培训一下那个，使得系统成长有限

图 26-1　绩效考评人员绩效管理培训体系不健全的 4 大表现

4. 薪酬福利激励机制不健全

薪酬管理是企业人力资源管理的关键环节之一。一个设计良好的薪酬体系直接与组织的战略规划相联系，从而使员工能够把他们的努力和行为集中到企业核心竞争力的打造上去。

从问卷调查、访谈、资料解读综合来看，我们认为 AA 公司的薪酬管理存在如下问题：

（1）虽然 20×× 年工资进行了普调，但员工对薪酬的满意度还较低。工资的多少只与出勤有关，而与工作成果业绩、服务年限、学历、职称以及技能、能力等的相关性不大。

（2）职能部门工资缺乏弹性，各职能部门的经理与员工的工资只是按照部门的打分分配，没有和个人的业绩贡献挂钩，缺乏激励性。

（3）没有明确的工资晋升规定，职能部门的各级管理人员不知道在何种

情况下涨工资，在何种情况下降工资，在何种情况下可以提职。

（4）年终奖金没有统一的标准，也没有和工作考核挂钩，员工年初、年中预期不明，缺乏持续的激励性，年终奖的发放也存在很大的随意性。

（5）各门诊医护人员底薪、奖金和提成没有标准，发放的随意性太大。

5. 授权、分权和放权不到位

如果把管理风格简单地分为"以事为中心"和"以人为中心"，那么二者各有利弊，以二者的综合管理或因环境、因人而改变为宜。但是，AA公司的领导者和管理者过于偏向"以人为中心"，偏于"人治"未形成"法治"。

管理幅度就是一个上级直接指挥的下级数目，AA公司未进行过对管理幅度的系统分析。AA公司应该根据人员素质、工作复杂程度、授权情况等合理地决定管理幅度，这样做也就能够明确各级的管理层级、职权、职责的范围。

职权关系包括纵向职权关系和横向职权关系。上下级间的职权关系是纵向职权关系，上下级间权力和责任的分配，关键在于授权程度。直线部门与参谋部门之间的职权关系是横向职权关系，直线职权是一种等级式的职权，直线管理人员具有决策权与指挥权，可以向下级发布命令，下级必须执行。AA公司未明确授予各级管理者完成任务所必需的职务、责任和权力，未做到责、权、利相对应，也未建立监督机制和奖惩规范。

6. 核心和骨干人才断档

所谓核心和骨干人才，就是在企业发展过程中通过其高超的专业素养和优秀的业务能力，为企业做出或者正在做出卓越贡献的员工，是比例占20%却能够创造出80%企业效益的真正人才。核心和骨干人才具有比其他员工更强的竞争性，必须建立有利于劳资双方彼此进行合作的创造性方式。AA公司的核心和骨干人才，包括企业高级管理人员、优秀医护人员、关键市场营销人员等。

同很多企业一样，AA公司在快速发展过程中也出现了一定程度的核心人才断档现象，影响了企业的业务拓展、战略发展和绩效达成。AA公司的核心人才断档问题中不可忽视的两点就是核心人才流失问题和核心人才储备问题。

咨询顾问组在访谈调研中发现，AA 公司每年招聘的部分高学历、高素质的外来人才往往很难留住，好不容易培养出来的人才，因发展受限、薪酬福利或团队沟通、个人原因等离职率也较高。而一些医护关键岗位并未建立合适的人才储备库，当岗位空缺时人力资源部才开始想方设法地补充，由于时间资源所限，补充的岗位人员往往达不到要求。人力资源的储备不等于每个岗位都配备多人，而是保证某一岗位一旦出现空缺，能够立即有合适的人选接任。

AA 公司晋升渠道不畅通，企业没有建立起以绩效管理为基础能上能下的用人机制（不能以工作时间长短，或者领导推荐、同学朋友等作为安置岗位的主要基准），AA 公司要给每一位员工表现自我、发挥才能的机会，将员工放在一个平台上。

7. 制度、流程、表单不规范

制度是对博弈规则的界定或制约。在企业内部管理方面，制度是规范员工行为的主要标尺，是企业推行制度化管理、规范化管理的基础。管理流程具有分配任务、分配人员、启动工作、执行任务、监督任务等功能。一套科学、有效的管理制度体系、流程规范及配套的执行表单是企业经营业务良好运作的重要保障之一。

AA 公司工作制度化、程序化程度很低。大部分受访人员认为他们是按照自己的习惯或者按照领导的要求在做事，而不是按照制度或程序规定做事。

部分受访人员反映公司内部存在多头管理、越级领导、越级呈报问题。

部门职责与部门权限不对称，存在有权无责、有责无权、无签字存档等现象。

8. 缺失闭环和求新求变的氛围

在访谈调研过程中咨询顾问组还发现，个别受访人员对咨询顾问组提出的要求不支持不配合，不愿意改变 AA 公司的现状；部分受访人员对 AA 公司目前的人力资源管理持有"不满意，好像也没有更好的办法，就还那样"的看法。企业内部对人才引进与保留、绩效考核体系以及薪酬福利系统等缺乏闭环循环思维，缺乏求新求变的氛围。

部分受访人员对目前的绩效考核等管理现状提出了一些意见、建议和很好的想法,思考较深入,但同时也表示要转变、要真正地改变,很有难度。

这种转变氛围的缺失不符合"管理优化、业绩改进、共赢分享"的管理提升标准,也不利于 AA 公司人力资源管理体系的变革、提升与进一步推行落地。根据咨询顾问组的分析,造成这种转变氛围缺失的原因主要有 4 点,如图 26-2 所示。

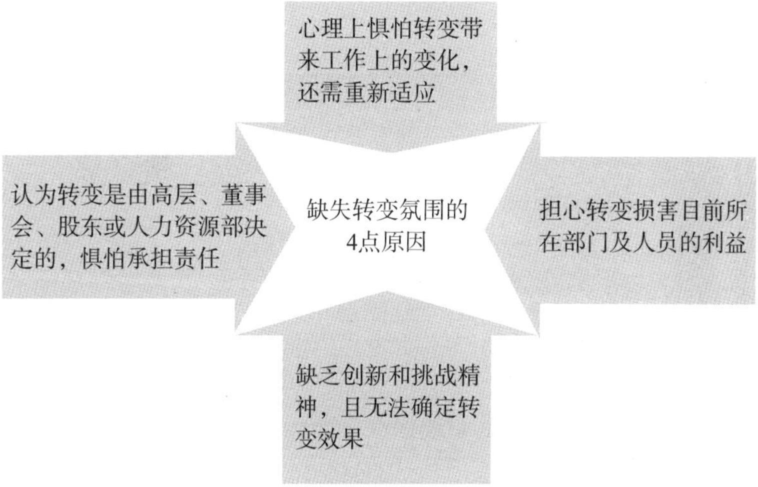

图 26-2 缺失转变氛围的 4 点原因

26.2.3 解决思路与落地工具

1. AA 公司绩效文化导向的宣贯

不应仅针对销售人员考核绩效,有任务、有目标的岗位都应该有绩效考核。

培训不等于开发,绩效文化导向的宣贯是为了达到培训、开发与沟通的综合效应。

日本松下电器的创始人松下幸之助曾说:"企业第一是培养人才,第二才是制造产品。"教育培训是公司整体素质提升的基础,是暖心留才的具体措施,是公司对人力资源的长期投资。AA 公司需要通过建立有效的宣贯机制,来增强自身的造血机能,增强企业核心竞争力和员工凝聚力,近期通过绩效文化导向的宣贯使全员全力支持与配合"综合管理提升咨询项目",远期与企业快速、持续、良性发展共进。

绩效文化导向的宣贯对象主要为核心管理者和业绩评估者,以及人力资源、财务、市场调研等提供数据支持的部门。同时,还要选择宣贯和沟通的文化类型。最终建立起基于战略的绩效管理体系。

AA公司绩效文化导向的宣贯及3个侧重点的选择如图26-3所示。

	管理特征与主要评估者界定	应重点训练的方面	可能的矛盾与冲突
程序型文化	1.管理特征为强调以客户为中心,并作为考核关键 2.主要评估者为团队领导以及内部客户、外部客户	1.相关的专业能力或素质 2.与团队成员的合作情况 3.工作成果 4.在职权范围内灵活应变的能力	评估过程只关心投入,如局限于特定的技能,却无视员工的成果
效率型文化	1.管理特征为强调实力、技术和灵活经营方面的投资,更好地占领市场 2.主要评估者为团队领导、同事等	1.工作业绩的完成情况 2.对其他人的影响 3.学习和工作主动性 4.创造力,理解和思考能力 5.较强的适应性	精心设计但耗费时间的评估制度
网络型文化	1.管理特征为强调客户和灵活的经营,临时性地吸纳各方面的专门人才,目标明确,适应性强 2.主要评估者为项目领导、同事、客户	1.开辟新思路,尝试新方法、新技术运用的能力 2.团队合作能力 3.人际沟通能力与服务能力 4.专业技能	1.仅有一套针对个人的评估制度 2.评估制度的关注点主要不是技能和员工对团队的作用,而是其他次要的方面

图26-3 绩效文化导向的宣贯沟通矩阵

2. AA公司薪酬激励机制设计思路

(1) 付薪标准依据分析。现代企业中,员工的薪酬标准如何制定,有比较科学的依据。

薪酬的多少,一是看当地同行业的薪酬大致标准;二是看员工所从事工作任务的重要性、危险性,创造价值的多寡,技术的不可替代性,员工所担任的职务等;三是看本企业内部机制与企业文化中薪酬的作用。

(2) 薪酬激励机制设计初步思路。根据AA公司的情况,我们认为应设计出具有多种职业通道和职级制度，工资与工作业绩挂钩，以绩效为依据的薪酬分配机制。主要设想如下：

1）AA公司正处在快速成长阶段，经营战略是以行业标杆为目标，以投资促公司成长。企业应该着重使中等偏上的报酬与高中等的绩效奖励相结合，并给予中等的福利水平。

2）划分明确的薪酬等级。根据总部和分子公司现有岗位和企业发展战略，结合外部薪酬水平调研，对各职位、职级进行规范的划分，对各岗位的薪酬标准进行细分，制定一套适用于公司各部门及分子公司的严谨的、系统的薪酬标准。

3）改善薪酬结构。人力资源部应根据岗位的重要性，将目前的薪酬结构加以改善，在保持员工总收入不变的情况下，将目前的月薪拆分为"基薪""期薪"两块。"基薪"为员工的月基本工资，"期薪"即员工的绩效工资。将处于重要岗位或决策管理层的员工工资分一定的比例出来（一般掌握在20%～50%），待绩效考评称职后再予兑现，这样既可以调动员工工作积极性，又可以对重要岗位或决策管理层的员工实施必要的控制。

3. "人才蓄水池"工程建设思路

"周公吐哺，天下归心"这句千古佳话体现的是尚贤爱才的优良传统，折射出人才储备、培育的重要性。AA公司需要建立多种职业通道，实行能上能下的竞争机制，以调动员工的工作积极性和工作成就感。

正所谓，"缺什么，补什么""用什么人才，储什么人才""筑巢引凤，待遇留人"，应多措并举，广开门路；应注重严把入口，放松出口，招贤纳士，确保"人才蓄水池"得以不断扩充和更新；应既立足"当前所要"，用好、用足、用活现有人才资源，更着眼"长远所需"，起动各种人才建设工程。"人才蓄水池"起动的4点思路如下：

（1）方向性招聘。在公司的人员招聘过程中，人力资源部要注意从中发现需储备的重要岗位候选人或者潜质具备相当条件的人选。招聘入公司后，虽然可安排其他工作岗位，但招聘之时必须给某人一个大致的发展方向。

（2）实习生和储备干部。每年选拔一定数量的优秀学生进公司实习，从中培养和发现有潜质的年轻才子并分派到公司各个部门，加以有目标的培养，以备公司的长期发展、扩大规模之需等。

（3）职务传承和"师带徒"。促进公司内部形成一种传、帮、带的文化，让一个部门经理或关键技术工人心甘情愿地培养自己的下属使之成为自己的接班人，建立"师带徒"制度。

（4）在员工发展管理上提倡"3个侧重"：

1）对老员工侧重提高其专业技能，加强管理知识的学习，培养提高职业技能；

2）对新员工侧重提高其忠诚度，加深对企业文化的理解，以使其尽快融入团队；

3）对不同职系的人员建立多种晋升通道，使员工有充分发挥的空间。

4. 综合管理提升出效益

公司应修订和完善各岗位任职资格标准，修订和完善绩效、薪酬、福利管理的制度与流程，制定绩效管理办法和薪酬福利激励方案，为员工提供职业规划方面的咨询和辅导。

AA公司应通过中高层的绩效管理，促进组织内部的合作，调动员工的积极性、主动性，促进组织的授权、创新，进而提高组织的执行力。可采用的方法有：采用扁平化的组织结构，减少沟通层次，以提高运作效率；采用矩阵制的组织结构，建立联合攻关小组、跨部门质量控制小组、并行工程小组等跨职能团队，促进横向沟通，减少部门间的壁垒。

5. 共赢和谐谋创大发展

通过系统的梳理，以及管理咨询顾问陪伴一年的综合管理提升项目的推进，AA公司定将形成全员追求卓越绩效的理念，逐步建立起学习型和创新型组织，周周出精品、月月业绩提升、员工能力年年倍增，并为企业自我评价、树立管理标杆，以及行业奖项评选等提供依据。

最终，AA公司可以通过双向沟通，使中高层管理人员及其他相关方对企业的发展方向和重点有清晰、一致的理解，认同并付诸行动，在组织内部达成上下同心，在组织外部促进协同发展，持续经营，共赢和谐谋发展，实现基业长青。

26.3　如何撰写企业能力建设咨询诊断报告

以下 BB 公司的项目管理能力建设咨询项目是弈博明道人力资源管理咨询项目组做的跨国集团公司人力资源管理咨询项目，现将咨询诊断报告分享给各位读者。

BB 跨国集团公司项目管理能力建设咨询顾问组（简称咨询顾问组）于 20×× 年 8 月 6—10 日赴 BB 跨国集团公司项目组（简称 BB 项目组）针对其人力资源管理现状进行了一系列调研。主要的调研工具包括座谈会、问卷调查、资料收集与解读、现场访谈、职业需求测评和九型人格测试。

咨询顾问组通过调研较全面地了解了 BB 项目组的发展现状、人力资源管理问题，重点掌握了集团公司和 BB 项目组提出的人才标准和要求，基本明确了企业、领导和员工三方的能力提升诉求。我们认为本次咨询项目旨在把 BB 项目组人力资源管理的"关口"前移，重心从刚性管理转向能力提升的柔性管理，以形成人才选、用、育、留、激的培养系统模型和闭环。下面从"我们看到了什么？""模型是什么？""下一步怎么做？"3 个方面进行盘点、分析和说明。

26.3.1　BB 项目组人力资源管理现状盘点

1. 人才标准和要求

历经 3 年的探索，BB 项目组项目管理制度初步形成，人力资源管理工作在实践中不断完善。

（1）现状。集团公司对于 BB 项目组提出的人才标准和要求包括：

1）着力培养一支业务通、项目通、国别通的 BB 项目组专业项目管理团队。掌握国内外项目管理制度，熟悉通则和做法，能够熟练运用相关项目管理方法和工具，具备良好的国际发展合作项目管理的基本业务能力，包括计划与协调、管理与执行、沟通与谈判、财务与信息管理分析、宣传等。

2）熟悉国内外项目管理政策、情况和趋势，具备预判、分析和掌握项目管理和对外投资业务发展中的问题、机遇和趋势，提出创新思路和可行性方案的研判能力。

3）在充分认识岗位职责、个人发展和团队协作的基础上，提升个人综合能力和团队凝聚力。

（2）分析。结合岗位描述调研问卷的结果，员工能力距专业、高效的管理目标尚有较大差距，人员业务能力的提升有较大空间。人员业务能力短板亟待补齐，以切实满足项目管理、对外投资和集团公司业务可持续发展的要求。

2. 现场访谈调研情况

（1）现状。现场访谈时间为20××年8月6日、7日和9日，上午9：00至下午17：00，访谈人员共计24人，具体情况如下。

选择和留在企业的原因如表26-3所示。

表26-3 选择和留在企业的原因

序号	原因	访谈实录
1	认同领导	认为领导重视，愿意跟随有能力又尊重员工、关心员工的领导
2	热爱这项工作、平台好	总能接触、学习到很多新东西；能开阔眼界、打开国际视野；工作是多样化的、国际化的；有前景、有挑战
3	工作氛围好	心情愉快；不钩心斗角；团队合作；关系融洽，工作氛围轻松、愉悦
4	工作稳定	求职面试时感觉好，感受到平等和尊重，离家近
5	有借调、轮岗机会	到集团公司交换，到供应商、合作伙伴企业帮忙，外派

针对职业生涯规划是否需要开展，员工目前了解与认同的情况如表26-4所示。

表26-4 职业生涯规划的了解与认同情况

调查项目	需要做，有必要做	做起来有难度	不需要规划	不知道
人数及说明	17人	2人（项目组架构已经很扁平化）	4人	1人

（2）分析。初步印象：员工对这项事业是热爱的；员工对从事的这份工

作是喜欢的；员工是积极向上的，是有责任感和使命感的，是团结互助的；员工对领导是认同的；员工对工作氛围是满意的；大家对企业建立有效的规则和制度是认同和支持的。

关于人力资源管理的"相关制度和规定""能力建设标准和要求""课程培训和活动"等，再结合座谈会、问卷调查、资料收集与解读、测试，在之后进行单独盘点和分析。

3. 相关制度和规定

正值20××年集团公司"制度执行年"和"项目精细化管理年"之际，BB项目组的对外投资属性和创新特点，决定了投资业务应遵循国家管理方针政策、对外投资制度规定，在国际发展合作的有益做法、经验分析、吸收基础上进行创新，从而确保实现BB项目组搭建的宗旨和效益。

(1) 现状。集团公司《20××年度规章制度精细化汇编（上册、下册）》，10个专题，共70多项规章制度。

(2) 分析。在集团公司《20××年度规章制度精细化汇编（上册、下册）》中，咨询顾问组重点解读"综合规范"部分的《部门绩效管理办法》《规章制度管理办法》等制度，"人力资源管理制度"部分的《员工绩效管理办法》《考勤管理办法》《薪酬管理办法》《公开招聘实施办法》《员工因私出国（境）管理办法》等制度，以及"党（纪）委工会"部分的《党员教育培训管理办法》和BB项目组5个关键岗位的岗位说明书、KPI考核标准和要求，以确保本项目产出的成果既有创新又符合集团公司的制度要求。

可见，目前BB项目组需要的人力资源管理相关制度中，"硬性"偏刚的部分具备了，但是"软性"偏柔的部分，即胜任素质、培训、职业生涯规划、能力提升等还存在欠缺。

4. 能力标准和要求

(1) 现状。

1) 岗位说明书中"任职资格"部分的"能力素质"要求。

● 项目总监岗：计划能力、执行能力、组织协调能力、培育督导能力、沟通表达能力、综合分析能力。

● 项目经理岗：同项目总监岗。

- 项目助理岗：执行能力、组织协调能力、计划能力、综合分析能力。
- 基金经理岗：执行能力、预算能力、计划能力、判断能力、综合分析能力。
- 综合事务岗：执行能力、组织协调能力、计划能力。

2）绩效考核相关制度中的知识、能力、技能和态度要求。在集团公司《员工绩效管理办法》中，第十九条综合管理绩效考核"综合管理绩效的评分标准"的"优秀、达标"等级针对"管理、周边合作、能力、工作态度"的要求，如表 26-5 所示。

表 26-5　绩效考核相关制度中的知识、能力、技能和态度要求

考核指标	管理	周边合作	能力	工作态度
优秀、达标的素质要求	对部门事务或岗位任务统筹管理出色，内外部沟通顺畅，工作效率很高	部门间或岗位间合作意识强，对业务相关部门或相关岗位提供及时、有效的服务、协助或帮助	项目总监和项目经理：具有较高的领导力、影响力、协调能力和决策能力，具备与岗位相匹配的专业素质，较好地胜任本岗位工作员工：具备与岗位相匹配的能力素质，有较强的沟通能力、计划执行能力和专业能力，较好地胜任本岗位工作	工作积极主动，具有良好的协作精神和较强的责任心，能高质高效完成领导交办的各项工作

3）岗位描述调研问卷中填写的能力提升培训需求。反馈如下：项目管理能力；高效率工具和方法运用能力；时间管理能力；风险管控能力；协同能力；协调能力；综合分析能力；外语能力；谈判能力；财务与信息管理分析能力；研判能力；团队凝聚力等。

(2) 分析。集团公司和 BB 项目组领导和员工对于各岗位应具备的能力有一定的认知和提升的需求，但是，针对能力的标准和要求分布零散，没有一套统一的规范，没有根据胜任素质模型上升到对"知识、能力、技能、素养"全面、系统的要求。

5. 课程培训和活动

(1) 现状。组织的部分培训与活动包括项目管理流程、项目计划、监测与评估培训；档案管理专题培训、预算管理知识讲座、涉外礼仪礼宾培训；集团公司英语演讲比赛、羽毛球比赛；集团公司廉洁自律宣言宣誓仪式等。

（2）分析。培训体系应基于胜任素质模型构建，坚持"干什么学什么，缺什么补什么"的原则，不断优化课程内容，使培训与开发工作更具有针对性和实效性，确保从下到上、从内到外、从简单到复杂等多形式、多维度、多层次的培训和活动有序、合理地开展。

6. 对待项目的态度分析

针对本次"项目管理能力建设咨询"，BB 项目组的领导有信心，肯投入时间、精力和成本；有的员工有顾虑，但也在期盼、分析和观望；新入职的年轻人有激情，看好平台、等待时机、乐于进取。

26.3.2 项目管理能力建设模型构建

"工欲善其事，必先利其器"，培养优秀人才不能听天由命、不能凭运气，需要工具、方法，需要把握契合度。同时，人才培养模式需要改变、创新，项目管理能力建设模型构建需要先行。

1. 项目管理能力建设模型

"千金易得，一将难求"。BB 项目组领导已经认识到并愿意为人才投入更多的时间和更好的资源，并从国际上对外投资和项目管理的现实需求出发，博采众长，合理分配和撬动相关资源，更快进行能力建设、制胜未来。但是，回到项目实践中，需要一套体系来支持这个想法的落地。

BB 项目组以"四定"为基础的项目管理能力建设精细化管理模型包括"四个层面""四定""项目四化""部门四有""管理四化""五抓""五大成果"，如图 26-4 所示。

2. 基于胜任素质的能力提升模型

希望本次咨询顾问组能够帮助 BB 项目组突破传统人事管理中仅仅做到人岗匹配的局限性，陪伴其进行能力建设并进行一对一咨询辅导，跨向人才管理加互联网智能的智慧、高效目标，即能够帮助 BB 项目组提升选拔、任用、培养人才的效率；让针对既懂外语又懂项目管理的人才管理的各个模块得到很好的衔接；促进员工行为转变、业绩提升、能力固化，如表 26-6 所示。

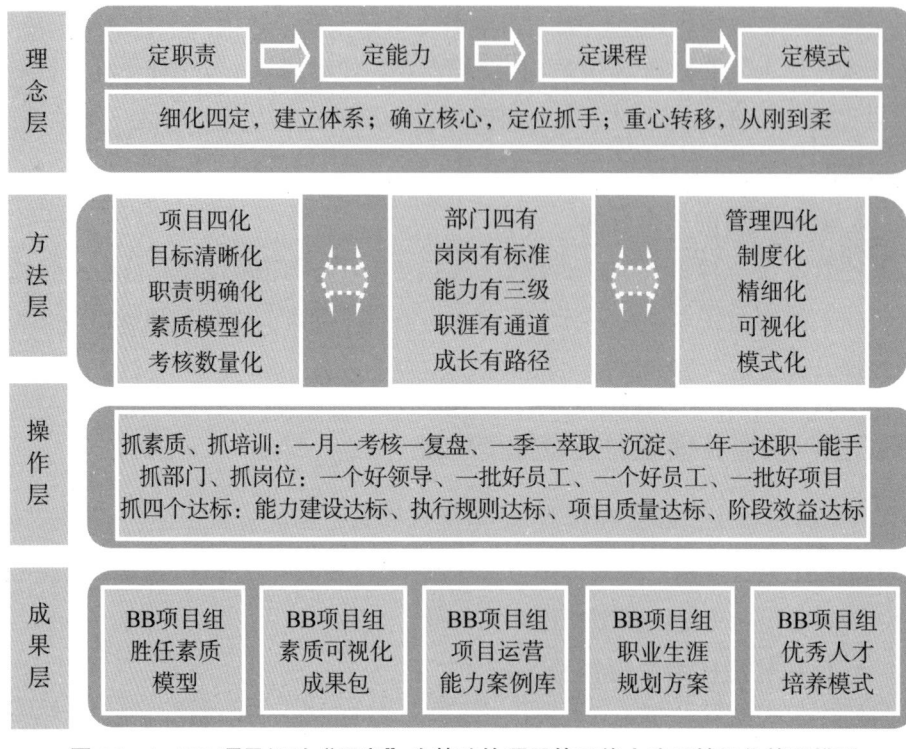

图 26-4 BB 项目组以"四定"为基础的项目管理能力建设精细化管理模型

理念层： 定职责 → 定能力 → 定课程 → 定模式
细化四定，建立体系；确立核心，定位抓手；重心转移，从刚到柔

方法层：
- 项目四化：目标清晰化、职责明确化、素质模型化、考核数量化
- 部门四有：岗岗有标准、能力有三级、职涯有通道、成长有路径
- 管理四化：制度化、精细化、可视化、模式化

操作层：
- 抓素质、抓培训：一月—考核—复盘、一季—萃取—沉淀、一年—述职—能手
- 抓部门、抓岗位：一个好领导、一批好员工、一个好员工、一批好项目
- 抓四个达标：能力建设达标、执行规则达标、项目质量达标、阶段效益达标

成果层：
- BB 项目组胜任素质模型
- BB 项目组素质可视化成果包
- BB 项目组项目运营能力案例库
- BB 项目组职业生涯规划方案
- BB 项目组优秀人才培养模式

表 26-6 基于胜任素质的能力提升模型

序号	提升项目	关键词	实施路径
1	胜任素质模型	"知识+能力/技能+素养"	有理论应用、有三级辞典、有岗位模型
2	素质可视化成果包	多载体、可视化、可传承	一本手册、沙龙、视频课程、十项素质上墙
3	项目运营能力案例库	实践指导实战，成功经验、失败教训，案例、故事，内外对标	一个盘点、两项汇集、三种措施，一本学习手册落地
4	职业生涯规划方案	从"活力曲线"转向"成长曲线"、"职业蜜罐区"	双通道或者交叉通道
5	优秀人才培养模式	基十素质测评，采用四种模式："师徒制""述能会""轮岗""基于胜任素质的培训课程体系"	形成独特"DNA"四库
6	线上线下沟通，以及一对一咨询辅导、问题解答、指导修改完善，贯穿项目整个周期		

26.3.3 项目管理能力建设咨询思路

基于胜任素质模型构建素质可视化成果包、项目运营能力案例库、职业生涯规划方案、优秀人才培养模式等的基本思路。

1. BB 项目组胜任素质模型

胜任素质（competency）又称能力素质，在企业管理中是指区别于员工仅仅把工作完成，驱动员工做出卓越绩效的一系列综合素质，是员工通过不同方式表现出来的知识、技能或能力、职业素养、自我认知、特质和动机等的素质集合。

能否显著区分员工的工作绩效差异是判断某项胜任素质是否被需要的唯一标准。胜任素质模型在人力资源管理领域的招聘录用、员工培训、绩效考核、薪酬管理、人才测评和员工发展等各个模块中，都发挥着重要的前置作用。

BB 项目组胜任素质模型的构建，既是 BB 项目组培训体系及课程选题设计的基础，也是 BB 项目组职业生涯规划和人才培养的依据，应向全体进行宣导，让部门领导及员工都更加明确岗位所需的胜任素质，以及今后能力提升和努力的方向。这也将极大地丰富集团公司的文化，是 BB 项目组内部管理规范化、系统化、标准化和可视化的重要标志。

（1）培训宣贯：选题《职场软实力——有效沟通》(根据需要调整)。

（2）实施路径：有理论说明、有三级辞典、有岗位模型（成果三个部分）。

1）重点参考岗位说明书中"任职资格"部分的"能力素质"要求。

2）重点参考绩效考核相关制度中的知识、能力、技能和态度要求。

3）针对胜任素质库设计"知识＋能力/技能＋素养"关键词，分岗位打钩排序选择。

4）提交模板，讨论、修改、确认。

5）编制"知识＋能力/技能＋素养"三级描述辞典。

6）编制项目总监岗、项目经理岗、项目助理岗、基金经理岗、综合事务岗的胜任素质模型。

7）提交初稿、审核、反馈、修改。

8）形成《BB项目组胜任素质模型》成果文件。

(3) 初稿预计完成时间：模板确认后两周内。

2. BB项目组素质可视化成果包

对于一个事物的观点，每个人从不同的角度切入会有不同的解读。同理，每个人对于胜任素质的理解、诠释也不尽相同，这是胜任素质必须可视化的原因。可视化三个方面的意义如下：

一是展现主题全貌。很多讨论涉及的主题都包括多个元素，其中一个元素会影响到多个其他元素，如果不采取可视化，则无法看到全貌，也无法进行真正的讨论。

二是增强对于胜任素质的正确理解，便于对话、探索、交流。简化复杂性，增强审视感。

三是处理异议。在讨论过程中出现不同观点时，争论的双方看到自己的观点得以记录并展现于众，情绪会逐渐趋于缓和，更容易接受讨论形成的规则或执行任务要求。

(1) 培训宣贯：选题《职场软实力——认识自我，了解他人》（根据需要调整）。

(2) 实施路径：多载体、可视化、可传承，一本手册、沙龙、视频课程、十项素质上墙。

1）胜任素质提升指引手册：12个月素质提升日历，一年后如果效果好、被认可，可以改版为BB项目组员工职业素质期刊。内容构思如表26-7所示。

表26-7　胜任素质提升指引手册内容构思

版面	板块定位	素质内容
板块一	本月头条	职业素质一句话＋配图，或者培训、活动的新闻
板块二	时事简评	简短评价国内外职业素质实事
板块三	素质观察	工作中表现出的好/坏的职业素质行为或故事
板块四	素质主题研讨会	每月一次/每季度一次，结合项目案例形成文字
板块五	名篇、名言摘录	摘录名家、大家关于职业素养的观点

2）内部沙龙活动或团建：素质能力演绎研讨会与模拟认证。这亦可作为上述手册或期刊的内容来源。

3）微视频课程录制：比如"胜任素质之我见"系列、"项目实施经验"系列，项目组培训、指导员工设计课件PPT、练习讲授技巧。

4）职业素质成果上墙：在内部组织员工学习，向外部进行风采展示。例如，BB项目组"一次把事情做好"，职业素质"坚持十条"，"项目团队建设五个一"等。

（3）初稿预计完成时间：两个月内。

3. BB项目组项目运营能力案例库

"物有本末，事有终始，知其先后，则近道矣"。企业都试图在内部实现知识共享，传递好的经验，但是，一方面，好的知识与经验没有得以萃取形成智慧，从而无法在部门内部进行传播；另一方面，没有好的机制激励促使这些好的知识与经验的拥有者与别人分享，结果就是项目经验与高效率的做法没有形成积累与沉淀，无法成为企业的资产，企业自然难以实现真正的进步。

关于知识和经验的分享与付出，要有章可循、有路可走。封闭必然落后，横看世界、纵观历史，伟大的时代一定是多元的时代，伟大的人物也一定是付出多的人，所以要学会在企业内部、部门内部学习，学会去外面在项目执行中学习；既掌握直接知识，也学习间接经验。此外，如果自己成长了，也应把所学回馈给集团公司和其他部门。人生中我们付出最多的时候也是收获最多的时候，因为同行，所以同行。

（1）培训宣贯：选题《管理者的三项修炼》（根据需要调整）。

（2）实施路径：一个盘点、两项汇集、三种措施、一本学习手册落地。

盘点集团公司其他部门和BB项目组的最佳实践，汇集跨界的成功经验、失败教训，采用课程培训、复盘技术、教练技术，促使新人能力快速提升。

1）从集团公司通报的案例中吸取教训、认真思考，提高政治警觉、保持思想警醒；从问题清单、任务清单和责任清单中寻找能力对应案例，按照模板编撰。

2）跨界从不同类型组织、不同行业企业中收集、梳理能力相关案例、故事，比如从华为优秀员工的素质能力对应案例和中外名人故事中对照、借鉴。

（3）初稿预计完成时间：四周内。

4. BB 项目组职业生涯规划方案

职业生涯规划也称职业生涯设计，是指企业和员工基于员工个人和企业两方面的需求共同制定个人发展目标与发展通道的活动。职业生涯规划可以使每个员工的生涯目标与企业发展目标相一致，稳定员工队伍，增加员工满意度，留住现有优秀人才；可以吸引外来优秀人才加入，从而为企业的发展带来无限活力；可以合理配置人力资源，保证企业未来人才需求和企业的可持续、稳定发展，避免出现企业人才断档和后继无人的情况。

进行员工职业发展通道设计，首先要考虑人的能力发展规律。我们知道，一个人从学校进入职场并且最终成长为所从事工作领域的内部专家，必然会经历初学者、有经验者、独当一面者、创新者、专家这五个发展阶段，对应的岗位则会是初级、中级、高级、资深与首席。职业生涯规划方案的落地，应在业绩管理方面放弃以前的"活力曲线"，转向"成长曲线"，与行业内外对标；应从强调对员工的考核和强制排名，转向强调员工的职业发展，让员工与自己的能力提升进行纵向比较。

（1）培训宣贯：选题《职业生涯规划》(根据需要调整)。

（2）实施路径：从"活力曲线"转向"成长曲线"，"职业蜜罐区"，双通道或者交叉通道。

1）分析各类岗位职业特点和员工个性特点。

2）发现并确认"职业蜜罐区"(兴趣、技能和个性的重叠区)。

3）进行双通道或者交叉通道设计。

（3）初稿预计完成时间：四周内。

5. BB 项目组优秀人才培养模式

BB 项目组的人才培养消极、被动，传统模式已不再适用，仅仅对细枝末节进行修修补补也解决不了根本问题，必须采用一种全新的识别和培养人才的方法。目前 BB 项目组员工 19 人，下半年将增至 39 人，成为集团公司

第一大部门,所以亟须建立人才培养激励模式,然后再实施内部竞聘,并真正与薪酬激励机制挂钩。

(1) 培训宣贯:选题《如何克服职业倦怠》或《如何搭建优质团队》(根据需要调整)。

(2) 实施路径:基于素质测评,采用四种模式,形成独特"DNA"四库。

1) 老员工担任导师:师徒制,传、帮、带,边学边干。

2) 能力提升内驱:述能报告会。

3) 加速人才成长:轮岗培养模式。

4) 量身定制成才路径、分阶段进行:基于胜任素质的培训课程体系,应该涵盖国内外发展援助项目管理制度、政策、通则、趋势,项目风险管理基本原则、项目监测与评估和项目审计方案编写与评审等全环节,以及职业生涯规划、职场软实力等岗位胜任的知识、能力/技能、素养的方方面面。

5) 四种模式打造 BB 项目组独特的"DNA":构造项目管理优秀人才优秀基因库、建设人才蓄水池、形成人才梯队。

(3) 初稿预计完成时间:四周内。

6. 线上线下沟通及一对一咨询辅导

(1) 实施路径:线上线下沟通,以及一对一咨询辅导、问题解答,指导修改完善,贯穿项目整个周期,采用微信群微课、现场面谈、访谈、座谈、电话、微信、电子邮件等方式。

(2) 预计完成时间:贯穿整个项目周期。

7. BB 项目组员工能力提升 20×× 年度重点工作计划

(1) 实施路径:对项目管理能力建设 20×× 年前期的工作复盘,双方项目组深度沟通后撰写。

(2) 初稿预计完成时间:20×× 年 1 月 31 日前。

图书在版编目（CIP）数据

高绩效 HR 必备图表范例 / 王胜会著 . —北京：中国人民大学出版社，2020.1
ISBN 978-7-300-27368-6

Ⅰ. ①高… Ⅱ. ①王… Ⅲ. ①人力资源管理 – 图表 Ⅳ. ① F243-64

中国版本图书馆 CIP 数据核字（2019）第 192273 号

高绩效 HR 必备图表范例
王胜会　著
Gaojixiao HR Bibei Tubiao Fanli

出版发行	中国人民大学出版社		
社　　址	北京中关村大街 31 号	邮政编码	100080
电　　话	010 - 62511242（总编室）		010 - 62511770（质管部）
	010 - 82501766（邮购部）		010 - 62514148（门市部）
	010 - 62515195（发行公司）		010 - 62515275（盗版举报）
网　　址	http://www.crup.com.cn		
经　　销	新华书店		
印　　刷	涿州市星河印刷有限公司		
规　　格	170mm × 240mm　16 开本	版　次	2020 年 1 月第 1 版
印　　张	23	印　次	2020 年 1 月第 1 次印刷
字　　数	334 000	定　价	69.00 元

版权所有　侵权必究　　印装差错　负责调换